रूह से रूह तक

रूह से रूह तक

विनीत बंसल

Nine
BOOKS

Nine BOOKS

4695, 21-ए, दरियागंज, नयी दिल्ली 110 002

फ़ोन : +91 11 23273167 फ़ैक्स : +91 11 23275710

sales@vaniprakashan.in

ROOH SE ROOH TAK
by Vineet Bansal

ISBN : 978-93-5229-737-5
Novel

प्रथम संस्करण
मूल्य : ₹ 395

सिटी प्रेस, दिल्ली-110 095 में मुद्रित

नाइन बुक्स, वितरक वाणी प्रकाशन, सहयोगी संस्था

यह किताब समर्पित है
उस ख़ूबसूरत एहसास को जिसे लोग प्यार कहते हैं

एक चुप्पी से उसके चुप होने का सबब न पूछो,
कुछ रिश्ते बेनाम और कुछ बातें अनकही ही अच्छी
होती हैं।

आभार

उन सभी का जो ज़िन्दगी और लेखन के इस सफ़र में हमेशा मेरे साथ रहे। सबसे पहले मेरे वो दोस्त जिन पर मैं खुद से ज़्यादा विश्वास करता हूँ—बलविन्दर, सौरभ, गगन और विशाल।

मेरे गुरु, मेरे प्रेरक और मेरे सखा अनूप लाठर सर। अगर आप का साथ न मिला होता तो शायद मेरा अस्तित्व आज भी अधूरा होता...

वाणी प्रकाशन और अदिति माहेश्वरी जी—जिन्होंने मुझे अपने पाठकों से रू-ब-रू होने का एक और मौक़ा दिया।
...और मेरे सभी पाठक। अगर आप हैं तो मैं हूँ। अपना प्यार यूँ ही बनाये रखिएगा।

भूमिका

सिटी जेल के नम, बदबूदार और अँधेरे गलियारे से गुज़रते हुए मुझे घुटन-सी हो रही थी। ये जेल भी शायद उतनी ही पुरानी थी जितना कि ये शहर ...और शायद उतनी ही अव्यवस्थित भी। लेकिन इन दोनों के बीच एक बुनियादी फ़र्क था, वो ये कि यह शहर इतने शोर-शराबे के बीच भी ख़ामोश था और इस जेल की दीवारें ख़ामोश होकर भी चीख़ों से लबरेज़। हालाँकि मैं बिना इधर-उधर देखे जल्दी से जल्दी वहाँ से निकल जाना चाहता था, लेकिन अक्सर होता है कि आप जिस चीज़ से दूर भागना चाहते हैं वो उतना ही आपको अपनी ओर खींचती है। मेरी नज़र न चाहते हुए भी वहाँ की पपड़ीदार और सीलन भरी दीवारों से टकरा रही थी। जेल के उस हिस्से से दिन और रात का अन्दाज़ा लगाना मुश्किल था। ख़ैर, मैं तेज़ी से क़दम बढ़ाता हुआ गलियारे के आख़िर तक पहुँचा और जैसे ही जेलर के ऑफ़िस में क़दम रखा, माहौल बदल-सा गया। करीने से सजाया गया और एकदम साफ़-सुथरा कमरा। कमरे के बीच में चीफ़ जेलर की बड़ी सी टेबल और कुर्सी रखी थी, और टेबल की दूसरी तरफ़ दो और कुर्सियाँ। जेलर अधेड़ उम्र का भारी-भरकम आदमी था जैसे बॉलीवुड फ़िल्मों में होता है। उसने खड़े होकर मुझसे हाथ मिलाया। कुछ काग़ज़ी कार्रवाई और थोड़े सवाल-जवाब के बाद मुझे क़ैदखाने में जाने की इजाज़त दे दी गयी।

मैं...राजीव भट्टाचार्य, उम्र चौबीस वर्ष, अपने न्यूज़ पेपर का सीनियर रिपोर्टर था। दो साल पहले न्यूज़ पेपर ज्वाइन करने से लेकर आज तक का यह मेरा सबसे ज़रूरी एसाइनमेन्ट था। मुझे एक मुजरिम का इन्टरव्यू करना था...या यूँ कहिए कि एक हत्यारे का।

'घबरा क्यों रहे हो? वो तुम्हें खा थोड़े जायेगा...' मैंने अपने आप से कहा। मेरा दिल कुछ ज़्यादा ही तेज़ी से धड़क रहा था। कहने की ज़रूरत नहीं कि मैं कुछ ज़्यादा ही नर्वस था। गलियारे से निकल मैं एक पुरानी-सी इमारत में दाख़िल हुआ, वह इमारत जहाँ क़ैदियों को रखा जाता था। मैंने अपने चारों तरफ़ के माहौल पर ग़ौर किया—अँधेरा गलियारा, मद्धम-सी रोशनी वाले कमरे, सीलन की बदबू से भरी ठण्डी हवा, जैसे... *'जैसे शायद नरक में होता होगा'* मेरे ज़हन में ख़्याल आया। कुल मिलाकर एक ऐसी जगह जहाँ कोई भी अपनी ज़िन्दगी नहीं बिताना चाहेगा। शायद यही तो इन कैदियों की सजा थी। नहीं?

विजिटर रजिस्टर में हस्ताक्षर करवाने के बाद एक दाढ़ी वाला, लम्बा-चौड़ा, महामानव जैसा सिपाही जिसकी तोंद बाहर की ओर झाँक रही थी, मुझे बैरक नम्बर 42 तक ले गया। उसे देखने के बाद मुज़रिम से ज़्यादा डर तो मुझे उस गार्ड से लग रहा था। मैं जैसे ही बैरक में दाख़िल हुआ, दरवाज़ा बन्द कर दिया गया।

क़ैदी नम्बर 56 दीवार की तरफ़ मुँह करके चुपचाप बिस्तर पर बैठा था।

जेल में कोई किसी को नाम से नहीं जानता, या फिर यूँ कहिए कि वहाँ क़ैदियों का कोई नाम नहीं होता। बस एक नम्बर होता है। वो नम्बर जो उनकी वर्दी पर छपा होता है, जो उनका नाम भी होता है और पहचान भी। नम्बर 56 की पीठ मेरी तरफ़ थी। उसके ठीक ऊपर एक छोटा-सा शीशा कील पर टँगा था, सिर्फ़ इतना कि कोई एक वक़्त में अपने बालों और आँखों को ही देख पाये। बिस्तर की दाईं तरफ़ लकड़ी का एक छोटा-सा मेज़ और लोहे की कुर्सी रखी थी। मेज़ पर दो फ़ोटोफ्रेम थे जिनमें से एक में एक अधेड़ उम्र की औरत की फ़ोटो लगी थी और दूसरे में एक नयी उम्र की लड़की की। गोल-मटोल चेहरा, काली स्याह आँखें और मासूम-सी मुस्कान। 'सुन्दर'....दूसरी फ़ोटो देखने के बाद मैं मन ही मन कहने से ख़ुद को नहीं रोक पाया। मैंने ग़ौर किया कि यह फ़ोटो बहुत पुरानी दिखायी पड़ रही थी, इसके किनारे पीले हो चले थे और कई जगह से इसे सेलो-टेप से चिपकाया गया था। मैंने बैरक में चारों तरफ़ नज़र घुमायी। मेज़ कुर्सी के अलावा वहाँ दीवार में काफ़ी ऊँचाई पर एक रोशनदान था, रोशनी के लिए बल्ब और

एक छोटा सा वाश-बेसिन। बस...बैरक में क़ैदी की दुनिया इतनी ही थी। वहाँ का माहौल मेरे भीतर सिहरन पैदा कर रहा था...फिर मैंने उस आदमी की तरफ़ देखा जो अभी भी मेरी तरफ़ पीठ किये चुपचाप बैठा था—अपने आप से, मुझ से और बैरक के बाहर की दुनिया से बेख़बर। मैंने जानबूझ कर खाँसा। लेकिन उसने तब भी मुड़ कर नहीं देखा।

'हाय! मैं राजीव...राजीव भट्टाचार्य। बी.बी.पी. न्यूज़ से। मैं आपका इन्टरव्यू करने आया हूँ'—मैंने थोड़ा घबराते हुए, कुछ ज़्यादा ही विनम्रता से कहा।

'हाँ, मैं जानता हूँ। बैठ जाइये। इन्होंने मुझे रहने के लिए थोड़ी छोटी, लेकिन आरामदायक जगह दी है' कहकर वह ख़ुद ही अपनी बात पर हँस पड़ा। उसकी आवाज़ से उम्र का अन्दाज़ा लगाना मुश्किल था। एक गम्भीर लेकिन थकी हुई सी आवाज़ जैसे कहीं दूर से आ रही हो। ख़ैर, मैं बिस्तर के एक तरफ़ पड़ी लोहे की कुर्सी पर बैठ गया और अपने बैग से पैन, नोट-पैड और टेप-रिकॉर्डर निकाल लिए।

'तो बताइये, क्या जानना चाहते हैं आप?' कहते हुए, उसने मेरी तरफ़ चेहरा घुमाया। अचानक मुझे जैसे कोई धक्का-सा लगा। नम्बर 56 वैसा बिल्कुल भी नहीं था जैसा कि मैंने सोचा था। गेहुँआ रंग, दुबला शरीर, करीने से सँवारे हुए बाल, बच्चे सी मासूम और छोटी-छोटी आँखें, आँखों पर चश्मा, हल्की-सी दाढ़ी और चेहरे से छलकती ख़ामोश सी मुस्कुराहट। कुल मिलाकर एक ऐसी शख़्सियत, जिसे देखकर मुज़रिम शब्द की परिभाषा बदलनी पड़ेगी।

'हत्यारे ऐसे तो नहीं होते। ये आदमी मुज़रिम नहीं हो सकता' मैंने मन ही मन सोचा।

'हाँ, मैं वैसा बिल्कुल नहीं दिखता' नम्बर 56 ने मुस्कुराते हुए कहा।

मैं एकदम से चौंक गया। मुझे सौ प्रतिशत से भी ज़्यादा यक़ीन था कि मैंने यह बात मन ही मन कही थी। *'कोई किसी के मन की बात कैसे जान सकता है। क्या यह दिमाग़ को पढ़ सकता है?'*

'मतलब?' मैं बमुश्किल पूछ पाया।

'मैं एक मुज़रिम के जैसा नहीं दिखता...यही सोच रहे थे न तुम?'

कहते हुए वह ठहाका मार कर हँस पड़ा। 'बहुत से लोग इस बात को नहीं मानते लेकिन क़िस्मत...क़िस्मत मेरे दोस्त, यह किसी को कुछ भी बना सकती है—किसी राजा को रंक और किसी रंक को राजा। तुम यक़ीन करोगे, अगर मैं तुम्हें कहूँ कि मैं बेकसूर हूँ? मिस्टर राजीव भट्टाचार्य!'

मैंने उसकी आँखों में देखा। शान्त, गहरी और निश्छल आँखें और आँखों से छलकता एक शान्ति का एहसास, वो एहसास जो किसी सच्चे साधक के चेहरे पर होता है। अपने किये का लेशमात्र भी पछतावा नहीं। पता नहीं क्यों, पर मुझे उसकी बातें सच्ची जान पड़ीं। बावजूद इसके कि सारे सबूत उसके ख़िलाफ़ थे। और ऊपर से उसका इक़बालिया बयान कि उसने ख़ुद अपने दोस्त की जान ली थी।

मेरा दिल कह रहा था कि यह इन्टरव्यू मेरी ज़िन्दगी का सबसे ख़ास इन्टरव्यू होने वाला है।

"मैं सिर्फ़ सच्चाई पर यक़ीन करता हूँ" मैंने कुरेदने की कोशिश की।

"फिर तो तुम्हें मुझ पर यक़ीन करना चाहिए कि मैं गुनहगार नहीं हूँ" नम्बर 56 ने फिर उसी मासूमियत से जवाब दिया।

"लेकिन तुमने ख़ुद कोर्ट में सबके सामने माना है कि क़त्ल तुमने ही किया है।"

"हाँ किया है...तो..." कहते-कहते वह खाँसने लगा। उसने पास पड़ी टेबल से पानी की बोतल उठायी और कुछ घूँट पानी पीने के बाद फिर से मेरी तरफ़ देखा। "हाँ मैंने माना कि वो क़त्ल मैंने ही किया है लेकिन इसका मतलब ये तो नहीं कि मैं गुनहगार हूँ।"

अब फिर से सिर खुजलाने की बारी मेरी थी। *'या तो ये आदमी पागल है या फिर एक बहुत बड़ा ऐक्टर'* मैंने मन ही मन कहा, लेकिन बहुत ही धीरे से। मुझे डर था कि कहीं फिर से वह मेरे दिमाग़ को न पढ़ ले। कुछ तो था उसकी बातों में जो मैं न चाह कर भी उसकी ओर खिंचा चला जा रहा था। दिल बेताब था उसकी कहानी जानने को।

मैं कुर्सी से खड़ा हुआ, उसके नज़दीक गया और बिस्तर पर उसके बगल में जा कर बैठ गया। मैंने धीरे से उसके कन्धे पर हाथ रखा। "मैं तुम्हारी पूरी कहानी जानना चाहता हूँ, नील", मैंने कुछ ज़्यादा ही नरमी से कहा।

नम्बर 56 ने ख़ामोश निगाहों से मेरी तरफ़ देखा। शायद बीते कई सालों से जेल में रहने के कारण वह अपने आपको नम्बर से सुनने का इतना आदी हो गया था कि मानो अपना नाम तक भूल गया था—नील गुप्ता। अपना ख़ुद का नाम सुनना उसके लिए अजीब था, शायद कुछ ज़्यादा ही अजीब। मैं अभी भी उसकी तरफ़ देख रहा था। जाने क्यों कुछ लोगों से मिलते ही यूँ लगता है मानों उनसे एक अर्से की पहचान हो। नील को देखते ही मुझे कुछ ऐसा ही महसूस हुआ और जिस तरह से वो मेरी और देख रहा था मुझे यक़ीन था कि उसे भी कुछ ऐसा ही लगा होगा। शायद हम दोनों को एक-दूसरे में अपना ही कुछ अंश नज़र आ रहा था। हम दोनों ही उस अनजान रिश्ते का सिरा तलाशने में लगे थे, जिसका बन्धन हमें एक-दूसरे की तरफ़ खींच रहा था।

"यहाँ आज तक कभी किसी ने मुझे नाम से नहीं बुलाया। उनके लिए मैं बस एक नम्बर हूँ , महज़ एक नम्बर...जैसे ब़ाकी सब हैं", उसकी आवाज़ में एक दर्द उभर आया और आँखों में नमी।

"मैं तुम्हारी कहानी जानना चाहता हूँ, नील। शायद इस दर्द से निकलने में तुम्हारी कोई मदद कर पाऊँ", मैंने फिर से कोशिश की।

उसने कोई जवाब नहीं दिया। वह दीवार से पीठ लगा कर बैठ गया और अपनी आँखें बन्द कर लीं। शायद एक नम्बर से नाम तक का सफ़र तय करने के लिए उसे कुछ समय चाहिए था। वह चुप था और मैं भी। जेल के उस छोटे से कमरे में यूँ तो ख़ामोशी थी पर कुछ बेजुबान चीख़ों से भरी हुई। *'एक ख़ामोशी क्या हमेशा ही ख़ामोश होती है? शायद नहीं।'* पहली बार ज़िन्दगी में मुझे इस बात का एहसास हुआ।

"मेरी कोई कहानी नहीं है। और अगर है भी तो मैं किसी को बताना नहीं चाहता। तुम अब जा सकते हो...और हाँ, मेरा नाम याद दिलाने के लिए शुक्रिया..." उसने धीरे से कहा। उसकी आँखें अब भी बन्द थीं।

मैं कुछ देर वहीं बैठा रहा। इस उम्मीद में कि वह फिर मुझसे कुछ कहे, बात करे...पर वह तो मानो जड़ हो गया था, न तो वो हिला और न ही आँखें खोलीं। मेरे पास अब वहाँ से चले जाने के सिवा कोई चारा नहीं था।

3 महीने बाद...

मैं दुबारा नील से मिलने के लिए जेल लौटा। लेकिन इस बार एक नयी ऊर्जा और आत्मविश्वास के साथ। इन तीन महीनों में नील की ज़िन्दगी के बारे में बहुत कुछ पता कर चुका था, कम से कम मुझे तो उस वक़्त यही लग रहा था। मौसम की बात करें तो सर्दियाँ शुरू हो चुकी थीं। सूरज बादलों के घने कोहरे को पाटने की नाकाम कोशिश में लगा था। सुबह होने की वजह से हवा और भी ज़्यादा सर्द थी। मैं काले रंग के सूट में, अपने बैग को कन्धे पर लटकाये, जब बैरक में पहुँचा तो नील अकेला ही दीवार की तरफ़ मुँह किये चुपचाप बैठा था। दरवाज़ा खुलने की आवाज़ सुनकर उसने एक बार पलट कर देखा और फिर से अपनी पहले वाली पॉजिशन में वापिस लौट गया। शायद मुझे नज़रअन्दाज़ कर रहा था। मैंने ग़ौर किया कि उसके बाल बिखरे हुए थे और दाढ़ी बढ़ी हुई। उसे देखकर लग रहा था जैसे उसने कई दिनों से नहाया न हो।

"हैल्लो नील! कैसे हो?" मैंने अभिवादन किया।

उसने कोई जवाब नहीं दिया। बस चुपचाप बैठा रहा।

मैं उसके पास गया और उसके कन्धे पर हाथ रखा। उसने एकदम से इसे झटक दिया, "मुझे अकेला छोड़ दो, मुझे तुम्हें कुछ नहीं बताना... समझे?" उसने गुस्से से कहा।

"नील, पूरी दुनिया तुम्हारी कहानी जानना चाहती है। हमारा अख़बार ख़ुद तुम्हारा इन्टरव्यू पहले पन्ने पर लाना चाहता है। हम पर विश्वास तो करो", मैंने उसे समझाने की कोशिश की।

"कोई किसी का इन्तज़ार नहीं करता। यह तुम्हारे लिए, तुम्हारे अख़बार के लिए, लोगों के लिए बस एक कहानी ही तो है, बाकी और कहानियों की तरह...जिसे लोग पढेंगे, इसके बारे में कुछ दिन बातें करेंगे और फिर भूल जायेंगे। ये मेरी ज़िन्दगी है...और मैं...इसे किसी से शेयर नहीं करना चाहता", उसकी तल्ख़ आवाज़ में फिर से वही अनजाना-सा दर्द उभर आया।

"आठ साल पहले जयपुर यूनिवर्सिटी, ...नील और अदिति...दोनों का प्यार और..." कहते-कहते मैं रुक गया।

नील आँखें फाड़े मुझे ही देख रहा था। "तुम! तुम अदिति को कैसे जानते हो? आख़िर क्यों तुम मेरे पीछे पड़े हो? चाहते क्या हो मुझसे?" मानो वह रोने ही वाला हो।

"सिर्फ़ तुम्हें इस दर्द से निजात दिलवाना चाहता हूँ, मेरे दोस्त। एक बार मुझ पर विश्वास कर के देखो तो सही। मैं तुम्हारे बारे में सब कुछ जानता हूँ लेकिन फिर भी तुम्हारे मुँह से सुनना चाहता हूँ।"

"अदिति", बस ये एक शब्द कह कर वो फिर से चुप हो गया। उसने अपना चेहरा हाथों से ढक लिया। अगले ही पल उसकी सिसकियों ने पूरे कमरे को भर दिया। चेहरा हथेलियों के पीछे आँसुओं में डूब गया था। माहौल में दर्द था...इतना...कि दर्द को भी दर्द होने लगे। मैंने उठकर उसे पानी पिलाने की कोशिश की लेकिन उसने मना कर दिया।

"10 जुलाई, 2006...ट्रेन तेज़ी से जयपुर की तरफ़ बढ़ रही थी, और मैं भी शायद उतनी ही तेज़ी से अपनी बर्बादी की ओर..." उसने धीरे-धीरे कहना शुरू किया।

मैंने बिजली की तेज़ी से अपना टेप-रिकॉर्डर, पैन और पेपर निकाला और अपनी ज़िन्दगी की सबसे रोमांचक कहानी के लिए तैयार हो गया।

1

ट्रेन दो घण्टे देर से पहुँची। जब तक मैं यूनिवर्सिटी के एडमिनिस्ट्रेशन विभाग तक पहुँचा, अँधेरा हो चला था और गेट पर भी ताला लगा था। गेट के दूसरी तरफ़ खड़े खाकी वर्दी पहने, छोटे से कद के और अपने वज़न से भी ज़्यादा भारी राइफल उठाये गार्ड से मैंने भीतर घुसने की गुहार लगायी। उसने मुझे घूर कर देखा और अगले दिन आने के लिए कहा।

"भईया आने दो न...आज रजिस्ट्रेशन का आख़िरी दिन है, वरना कल मुझे जुर्माना भरना पड़ेगा" मैंने गार्ड से विनती भरे स्वर में कहा।

"तो इसमें भी क्या मेरा कसूर है? तुम्हें टाइम से आना चाहिए था। अब यहाँ खड़े होकर बहस मत करो, कल आना", उसने खीझ कर कहा।

मैंने लोहे के बड़े से गेट की सलाखों के पार देखा तो ऑफ़िस की बत्ती अभी भी जल रही थी। शायद कुछ अधिकारी अभी भी वहीं थे। मैं जानता था कि अगर मैं किसी तरह अन्दर जाकर उनसे अनुरोध करूँ तो शायद काम बन सकता है, मैंने फिर से गार्ड को मनाने की कोशिश की।

"मेरी ट्रेन दो घण्टे लेट थी। मैं जानबूझकर लेट नहीं हुआ। प्लीज़ भैया समझने की कोशिश करो, अगर मेरा रजिस्ट्रेशन नहीं हुआ तो मुझे हॉस्टल भी नहीं मिलेगा और मेरे पास रात गुजारने की और कोई जगह भी नहीं है। मैं यहाँ किसी को नहीं जानता। प्लीज़... "

"अरे पागल है क्या? एक बार की बात समझ में नहीं आती। मैं ऑफ़िस टाइमिंग के बाद किसी को भी अन्दर आने नहीं दे सकता। ये नियमों के ख़िलाफ़ है।" अब वो शब्दों की हद से आगे बढ रहा था।

वह मेरी तरफ़ आया और सलाखों से हाथ निकाल कर मुझे हल्का-सा

धक्का दिया। "चलो, जाओ यहाँ से। कल सुबह आना, दिमाग़ ख़राब मत करो।" उसकी आवाज़ कुछ ज़्यादा ही तेज़ हो गयी थी।

तभी ऑफ़िस की खिड़की से हल्का-सा पर्दा खिसका और भीतर से एक आवाज़ आयी, "क्या बात है रामलाल? चिल्ला क्यों रहे हो?"

"कुछ नहीं साहब, एक लड़का अन्दर आने की ज़िद कर रहा है। बस उसे समझा रहा हूँ।"

"भेज दो उसे, मैं बस फ़ाइल बन्द ही करने वाला था। देख लेते हैं।"

"जी साहब।"

"क़िस्मत अच्छी है तुम्हारी। लगता है सर अच्छे मूड में हैं, शायद काम हो जायेगा तुम्हारा", रामलाल ने गेट खोलते हुए कहा।

"थैंक यूँ भैया", मैं उसकी तरफ़ देखकर मुस्कुराया, अपना सामान उठाया और तेज़ी से क़दम बढाता हुआ ऑफ़िस की ओर भागा।

अन्दर पहुँच कर मैंने अपना भारी भरकम वीआईपी का सूटकेस और बैग ऑफ़िस के बाहर हॉल में रख दिया और ऑफ़िस का दरवाज़ा खटखटाया।

"आ जाओ", अन्दर से आवाज़ आयी। मैं दबे क़दमों से ऑफ़िस के अन्दर दाखिल हुआ।

मेज़ की दूसरी तरफ़ बैठा हुआ आदमी एक फ़ाइल में नज़रें टिकाये हुए था। पूरी मेज़ पर फ़ॉर्म और फ़ाइलें बिखरी पड़ी थीं।

"इतनी देर से क्यों आये? क्या तुम्हें रजिस्ट्रेशन की टाइमिंग का पता नहीं था?" उस आदमी ने बिना सिर ऊपर उठाये पूछा।

"आई एम सॉरी सर, लेकिन वो मेरी ट्रेन लेट..." मैंने कहने की कोशिश की।

"ज़रा वो फ़ाइलें पकड़ाना", उसने कोने में रखी फ़ाइलों की तरफ़ इशारा करते हुए कहा। साफ़ था कि उसे मेरी प्रॉब्लम जानने में कोई दिलचस्पी नहीं थी।

मैं कोने में गया, फ़ाइलों का बण्डल उठाया और जाकर धीरे से उसकी मेज़ पर रख दिया। वो आदमी एक-एक करके फ़ाइल उठाता, उस पर पैन से कुछ लिखता और बन्द करके एक तरफ़ रख देता। बीच-बीच में सामने रखे कम्प्यूटर पर कुछ लिखता। मैं चुपचाप उसे देखता रहा। यह सिलसिला

काफ़ी देर तक चलता रहा। ऑफ़िस की खुली खिड़की से मैं यूनिवर्सिटी की मुख्य इमारत देख सकता था। बाहर हल्का धुन्ध हो चला था।

'अगले दो सालों के लिए मेरा घर' मैंने मन ही मन कहा और अपने घर और अपनी मम्मी के बारे में सोचने लगा। मैं राजस्थान के एक छोटे-से शहर रामगंज मण्डी से था। मेरे पिता जी बिजली दफ़्तर में क्लर्क थे और मम्मी घर सँभालती थी। घर में हम दो भाई और दो बहनों को मिलाकर कुल छह लोग थे। भाई अभी छोटा था और स्कूल में पढ़ रहा था। दोनों बहनें मुझसे बड़ी थी। माँ और पापा को हमेशा उनकी शादी की फिक्र लगी रहती। घर के हालात ऐसे नहीं थे कि मुझे पढ़ने के लिए यूनिवर्सिटी भेज सकते। यहाँ तक पहुँचने के लिए मैंने जी तोड़ मेहनत की थी। दिन रात पढ़ाई कर एम.बी.ए. के लिए स्कॉलरशिप हासिल की जिसकी बदौलत मुझे यहाँ यूनिवर्सिटी ऑफ़ जयपुर में दाख़िला मिला। मैं जानता था कि मुझे आगे भी यूँ ही मेहनत करके कुछ बनकर दिखाना है और अपने और अपने घरवालों के सपनों को सच करना है।

आख़िरकार, उस आदमी ने आख़िरी फ़ाइल ख़त्म की और उसे डेस्क पर एक तरफ़ पटक दिया। उसके बाद उसने मेज़ पर रखे जग से गिलास में पानी डाला और पी गया।

"नाम?" उसने पूछा।

मेरी सोच की गाड़ी एक झटके से रुकी और मैंने एकदम से पलटकर उसकी तरफ़ देखा।

"अरे, नाम बताओ भई?" उसने भौंहें चढ़ाई।

"उम्म...नील, नील गुप्ता, सर" मैंने जवाब दिया।

उस आदमी ने कम्प्यूटर में कुछ लिखा और एक फ़ॉर्म का प्रिन्ट निकालकर मेरी तरफ़ बढ़ा दिया। "इस फ़ॉर्म को भरकर और यहाँ नीचे हस्ताक्षर करके जल्दी से मुझे दो।"

जैसा बताया गया मैंने वैसा ही किया।

उसके बाद वह अपनी सीट से खड़ा हुआ, ऑफ़िस में रखी गोदरेज की अलमारी का दरवाज़ा खोला और उसमें से एक आईकार्ड और चाबी निकालकर मुझे दे दी।

"थैंक यूँ सर!" मैंने मुस्कुराते हुए उसका धन्यवाद किया। उस आदमी ने जवाब देना ज़रूरी नहीं समझा और चुपचाप अपनी टेबल पर बिखरा सामान ठीक करने लगा। मैंने कुछ पल का इन्तज़ार किया और फिर वापस जाने के लिए मुड़ा। ऑफ़िस के बाहर हाल में रखा अपना सामान उठाया और इमारत क़ी सीढ़ियाँ उतरकर बाहर आ गया। कलाई पर बँधी घड़ी की तरफ़ नज़र दौड़ायी तो देखा सवा आठ हो चले थे। अँधेरा पूरे वातावरण को अपने आगोश में ले रहा था। अचानक से पता नहीं क्यूँ मुझे बहुत तेज़ भूख लगी। याद आया कि मैंने तो सुबह से कुछ खाया ही नहीं था। सोचा कि हॉस्टल पहुँचकर पहले कैंटीन से कुछ खाऊँगा और उसके बाद सामान लगाऊँगा। मैं तेज़ी से क़दम बढ़ाता हुआ हॉस्टल की तरफ़ चल दिया। चलते-चलते रामलाल ने बताया था कि आधा किलोमीटर मुख्य सड़क पर चलने के बाद, स्टाफ़ क्वार्टर्स के पीछे के रास्ते से हॉस्टल तक पहुँचना है। पूरे दिन की थकान और भूख से मेरा सिर चकरा रहा था। लगभग दस बारह मिनट लगातार चलने के बाद मुझे स्टाफ़ क्वार्टर दिखायी दिया। *'बस थोड़ा-सा और'* मैंने अपने आप को समझाया। उसी रास्ते से दायीं तरफ़ मैं पीछे के रास्ते पर पहुँच गया। चारों तरफ़ नज़र दौड़ायी तो रास्ता एक दम सुनसान था—न कोई वाहन, न जानवर और न ही कोई इंसान। और ऊपर से घना अँधेरा।

मैं यह सोच कर उस तरफ़ चलने लगा कि उसने शॉर्टकट बताया होगा। चाँद की मद्धम रोशनी, दिमाग़ में ख़यालों के बादल और पेट में कुलबुलाती भूख के साथ चलते-चलते अचानक ही मुझे कुछ सुनायी पड़ा। मैं एकदम से मुड़ा, पर कुछ भी दिखायी न दिया। फिर से कानों में वही आवाज़ पड़ी। आवाज़ थोड़ी दूर से आ रही थी। एक पल के लिए किसी अनहोनी की आशंका से दिल की धड़कन तेज़ हो गयी।

"कौन है यहाँ?" एकदम मुँह से निकला। अगले ही पल एक तरफ़ कुछ हलचल सी हुई और मुझे कुछ लोगों के भागने की आवाज़ें सुनायी दी। मैं उस तरफ़ दौड़ा। किसी के कराहने की आवाज़ अब साफ़ सुनायी दे रही थी। कोई दर्द में था। मैं और तेज़ दौड़ा। भारी सामान और थका हुआ शरीर मेरी मुश्किल और बढ़ा रहे थे।

"कौन है...? कौन है यहाँ?" मैं लगातार दबी आवाज़ में चिल्लाये जा रहा था। एकाएक मेरे क़दम ठिठक गये। सामने का नज़ारा भयावह था। गली के एक किनारे पर झाड़ियों के पास ख़ून और मिट्टी से लथपथ एक लड़का पड़ा कराह रहा था। उसके सिर पर गहरी चोट लगी थी जिससे ख़ून निकल रहा था। नाक, मुँह, चेहरा, गर्दन सब जगह घाव के निशान थे। लड़के की उम्र ज़्यादा नहीं थी, बस मेरी ही उम्र का। वह कुछ कहने की कोशिश कर रहा था। मैंने चारों तरफ़ नज़र दौड़ायी, वहाँ हम दोनों के अलावा कोई नहीं था। हमलावर शायद मेरी आवाज़ सुन कर भाग गये थे। मैंने झुककर नीचे उस लड़के की नब्ज़ को छुआ—बहुत धीरे।

मेरा दिमाग़ तेज़ी से दौड़ने लगा। मैंने बिना देर किये जेब से रूमाल निकाला, धीरे से उसका सिर ऊपर उठाया और घाव के चारों तरफ़ कस के बाँध दिया। *'यह ख़ून के बहाव को थोड़ी देर के लिए रोक देगा'* मैंने सोचा। मैं अपनी उँगलियाँ उस लड़के की नाक के पास ले गया। वह साँस ले रहा था। मैंने जल्दी से बैग से पानी की बोतल निकाली, ढक्कन खोला और उस लड़के को पानी पिलाने की कोशिश की। वह लड़का अर्धचेतना-सी अवस्था में था और लगातार कुछ बड़बड़ाये जा रहा था। उसने कुछ घूँट पानी पिया। उसके बाद मैंने उसकी जेबें टटोली, इस आस में कि कोई आई.डी. कार्ड या कोई और काग़ज़-पत्र मिल जाये। गलती से मेरा हाथ उसकी दायीं बाजू को लगा तो वह एकदम से कराह उठा, शायद उस हाथ की हड्डी टूट चुकी थी। उसकी जींस की दायीं पॉकेट में मुझे एक पर्स मिला।

उसमें कुछ पैसे, कुछ कार्ड और एक छोटी-सी डायरी थी जिसमें कुछ नम्बर लिखे थे। मैंने तुरन्त अपनी जेब से फ़ोन निकाला और उस पर लिखा एक नम्बर डायल किया, लेकिन किसी ने फ़ोन नहीं उठाया। मैंने फिर दूसरा और तीसरा नम्बर भी मिलाया लेकिन दोनों ही बन्द थे। समय निकलता जा रहा था, उस लड़के की हालत और भी नाज़ुक होती जा रही थी। अचानक मुझे याद आया कि जो अधिकारी मुझे कुछ समय पहले ऑफ़िस में मिले थे मेरे पास उनका नम्बर है, मैंने तुरन्त उनका नम्बर मिलाया। अपनी पहचान बताने के बाद मैंने उन्हें पूरी घटना बतायी। उन्होंने मुझे तुरन्त घायल को वहाँ से बस एक ब्लॉक दूर बने यूनिवर्सिटी क्लीनिक ले जाने को कहा। तब

तक वो ख़ुद पुलिस को सूचना देने में जुट गये।

'बस एक ब्लॉक... ज़्यादा मुश्किल नहीं होगी' मैंने मन ही मन सोचा। मैंने फ़ोन रखा और सड़क पर पड़े कराहते हुए उस लड़के की तरफ़ देखा। वह बेसुध हो गया था। मैंने पानी के कुछ छींटे उसके चेहरे पर मारे और उसे होश में लाने की कोशिश की। उसके बाद अपने भारी-भरकम बैग को बायें कन्धे पर उठाया, एक हाथ में सूटकेस पकड़ा और दूसरे हाथ से सहारा देकर उस लड़के को खड़ा किया। उसकी हालत इतनी ख़राब थी कि वह खड़ा भी नहीं हो पा रहा था। उसके कपड़े पूरी तरह से ख़ून में सने थे।

"हिम्मत रखो दोस्त, तुम्हें कुछ नहीं होगा", मैंने उससे कहा। उसने अपना हाथ मेरे गले में डाला और धीरे-धीरे घिसटते हुए चलना शुरू कर दिया। हर क़दम के साथ उसके लिए आगे बढ़ना और भी मुश्किल होता जा रहा था।

"बस थोड़ा-सा और मेरे दोस्त... बस थोड़ा-सा", बीच-बीच में मैं उसे हिम्मत बँधाने की कोशिश करता। करीब पाँच मिनट चलने के बाद हम उस मेडिकल सेन्टर के मुख्य गेट तक पहुँच गये। एक वार्ड ब्वॉय ने हमें आते देखा तो तुरन्त अन्दर दौड़कर स्ट्रैचर ले आया। हम दोनों ने मिलकर घायल को स्ट्रैचर पर लिटाया और इमरजेन्सी वार्ड में ले गये।

डॉक्टर ने तुरन्त उसका इलाज शुरू कर दिया और मैं इमरजेन्सी कमरे के बाहर पड़ी कुर्सी पर बैठ गया। थकान की वजह से मेरा बुरा हाल था। मेरी पलकें भारी हो चली थीं। धीरे-धीरे आँखें बन्द होने लगीं और कब मेरी आँख लग गयी मुझे पता ही नहीं चला। सपने में दिखी मेरी माँ, जो मुझे प्यार से अपने हाथों से खाना खिला रही थी।

अचानक किसी ने मेरे कन्धे को पकड़ कर झिंझोड़ा, "हैलो... उठो, नील",

"ओह... हाँ, हूँ..." मैंने अपनी आँखें खोलीं। मेरे सामने तीन पुलिस वाले खड़े थे और वो अधिकारी भी जिनसे मैं कुछ देर पहले रजिस्ट्रेशन ऑफ़िस में मिला था। मैंने घड़ी की तरफ़ देखा—दस बजकर बीस मिनट हुए थे।

"ओह, हाँ 'माफ़ करना सर, मेरी आँख लग गयी थी... क्या अब वो ठीक है?" मैंने आँखें मलते हुए पूछा।

"हाँ, अब वो ख़तरे से बाहर है। अगर तुम गलत न समझो तो हमें तुम्हारा बयान लेना है", इंस्पेक्टर ने कहा।

"हाँ हाँ, कोई बात नहीं", मैंने जवाब दिया और इंस्पेक्टर मेरा बयान रिकॉर्ड करने के लिए मेरी साथ वाली सीट पर बैठ गया।

तकरीबन एक घण्टे बाद, सारी क़ानूनी कार्रवाई पूरी कर मैं उन्हीं अधिकारी के साथ बैठा था जो मुझे ऑफ़िस में मिले थे। उनका नाम बलराम सिंह था।

"अब उसकी हालत पहले से बेहतर है। उसके घरवाले और दोस्त भी पहुँच चुके हैं। मैंने पहले ही उन्हें फ़ोन कर दिया था", मिस्टर बलराम ने कॉफी की चुस्की लेते हुए कहा।

"भगवान का शुक्र है", मैंने राहत की साँस ली।

"यह तुम्हारी बहादुरी का ही नतीजा है। तुम्हारी समझदारी से ही उसकी जान बच पायी। रणदीप यूनिवर्सिटी स्टूडेन्ट यूनियन का लीडर है। पक्का किसी न किसी गैंग से झगड़ा हुआ होगा", मिस्टर बलराम ने कहना जारी रखा।

"गैंग?"

"हाँ, यूनिवर्सिटी में कई सारी स्टूडेन्ट यूनियन बन चुकी हैं, जो गैंग बनाकर आपस में झगड़ती रहती हैं। इस बार भी ऐसा ही कुछ हुआ होगा। वैसे तुम्हें बता दूँ कि रणदीप मिस्टर ठकराल का लड़का है, यहाँ के होटल किंग। ठकराल साहब शहर के बहुत बड़े आदमी हैं। होटल बिजनेस के अलावा भी उनकी कई सारी फैक्ट्रियाँ चलती हैं, बहुत बड़ा ट्रान्सपोर्ट का कारोबार है और दो बार विधायक भी रह चुके हैं। बहुत अमीर लोग हैं। भगवान जाने कहाँ से आया है इतना पैसा।" मिस्टर बलराम अपने आप में ही बड़बड़ाये जा रहे थे।

ये सब जानना मेरे लिए एक झटके से कम न था। कहाँ मैं एक छोटे से शहर से आया मिडल क्लास घर का सीधा-सा लड़का और कहाँ इतने बड़े और अमीर घर से रिश्ता रखने वाला रणदीप। मेरी मम्मी हमेशा कहा करती थी कि लड़ाई-झगड़ा और गुण्डा-गर्दी करने वाले लोगों से हमेशा दूर ही रहना चाहिए। इनकी न तो दोस्ती अच्छी और न ही दुश्मनी। ये सब

सोचकर मुझे थोड़ा डर भी लग रहा था कि यूनिवर्सिटी के पहले ही दिन मैं किन चक्करों में फँस गया। हालाँकि ऐसा भी नहीं था कि रणदीप की जान बचाकर मुझे ख़ुशी न हुई हो।

तभी मेडिकल सेन्टर की एक नर्स वहाँ आयी और पूछा, "आप में से नील कौन है? पेशेन्ट आपसे मिलना चाहता है।"

मैं बैंच से उठ खड़ा हुआ। ज़ेहन में घूमते बहुत से सवाल अभी भी अपने जवाब की तलाश में थे। *'मुझे रणदीप से मिलने जाना चाहिए या नहीं?'* इसी कशमकश के बीच मैं नर्स के साथ चल पड़ा। दिमाग़ कह रहा था कि मुझे इस पचड़े में नहीं पड़ना चाहिए और दिल था कि इसके पीछे की पूरी कहानी जानने को बेताब था।

कुछ ही पल बाद, मैं रणदीप के कमरे में था। रणदीप बिस्तर पर लेटा था। उसके पूरे सिर पर पट्टियाँ बँधी थीं। हाथ-पैर, गर्दन और चेहरा सब जगह घाव के निशान थे। उसे अभी भी वेंटीलेटर पर रखा गया था। उसकी आँखें बन्द थीं।

मेरे आने की आहट से उसने धीरे से अपनी आँखें खोली। मैं उसके बिस्तर के थोड़ा और पास गया। उसने मेरी तरफ़ देखा। हम दोनों की ख़ामोश नज़रों ने बात करना अभी शुरू भी नहीं किया था कि नर्स ने उस कमरे की शान्ति को भंग करते हुए कहा, "रणदीप, यही नील है जिन्होंने तुम्हारी जान बचायी है।"

रणदीप ने धीरे से बिस्तर से उठने की कोशिश की, लेकिन उसके चेहरे पर आये पीड़ा के भाव उसकी नाकामयाबी का दर्द बयान कर रहे थे। मैं एकदम से हरकत में आया, बिस्तर के नज़दीक जाकर उसके कन्धे पर हल्के से हाथ रखा और उसे लेटे रहने का इशारा किया।

"हैलो रणदीप, अब कैसे हो दोस्त?"

"थैंक्स यार, बस तुम्हारी वजह से आज ज़िन्दा हूँ", वह बड़ी मुश्किल से लड़खड़ाती हुई आवाज़ में बोला।

"अरे, ऐसी कोई बात नहीं। मेरी जगह अगर कोई भी होता तो यही करता। वैसे भी किसी को मारना या बचाना हम इन्सानों के नहीं, भगवान के हाथ में होता है। हम इन्सान तो सिर्फ़ ज़रिया बनते हैं।"

"मैं पूरी ज़िन्दगी तुम्हारा एहसानमन्द रहूँगा। आज से तुम मेरे भाई हो। कभी भी किसी भी चीज़ की ज़रूरत हो, कोई भी प्रॉब्लम हो, बिना सोचे-समझे सीधे मेरे पास आ जाना", रणदीप ने कहा। मैंने ग़ौर किया कि उसे बोलने में काफ़ी तकलीफ़ हो रही थी। मुँह से निकलते हर लफ़्ज के साथ उसके चेहरे के भाव बदलते जा रहे थे।

मैंने मुस्कुकराते हुए हामी में सिर हिला दिया। 'चलो, अब तुम आराम करो। मैं तुमसे मिलने फिर आऊँगा' कहते हुए मैंने हल्के से उसके हाथ पर अपना हाथ रखा और जाने के लिए विदा ली। उसने धीरे से अपनी आँखें बन्द कर लीं। मैं कमरे से बाहर आया, तो मिस्टर बलराम अभी भी वहीं बैठे मेरा इन्तज़ार कर रहे थे। उन्होंने कहा कि वो मुझे अपने स्कूटर से हॉस्टल तक छोड़ देंगे। मैंने अपना सामान उठाया और उनके साथ चल दिया।

पन्द्रह मिनट के बाद, मैं हॉस्टल के अपने कमरे में बिस्तर पर गहरी नींद में था।

2

मेरे बिस्तर के पास टेबल पर रखा फ़ोन लगातार बज रहा था। मैंने अपनी आँखें खोलने की कोशिश भी की, लेकिन नहीं खोल पाया। बाबा ऑफ़िस की फ़ाइलों पर झुके थे, उनके टेबल पर रखी चाय जाने कब की ठण्डी हो चली थी। मम्मी रसोई से लगातार मुझे बोले जा रही थी कि यूनिवर्सिटी में बुरे लड़कों से दूर रहना। खाना टाइम पर खाना। ख़ूब दिल लगाकर पढ़ाई करना और अपनी सेहत का ध्यान रखना। कोई मुझे दरवाज़े से बाहर की ओर खींच रहा था। मैं नहीं जाना चाहता था। और उसके बाद हॉस्पिटल का एक कमरा... एक ख़ून से लथपथ चेहरा, चारों तरफ़ बिखरा ख़ून ही ख़ून। मम्मी मेरा नाम पुकार रही थी। बाबा दौड़कर मेरा हाथ पकड़ना चाह रहे थे। मैं चिल्लाना चाहता था, लेकिन चिल्ला नहीं पा रहा था। बाबा का हाथ थामना चाहता था, लेकिन हाथ उठा नहीं पा रहा था। जैसे किसी ने मुझे जकड़ रखा हो। मैं साँस नहीं ले पा रहा था। मैंने ज़ोर लगाया...और...थोड़ा और...'मम्मी'...मेरे मुँह से निकला।

मैंने पूरा दम लगाकर एकदम से आँखें खोलीं। टेबल पर रखा फ़ोन अभी भी बज रहा था। मेरा पूरा शरीर पसीने से तर-बतर था। छत पर घूमते हुए पंखे पर मेरी नज़र पड़ी, तो एहसास हुआ कि यह तो महज एक सपना था... लेकिन एक बहुत बुरा सपना। माथे से पसीना पोंछते हुए मैंने फ़ोन उठाया–"हैलो।" मेरा गला सूख चुका था।

"हैलो, नील भैया? सो रहे थे क्या?"

"कौन?"

"नील भैया, मैं हूँ राजू। रणदीप भैया ने मुझे आपको कॉलेज तक

छोड़ने के लिए बोला है। मैं पन्द्रह मिनट में हॉस्टल के बाहर पहुँच रहा हूँ। आप तब तक तैयार हो जाइए। ठीक है?"

"अरे, इसकी क्या ज़रूरत है। मैं पैदल ही चला जाऊँगा।"

"नहीं नहीं, नील भैया। ये रणदीप भैया का हुक्म है, मैं इसे कैसे टाल सकता हूँ। मैं बस पन्द्रह मिनट में पहुँच रहा हूँ। आप तैयार रहिएगा।"

इससे पहले कि मैं कुछ और बोल पाता, फ़ोन कट चुका था। मैंने फ़ोन को टेबल पर रखा और तैयार होने के लिए उठ खड़ा हुआ। सिर अभी भी भारी-भारी सा लग रहा था। मैं किसी तरह अधमुँदी-अधखुली आँखों से कॉरीडोर के आख़िर में बने वॉशरूम तक लड़खड़ाते हुए पहुँचा।

जैसे ही ठण्डे पानी को आँखों पर मारा, और वॉशवेसिन के ऊपर लगे धूल भरे शीशे में अपने चेहरे को देखा, पिछली रात घटा वाकया एकदम से ज़ेहन में कौंध गया। यूनिवर्सिटी में मेरा पहला दिन, और पहले ही दिन में पुलिस और अस्पताल का सामना। और अब, एक अनजान लड़का जिसकी जाने-अनजाने में मैंने जान बचायी थी, मुझे कॉलेज छोड़ने के लिए लोगों को भेज रहा है। और उसका एक गैंग भी है। *'कहीं अनजाने में मुझसे कोई गलती तो नहीं हो गयी? अरे, नहीं नहीं... किसी की जान बचाना गलत कैसे हो सकता है। लगता है मैं इस बारे में कुछ ज़्यादा ही सोच रहा हूँ।'* मैंने कुछ और पानी के छींटे अपने चेहरे पर मारे और नहाने के लिए बाथरूम में घुस गया। नहाने के बाद बाथरूम से निकलकर अपने कमरे की तरफ़ जाते समय मैंने गलियारे में कुछ लड़कों को अपनी तरफ़ देखकर फुसफुसाते हुए सुना। मैं समझ गया कि कल रात की ख़बर पूरे हॉस्टल में फैल चुकी है...या फिर शायद पूरी यूनिवर्सिटी में।

जैसे ही कमरे में दाख़िल हुआ, एक पतला-सा, छोटे कद का लड़का मेरे बिस्तर पर बैठा था। मैंने ग़ौर किया कि मेरा रूममेट, जिससे मैं कल रात बात तक नहीं कर पाया था, पहले ही कॉलेज के लिए निकल चुका था। वो लड़का मुझे देखते ही खड़ा हो गया और मुस्कुराया। शायद ज़्यादा पान खाने की वजह से उसके दाँत भी हल्के-से लाल हो चुके थे। मैंने नीचे से ऊपर तक उसे देखा। मटमैले से रंग की शर्ट, धारीधार पजामा और पैरों में हवाई चप्पल पहने वह लड़का अभी भी मेरी तरफ़ देखते हुए मुस्कुराए जा रहा था।

"क्या हम एक-दूसरे को जानते हैं?" मैंने उससे पूछा।

'नमस्ते, नील भैया। मैं...मैं राजू। रणदीप भैया ने मुझे आपको लेने के लिए भेजा है। पहले मैं आपको कॉलेज छोड़ दूँगा, उसके बाद मुझे उनसे मिलने अस्पताल जाना है' कहते हुए वह खिड़की तक गया और मुँह में भरी पान की पीक बाहर थूक दी। मैं सोचने लगा, उन बेचारों के बारे में जो इसका शिकार बने होंगे।

"अरे, इसकी क्या ज़रूरत थी? तुम बेकार में परेशान हुए", मैंने कहने की कोशिश की।

"नहीं नहीं नील भैया, परेशानी कैसी। रणदीप भैया ने ख़ुद मुझे ऐसा करने को बोला है। आख़िरकार आपने उनकी जान जो बचायी है। हम सब कभी आपका एहसान नहीं चुका पायेंगे। रणदीप भैया हमारे लिए सब कुछ हैं। और वो हरामज़ादे जिन्होंने रणदीप भैया की ये हालत की है, हम उन्हें छोड़ेंगे नहीं। एक बार रणदीप भैया ठीक होकर घर वापिस आ जायें, बस।" रणदीप के लिए राजू का समर्पण भाव देखकर मैं हैरान रह गया, मानो वह उसकी पूजा करता हो।

वह फिर से मेरे बिस्तर पर आकर बैठ गया। मैंने जल्दी से कपड़े पहने और हम दोनों नीचे पार्किंग एरिया में आ गये। जहाँ एक काले रंग की एस.यू.वी. गाड़ी सूरज की रोशनी में चमचमा रही थी। मुझे इससे पहले कभी इतनी महँगी गाड़ी में बैठने का मौक़ा नहीं मिला था। हमारी मिडिल क्लास फैमिली के पास एक स्कूटर ही था, और वो भी पुराना। और न ही मेरे दोस्तों में से किसी के पास गाड़ी थी।

राजू ने जैसे ही चाबी घुमायी, इंजन झट से चालू हो गया।

"डॉक्टर क्या कहते हैं? कब डिस्चार्ज करेंगे उसे अस्पताल से?" मैंने गाड़ी में बैठते हुए राजू से पूछा।

"बस कुछ ही दिनों में, नील भैया। रणदीप भाई की हालत में अब पहले से काफ़ी सुधार है। बहुत मज़बूत हड्डी है। वो तो ख़ुद जल्दी से ठीक होने को तड़प रहे हैं ताकि उन कमीनों को सबक सिखा पायें", राजू ने दाँत भींचते हुए कहा।

"आज जब तुम रणदीप से मिलने अस्पताल जाओ तो मुझे भी साथ ले जाना", मैंने कहा।

"ठीक है, नील भैया। आपकी क्लास ख़त्म होने के बाद मैं बाहर आपका इन्तज़ार करूँगा।"

"और हाँ, राजू?"

"जी नील भैया?"

"जब तुम मुझे लेने आओ, तो क्या बाइक पर आ सकते हो, प्लीज?"

राजू ने एक बार हैरानी से मेरी तरफ़ देखा और फिर मुस्कुराते हुए 'हाँ' में सिर हिला दिया।

जैसे ही राजू ने मुझे एम.बी.ए. डिपार्टमेन्ट के मेन गेट पर उतारा तो दर्जन भर नज़रें टकटकी लगाये मुझे घूर रही थीं। अब वो मुझे घूर रही थी, या उस लम्बी गाड़ी को जिसमें बैठ कर मैं आया था, पता नहीं। चाहे जो भी हो, उन सब के बीच मैं ख़ुद को थोड़ा असहज महसूस कर रहा था। मैंने सिर नीचे किया और तेज़ क़दमों से अन्दर चला गया।

जैसे ही कमरे में दाख़िल हुआ, सब मेरी तरफ़ देखने लगे और फुसफुसाहट शुरू हो गयी। कहीं न कहीं मेरे अन्दर छुपा डर सच होता नज़र आ रहा था। अब तक पिछली रात की घटना पूरी यूनिवर्सिटी में जंगल की आग की तरह फैल चुकी थी। अपनी ज़िन्दगी में मैंने, इससे पहले खुद को कभी इतना असहज और डरा हुआ महसूस नहीं किया था। मैं हमेशा से ही एक शर्मीला और अपने आप में ही रहने वाला, जो एक साथ कई लड़कों से बात करने में घबराता था और फिर, यहाँ तो पहले ही दिन एक अनजान शहर और ऊपर से सब लोग मेरे बारे में ही बातें कर रहे थे। यूनिवर्सिटी में रणदीप का रुतबा देख कर मेरे होश उड़ गये। वहाँ कोई ऐसा व्यक्ति नहीं था, जिसे रणदीप के बारे में पता न हो। सारी शंकाएँ फिर से मेरे दिमाग़ में घूमने लगीं। मैं सोच में पड़ गया कि रणदीप की जान बचाकर मैंने सही किया या गलत। सारे ख़यालों को मैंने किसी तरह से दिमाग़ से निकाला और चुपचाप क्लास में सबसे आख़िर की सीट पर जाकर बैठ गया।

मेरी बग़ल वाली सीट पर बैठा लड़का अपनी सीट से थोड़ा खिसका और मेरी तरफ़ देखकर मुस्कुराने लगा। मैं भी उसे देखकर मुस्कुराया।

"अच्छा, तो तुम ही वो लड़के हो जिसने रणदीप की जान बचायी है?" उसने पूछा। मैंने ग़ौर किया कि उसके दाँतों में तार लगी है।

मुझे समझ में नहीं आ रहा था कि उसके सवाल का क्या जवाब दूँ। बस एक हलकी-सी मुस्कुराहट दे कर रह गया।

"उम्म...हाँ, क्या रणदीप को जानते हो तुम?"

"अरे, रणदीप और उसके गैंग को कौन नहीं जानता? हमें तो पहले ही दिन उसके बारे में बता दिया गया था जिस दिन हम हॉस्टल में दाख़िल हुए थे।" उसने इतने रोमांचक अन्दाज़ में बताया मानो यह कोई सार्वभौमिक सत्य हो और जिसके बारे में सभी को पता होना ही चाहिए।

"मतलब?" उसकी गोल-मोल बातों को समझने में असमर्थता ज़ाहिर करते हुए मैंने पूछा।

"हाँ, भाई। हॉस्टल में पहली ही रात कुछ लड़के बालकनी में आये और सबको अपने-अपने कमरों से बाहर आने को कहा। पहले तो हमें लगा कि वो सीनियर हैं जो हमारी रैगिंग करने आये हैं। लेकिन फिर उन्होंने हमें बालकनी में बिठाया और बताया कि वो रणदीप के गैंग से हैं।"

"अच्छा?" रणदीप के बारे में और जानने की मेरी जिज्ञासा बढ़ती जा रही थी।

"उन्होंने हमें रणदीप की पहुँच और रुतबे के बारे में भी बताया, कि वह कितने बड़े खानदान से है। उसके पापा इस शहर की आधी ज़मीन के मालिक हैं और विधायक भी रह चुके हैं। उन्होंने कहा कि वो हमें कभी किसी तरह का नुकसान नहीं होने देंगे। वो स्टूडेन्ट्स की भलाई के लिए काम करते हैं और रणदीप ने हमसे कहने को कहा है कि हम तुम्हारी सारी प्रॉब्लम्स दूर करने में सहायता करेंगे। उन्होंने हमें विरोधी दलों से सचेत रहने की सलाह भी दी। उन्होंने बताया कि किस तरह विरोधी गैंग वाले स्टूडेन्ट्स और शहर के आम लोगों को बेवजह तंग करते हैं, आती-जाती लड़कियों से छेड़खानी करते हैं और हफ़्ता वसूली के नाम पर दुकानदारों से पैसे छीनते हैं। रणदीप और उसके साथी ऐसे ही लड़कों की अक़्ल ठिकाने लगाने का काम करते हैं। रणदीप के साथ कल जो कुछ भी हुआ, वह ज़रूर किसी ऐसे गैंग का किया-धरा होगा।"

"अच्छा, फिर तो तुम कल के झगड़े की वजह भी जानते होगे? मुझे भी बताओ" मैंने कुछ ज़्यादा ही दिलचस्पी लेते हुए पूछा। मैं रणदीप के बारे में सब कुछ जानना चाहता था।

वो अभी बताने ही वाला था कि इतने में प्रोफ़ेसर क्लास में आ गया।

"क्लास के बाद बताऊँगा। वैसे मेरा नाम गगन है।" वह मेरी तरफ़ हाथ बढ़ाते हुए फुसफुसाया।

"हाय, मैं नील। नील गुप्ता।"

"मैं जानता हूँ" उसने मुस्कुराकर कहा। "दरअसल, यहाँ डिपार्टमैन्ट में सब तुम्हें जानते हैं। तुम तो रातों-रात स्टार बना गये हो यार" उसने धीरे-से आँख मारी। जैसे ही प्रोफ़ेसर ने अटेंडेन्स रजिस्टर से नाम पुकारने शुरू किये, वह तुरन्त सीधा हो गया। मेरे शरीर में एक अजीब-सी कँपकँपी होने लगी। ये सोच कर कि मैंने ख़ुद को किस पचड़े में फँसा लिया, मेरे दिमाग़ में उथल-पुथल मचने लगी।

ब्रेक से पहले तीन क्लास लगी। चूँकि, यह पहला दिन था, तीनों प्रोफ़ेसरों ने सारा समय परिचय लेने में ही निकाल दिया। तीन घण्टे के इस कार्यक्रम में एक बात तो पक्की थी कि सभी स्टूडेन्ट्स को एक-दूसरे के नाम रट गये होंगे। ख़ैर, जैसे ही ब्रेक हुआ, मैं और गगन यूनिवर्सिटी लाइब्रेरी की ओर चल पड़े। वैसे भी मैं कैण्टीन जाने से बच रहा था, मैं नहीं चाहता था कि मैं लोगों की चर्चा का विषय बनूँ। इसलिए मेरे लिए लाइब्रेरी से अच्छी जगह हो ही नहीं सकती थी, क्योंकि ब्रेक टाइम में वहाँ स्टूडेन्ट्स का आना-जाना बहुत कम होता है। दूसरा एक कारण ये भी था कि वहाँ मैं गगन से रणदीप के बारे में खुलकर बात कर सकता था। गगन को मेरा सुझाव पसन्द आया। लाइब्रेरी में क़दम रखा तो एक गम्भीर-सा दिखने वाली लाइब्रेरियन से सामना हुआ। विजिटर बुक में साईन करने के बाद हम जनरल सेक्शन में जाकर बैठ गये। मैंने ग़ौर किया कि वहाँ किताबों का एक विशाल संग्रह था जिसमें हर विषय की बहुत-सी किताबें थी... अनगिनत। मैं तो पहले से ही किताबों का शौक़ीन था। पिछले दो दिन में यह पहली चीज़ थी जिसे देखकर मुझे इतनी ख़ुशी हुई। शायद इस नये शहर में मुझे मेरा सही ठिकाना मिल गया था।

हमने अलमारी में से कुछ पत्रिकाएँ निकाली और मेज़ पर एक-दूसरे के सामने बैठ गये। हमने अपने सिर नीचे कर लिए, ताकि लाइब्रेरियन को शक न हो कि हम बातें कर रहे हैं। वैसे बोलना तो सिर्फ़ गगन को ही था, मुझे तो चुपचाप बैठकर उसे सुनना था।

"हाँ, तो हम कहाँ थे?" गगन ने पूछा।

"तुम रणदीप और विरोधी गैंग के बीच कल हुए झगड़े की वजह बताने वाले थे।"

"हाँ! देखो, असल वजह तो कोई नहीं जानता। लेकिन यूनिवर्सिटी में कई तरह की अफवाहें फैली हुई हैं। मैंने सुना है कि नानू जिसने अपने गैंग के लड़कों के साथ मिलकर रणदीप को मारा है, रणदीप के पापा के बिजनेस प्रतिद्वन्द्वी का बेटा है। शायद इसीलिए दोनों पार्टियों के बीच शराब के ठेकों के कॉन्ट्रैक्ट को लेकर खींचातानी चल रही है। सोचा होगा रणदीप अपने माँ-बाप की इकलौती सन्तान है... तो रणदीप को चोट खाया देख उसके पापा कमज़ोर पड़ जायेंगे और खुद-ब-खुद कॉन्ट्रैक्ट छोड़ देंगे। वैसे रणदीप पर हाथ डालना आसान काम नहीं है। यूनिवर्सिटी में राज चलता है उसका। हालाँकि है तो वो भी बदमाश ही, लेकिन उसके कुछ उसूल हैं। वह आम स्टूडेन्ट्स को तंग नहीं करता। वह अच्छे लोगों के साथ अच्छा है और बुरे लोगों के साथ बहुत बुरा। वैसे तो रणदीप भी कभी अपने दोस्तों के बगैर बाहर नहीं जाता। लेकिन कल रात वह अकेला टहलने के लिए निकल गया। उन्होंने उसका पीछा किया, सुनसान जगह देखकर उस पर हमला कर दिया। वो करीब दस-बारह लड़के थे, और वो भी हथियारों के साथ। वो तो रणदीप की क़िस्मत अच्छी थी कि तुम वक़्त पर वहाँ पर पहुँच गये" कहते-कहते गगन ने पेज पलटने का दिखावा किया, मानो वह सचमुच हाथ में उठायी मैगज़ीन पढ़ रहा हो।

"हाँ, मैं जब रणदीप के पास पहुँचा था तो मैंने कुछ भागते हुए क़दमों की आवाज़ें सुनी थी। मैं शर्त लगा के कह सकता हूँ कि वो रणदीप को मारने की योजना से आये थे। लेकिन जब उन्होंने मुझे आते हुए सुना होगा तो वहाँ से भाग गये। उन्होंने सोचा भी नहीं होगा कि इतनी रात गये इस सुनसान इलाके में कोई आ सकता था।" मैंने अधूरी कहानी को पूरा किया।

गगन मेरी ओर देखकर मुस्कुराया।

"एक मरते हुए इनसान को बचाकर तुमने बहुत अच्छा काम किया है। मुझे विश्वास है रणदीप तुम्हें अपने गैंग में ज़रूर शामिल कर लेगा। वैसे भी यूनिवर्सिटी कैम्पस में तो तुम पहले से ही मशहूर हो चुके हो।"

"अरे, नहीं, नहीं। मैं किसी गैंग का हिस्सा नहीं बनाना चाहता। उसकी जान बचाना मेरा फर्ज़ था। मेरी जगह अगर कोई और भी होता तो वो भी शायद वही करता जो मैंने किया है। मैं यहाँ पढ़ने के लिए आया हूँ और वही करने का इरादा है। मैं किसी गन्दी राजनीति या गैंगबाजी का हिस्सा नहीं बनूँगा।" मैं ये गगन से ज़्यादा अपने आप से कह रहा था।

मेरा डर देखकर वह फिर से मुस्कुराया। "चलो, चलते हैं। ब्रेक टाइम ख़त्म हो चुका है। हम क्लास के लिए लेट हो रहे हैं" उसने खड़े होते हुए कहा।

हमने मैगज़ीन्स वापस अलमारी में रखी और बाहर आ गये। वापसी में बातचीत के दौरान मुझे पता चला कि गगन गंगानगर से था और उसके पापा एक बैंक मैंनेजर थे।

ब्रेक के बाद की सारी क्लास ज़्यादा ही बोरिंग थी। रणदीप की कहानी मेरे ज़ेहन में घूम रही थी। मैं समझ नहीं पा रहा था कि कौन सही कह रहा था और कौन गलत। पिछली रात मिस्टर बलराम ने भी उसके बारे में बात की थी। उन्होंने रणदीप के रुतबे, पैसे और पावर के बारे में बताया था। और उस ख़तरनाक गैंग के बारे में भी जिसका नेता रणदीप था। मगर, आज सुबह से मैं दो लोगों से मिल चुका था जिनकी राय उसके बारे में बिल्कुल अलग थी। एक तरफ़ राजू–जो उसे भगवान मानता था तो दूसरी ओर गगन जिसे उसकी बिगड़ैल छवि में भी कोई बुराई नज़र नहीं आती थी। बकौल उसके रणदीप आम स्टूडेन्ट्स को कभी कोई नुकसान नहीं पहुँचाता था। मुझे समझ नहीं आ रहा था कि उसका असल रूप क्या है।

ख़ैर, यह दिंन का आख़िरी लेक्चर था और मेरी बेचैनी बढ़ती ही जा रही थी। प्रोफ़ेसर था कि अपनी ज़िन्दगी के क़िस्से सुनाने में व्यस्त था। ज़्यादातर स्टूडेन्ट्स जम्हाइयाँ ले रहे थे। मैं भी बेसब्री से क्लास के ख़त्म होने का इन्तज़ार कर रहा था। *'राजू ज़रूर मेरा बाहर इन्तज़ार कर रहा होगा'*

मैंने अन्दाज़ा लगाया। मेरी बगल में बैठा गगन अपनी नोटबुक में पेन्सिल से कुछ पेन्टिंग बना रहा था। मैंने उसकी तरफ़ देखा। उसने चुपके से अपनी नोटबुक मेरी ओर सरका दी। उसने उन सभी पाँच प्रोफ़ेसरों के कार्टून बना डाले थे जिन्होंने सुबह से हमारी क्लास ली थी। ख़ूब लम्बे कान, बड़ी नाक और सर्पाकार दाढ़ी... देखकर ही हँसी आ रही थी। मुझे भी शरारत सूझी, अपना पैन निकाला और एक कार्टून के दाँयें गाल पर एक छोटा सा गोला बना कर काली स्याही से भर दिया।

"तुम मस्सा बनाना तो भूल ही गये थे।" मैंने धीमी आवाज़ में कहा और आँख मारी।

"जी उस्ताद" कहते हुए उसने शरारत भरा सलाम ठोंक दिया।

ख़ैर, जैसे-तैसे क्लास ख़त्म हुई। मैं जाने के लिए उठा तो गगन भी मेरे साथ चल पड़ा।

"तुम्हें किताबें नहीं लेनी है क्या? मैं तो लाइब्रेरी जा रहा हूँ, अगर तुम आना चाहो तो आ सकते हो।" उसने मेरे कन्धे पर हाथ रखते हुए कहा।

"नहीं, अभी तो मुझे रणदीप से मिलने अस्पताल जाना है। तुम जाओ, मैं किताबें कल ले लूँगा", मैंने जवाब दिया।

वह कॉरिडोर तक मेरे साथ आया और फिर लाइब्रेरी की ओर मुड़ गया। मेन गेट से बाहर निकलते ही मैंने राजू को कोने वाली चाय की दुकान पर खड़ा देखा। वह सिगरेट पी रहा था। मुझे दूर से देखते ही उसने मेरी तरफ़ हाथ हिलाया, सिगरेट को नीचे फेंक जूते से बुझाया और दौड़ता हुआ मेरे पास आ गया।

"हाँ, तो कैसा रहा पहला दिन नील भैया?" उसने मुस्कुराते हुए पूछा।

"अच्छा था", मैंने भी मुस्कुराकर जवाब दिया। वह बहुत ज़्यादा ख़ुश लग रहा था। उसकी ख़ुशी से अन्दाज़ा लगाया जा सकता था कि रणदीप की हालत पहले से बेहतर है।

"अब रणदीप कैसा है?" मैंने पूछा।

"पहले से बहुत बेहतर। डॉक्टर ने कहा है कि चार-पाँच दिन और लगेंगे। उनके कुछ एक टैस्ट की रिपोर्ट आनी हैं, बस एक बार वो आ जायें तो फिर उन्हें डिस्चार्ज कर देंगे।"

हम बातें करते-करते पार्किंग एरिया तक गये। राजू को मैं पहले ही दिन पसन्द करने लगा था। उसकी मासूमियत बच्चों जैसी थी। और रणदीप के प्रति उसकी श्रद्धा तो बस पूछो ही मत।

"अच्छा राजू, मुझे ये बताओ कि तुम अपने रणदीप भैया से पहली बार कब और कैसे मिले? कॉलेज में?"

"नहीं नहीं, नील भैया! रणदीप भैया और मैं तो एक साथ खेल कर ही बड़े हुए हैं।"

मुझे हैरानी में देखकर राजू ने अपना कहना जारी रखा, "मेरे बाबा और रणदीप भैया के पापा, दोनों एक ही गाँव से थे। मैं उनके पापा को भी बाबा ही बुलाता हूँ। बहुत छोटी उम्र में बाबा गाँव छोड़कर शहर आ गये और यहाँ आकर कारोबार करने लगे। वो हमेशा यही कहते थे कि मुझे बहुत पैसा कमाना है। वो मेरे बाबा को भी अपने साथ लेकर आना चाहते थे लेकिन मेरे बाबा ने मना कर दिया। क्योंकि वो उस ज़मीन को छोड़कर नहीं जाना चाहते थे जहाँ वे पैदा हुए थे। पाँच साल बाद, गाँव में भयंकर सूखा पड़ा। लोग भूख-प्यास से मरने लगे। हालात दिन-ब-दिन बिगड़ते जा रहे थे। तब तक मेरे बाबा की शादी हो चुकी थी और मम्मी गर्भवती थी। मेरा परिवार भूख से मर रहा था और उनके पास कहीं जाने का कोई ठिकाना नहीं था। जब बड़े बाबा को इस बात का पता चला, तो वो खुद गाँव आये और मेरे परिवार को अपने साथ शहर में अपने घर ले आये। रणदीप भैया उस वक़्त एक साल के थे। उन्होंने हमें रहने के लिए घर दिया और मेरे बाबा को नौकरी, वो भी तब जब हमारे पास कुछ भी नहीं बचा था। बाबा और उनके परिवार ने कभी हमें एहसास नहीं होने दिया कि हम किसी तरह से भी उनसे छोटे हैं। बड़े बाबा ने रणदीप भईया और मेरी एक जैसी ही परवरिश की। रणदीप भैया भी हमेशा से ही मुझे अपना छोटा भाई मानते आये हैं। यहाँ तक कि मेरे स्कूल का सारा खर्चा भी बड़े बाबा ने ही उठाया", राजू की आवाज़ की खनक बता रही थी कि वो रणदीप और उसके परिवार को क्यों भगवान की तरह पूजता है।

"अच्छा, तो तुम्हारे मम्मी-बाबा अब यहीं हैं? शहर में? तुम उनके ही साथ रहते हो?" मैंने पूछा।

इस बार मेरे सवाल का जवाब राजू की चुप्पी ने दिया। उसने मेरी ओर देखा और सिर झुका लिया।

"क्या हुआ राजू?" मैंने फिर से पूछा।

"मेरे जन्म के कुछ दिन बाद ही मेरी मम्मी चल बसी। बाबा को भी ट्यूमर था और कुछ साल पहले वो भी..." शब्द उसके गले में ही दब कर रह गये।

मैंने दिलासा देते हुए उसके कन्धे पर हाथ रखा।

हम पार्किंग एरिया में पहुँच चुके थे। राजू मेरे कहे अनुसार मोटरसाईकिल ले कर आया था... काले रंग 180 सी.सी. पल्सर। उसने मुड़कर मेरी तरफ़ देखा और मुस्कुराया। उसने अपना वादा पूरा जो किया था। उसके बाद हम दोनों रणदीप से मिलने अस्पताल जा पहुँचे।

पिछली रात अस्पताल की जिस इमारत को मैंने देखा था, दिन के उजाले में वह पहले से काफ़ी अलग दिख रही थी। यह भी हो सकता है कि घबराहट और थकावट के चलते मैंने ध्यान ही न दिया हो। जैसे ही हम अस्पताल में दाख़िल हुए, मैंने रणदीप के कमरे का रास्ता याद करने की कोशिश की, लेकिन कुछ भी साफ़-साफ़ याद नहीं था। मानो एक रात में सब कुछ ही बदल गया हो। फिर मैं राजू के पीछे-पीछे चल पड़ा। गलियारे से होते हुए हम रणदीप के कमरे तक पहुँचे। लेकिन एक वक़्त में सिर्फ़ एक व्यक्ति को ही कमरे में जाने की इज़ाज़त थी इसलिए राजू बाहर ही रुक गया और मैं रणदीप से मिलने कमरे के अन्दर चला गया।

रणदीप जाग रहा था और पीछे तीन-चार तकियों का सहारा लिए बैठा फ्रूट्स खा रहा था। उसके कपड़े बदल दिये गये थे। उसके चेहरे से पता चल रहा था कि उसकी हालत में पहले से काफ़ी सुधार है। शरीर पर लगी पट्टियों और पाइपों की संख्या भी पहले से कम हो गयी थी। मुझे देखते ही वह मुस्कुराने लगा। वह बिस्तर से थोड़ा सरका और मुझे अपने पास आने का इशारा किया। मैं बिस्तर के किनारे पर जाकर बैठ गया।

"हाँ, अब कैसे हो यार?" मैंने पूछा।

"पहले से काफ़ी अच्छा हूँ। आज तुम्हारा कॉलेज का पहला दिन था न? कैसा लगा तुम्हें अपना डिपार्टमैन्ट? कोई परेशानी तो नहीं हुई न?"

‘‘नहीं, बिल्कुल भी नहीं। और हाँ, राजू को मेरी मदद के लिए भेजने के लिए थैंक्स। लेकिन इसकी कोई ज़रूरत नहीं थी।’’

‘‘अरे! ज़रूरत क्यों नहीं थी। मेरे भाई जैसे हो तुम। और अब ये देखना मेरी ज़िम्मेदारी है कि तुम्हें कोई परेशानी न हो’’, उसके शब्दों में अपनापन था।

मैंने बोलने के लिए मुँह तो खोला, लेकिन रणदीप ने होंठों पर उँगली रख मुझे चुप रहने का इशारा किया। मैं समझ गया कि कुछ भी कहने का कोई फ़ायदा नहीं। मैं धीरे से मुस्कुरा उठा।

उसके बाद हमने बहुत-सी बातें कीं। मैंने उसे कॉलेज के पूरे दिन और प्रोफ़ेसरों के बारे में सब बताया। वह भी मन लगाकर मेरी बातें सुनता रहा। बातचीत के दौरान मुझे पता चला कि वह यूनिवर्सिटी से एल.एल.बी. कर रहा था। हम आपस में बातें कर ही रहे थे कि तभी नर्स अन्दर आयी और बताया कि ये रणदीप के आराम का वक़्त है। मैं बिस्तर से उठ खड़ा हुआ।

‘‘अपना ध्यान रखना, रणदीप। मैं कल फिर मिलने आऊँगा’’, उसके सिर के नीचे तकिया ठीक करते हुए मैंने कहा।

‘‘मेरी जान बचाने के लिए एक बार फिर से तुम्हारा बहुत-बहुत शुक्रिया।’’

‘‘अभी कुछ देर पहले तुमने मुझे भाई कहा था। भाइयों को एक-दूसरे भाई को शुक्रिया कहने की ज़रूरत नहीं होती।’’

हम दोनों ही एक-दूसरे को देखकर मुस्कुरा दिये। मानो इस छोटी-सी मुलाकात में हमारे बीच एक गहरा रिश्ता बन गया था। मैंने उसे बाय कहा और बाहर आ गया।

3

अगले कुछ दिनों तक, राजू ने एक गाईड की तरह मुझे पूरा शहर घूमाया। हर रोज़, क्लास ख़त्म होने के बाद, पहले तो वह मुझे रणदीप के पास ले ज़ाता और फिर उसकी बाईक पर हम पूरा शहर घूमते और खूब मस्ती करते। इस चक्कर में हर रोज़ मैं शाम को देर से हॉस्टल पहुँचता। कई दिन हो चले थे लेकिन मैं अपने रूममेट का नाम तक नहीं जानता था। मैं जब हॉस्टल पहुँचता ता वो सो चुका होता था, और सुबह मेरे उठने से पहले ही वह तैयार हो कर लाईब्रेरी निकल जाता। वह कुछ ज़्यादा ही पढ़ाकू टाईप का था।

इसी बीच राजू ने मुझे बताया कि रणदीप और बाबा के विरोध के बावजूद उसने पिछले साल ही पढ़ाई छोड़ दी थी क्योंकि वह उन पर बोझ नहीं बनाना चाहता था। उसने अपने पिता की जगह पर नौकरी कर ली। लेकिन वह सिर्फ़ यही एक काम नहीं करता था, बल्कि वह रणदीप के घर और कारोबार से जुड़े कई ज़रूरी काम भी सँभालता था। रणदीप के पापा उस पर आँखें बन्द करके विश्वास करते थे।

चौथे दिन, डॉक्टर्स ने रणदीप को डिस्चार्ज करने का फ़ैसला कर लिया। हालाँकि, पहले तो डॉक्टर ने रणदीप को कुछ और दिन अस्ताल में रुकने के लिए कहा था, लेकिन रणदीप का रुकने का मन नहीं था। इसलिए सुबह ही सारी औपचारिकताएँ पूरी कर दी गयीं। शाम को रणदीप डिस्चार्ज हो गया। क्लास ख़त्म होने के बाद मैं, राजू के साथ सीधा अस्पताल आ गया और रणदीप को गाड़ी में बिठाने में राजू की मदद की। रणदीप के पापा, मिस्टर रतन ठकराल, भी वहाँ मौजूद थे। मैं पहली बार उनसे मिल रहा था।

मैंने झुक कर उनके पैर छुए। उन्होंने मेरा हाथ पकड़कर अपने गले से लगा लिया और कहने लगे, "भगवान तुम्हें तरक़्क़ी बख़्शे। तुमने रणदीप की जान बचाकर हम पर बहुत बड़ा एहसान किया है, बेटा। हम चाह कर भी तुम्हारा ये कर्ज़ नहीं उतार पायेंगे। अब से तुम हमारे परिवार का हिस्सा हो। हमारा जो कुछ है, तुम्हारा ही है... इसलिए जिस भी चीज़ की ज़रूरत हो, पूरे हक़ से माँगना।"

"ये तो मेरा फर्ज़ था, अंकल। आपका आशीर्वाद और प्यार ही मेरे लिए बहुत है और मुझे कुछ नहीं चाहिए", मैंने हँसते हुए जबाब दिया।

मिस्टर ठकराल ने मुस्कुराते हुए मेरी पीठ थपथपाई। मैंने, रणदीप को बाय कहा और वहाँ से जाने ही वाला था कि रणदीप ने टोक दिया, "हैलो, सुनो, कहाँ जा रहे हो तुम?"

"उम्मम...हॉस्टल?"

"कहीं हॉस्टल-वॉस्टल नहीं जाना। तुम हमारे साथ मेरे घर चल रहे हो। मम्मी तुमसे मिलकर बहुत ख़ुश होंगी", उसने अपना फरमान सुना दिया।

"लेकिन..." मैंने कहने के लिए मुँह खोला लेकिन रणदीप कहाँ सुनने वाला था! "तुम बस गाड़ी में बैठो। कोई लेकिन-वेकिन नहीं", उसने गाड़ी का दरवाज़ा खोलते हुए कहा।

मैंने हिचकिचाते हुए उसके पापा की तरफ़ देखा। उन्होंने मुस्कुराते हुए मुझे गाड़ी में बैठने का इशारा किया। राजू पहले से ही ड्राइवर की सीट ले चुका था। उसने पलट कर मेरी ओर देखा और कहा, "आ जाओ, नील भैया। मम्मी आपसे मिलकर बहुत ख़ुश होंगी। और फिर, रणदीप भैया के सभी दोस्त भी तो होंगे वहाँ। रणदीप भैया के सही-सलामत घर लौट आने की ख़ुशी में हम सबने मिलकर एक पार्टी रखी है। इसलिए आपको तो आना ही होगा।"

मेरे बहस करने का कोई मतलब नहीं रह गया था। आख़िरकार, मैं गाड़ी में बैठ गया और हम चल पड़े।

***

करीब दस मिनट बाद हम रणदीप के घर के सामने थे। घर क्या था बंगला

था या फिर सच कहूँ तो महल। अपनी अब तक की ज़िन्दगी में मैंने कभी इतना आलीशान घर नहीं देखा था। हल्का-सा अँधेरा हो चला था और इस मद्धिम रोशनी में सफ़ेद बंगला यूँ चमक रहा था मानो कोई बहुत बड़ा-सा मोती हो। बाहर बरामदे में एक से एक महँगी गाड़ियों की लाईन लगी थी। अचानक राजू की आवाज़ से मेरा सम्मोहन टूटा। एक दम से चार-पाँच नौकर दौड़ते हुए बाहर आये और रणदीप को सहारा दे कर अन्दर जाने में मदद की।

राजू किसी गाइड की तरह मुझे पूरा घर दिखा रहा था। ग्राउण्ड फ्लोर रणदीप के पापा का ऑफ़िस था। उनके बिजनेस और पॉलिटिक्स से सम्बन्धित सारी मीटिंग्स वहीं होती थीं। फर्स्ट फ्लोर रणदीप के लिए था जिसमें पाँच बैडरूम, एक बार और एक हॉल था, जहाँ रणदीप अपने दोस्तों के लिए पार्टियाँ रखता था। सैकेण्ड फ्लोर पर पूरी फैमिली रहती थी। सबसे आख़िर की मंज़िल पर जिम, स्कवैश कोर्ट और एक छोटा-सा पर्सनल थियेटर था। मैं राजू के साथ फर्स्ट फ्लोर पर गया। गलियारा बहुत शानदार तरीक़े से सजा था। सीढ़ियों में बहुत क़ीमती और बड़ी-बड़ी पेंटिंग्स लाइन से लगी थी। फर्स्ट फ्लोर का दरवाज़ा हॉल में खुलता था जिसके दोनों तरफ़ कमरे थे और सबसे आख़िर में था एक शानदार बार, जहाँ एक से एक बेहतरीन और महँगी शराब मौजूद थी। जैसे ही रणदीप दरवाज़े पर आया, तालियों की गड़गड़ाहट से पूरा हाल गूँज उठा। पार्टी चल रही थी और पूरा हाल लोगों से भरा था। मैं और राजू, दोनों हाथों का सहारा देकर रणदीप को अन्दर ले गये। उसके दोस्तों ने गले लगकर उसे बधाई दी। हमने रणदीप को एक काउच पर बिठा दिया। रणदीप की मम्मी अन्दर आयी और रणदीप को गले लगा लिया, फिर उसके माथे को चूमने लगी। उनकी आँखों से लगातार आँसू बह रहे थे। रणदीप ने उनको मुझसे मिलवाया। मैंने झुककर उनके पैर छूए। उन्होंने मुझे गले से लगा लिया, ज़ुबाँ से निकलती दुआएँ और आँखों से निकलते आँसू थमने का नाम ही नहीं ले रहे थे। उन आँसुओं में जहाँ एक ओर एक माँ के दिल का दर्द था तो दूसरी तरफ़ अपने बेटे के सकुशल घर लौटने की ख़ुशी भी। उन्हें देखकर मुझे अपनी मम्मी याद आ गयी। ख़ैर, यंगस्टर्स की पार्टी थी, इसलिए वो जल्दी ही वहाँ से चली गयी।

लेकिन जाने से पहले, उन्होंने मुझसे अगले हफ़्ते डिनर के लिए घर आने का वादा ले लिया। उनके जाने के बाद सबसे पहले रणदीप के आने की ख़ुशी में शैम्पेन की बोतल खोली गयी। जाम पर जाम लग रहे थे। सभी नाच रहे थे, मज़े कर करे थे। पार्टी अपने पूरे शबाब पर थी। रणदीप ने एक-एक कर अपने सभी दोस्तों से मुझे मिलवाया।

"अरे! तुम कुछ ले क्यों नहीं रहे?" मुझे बिना गिलास के देख कर रणदीप ने पूछा और इशारे से वेटर को बुलाया।

"बताओ क्या लोगे? बीयर, व्हिस्की, वोदका, स्कॉच या रम?"

"थैंक्स यार। लेकिन मैं नहीं पीता?"

"क्या कह रहे हो? आज तक कभी भी नहीं पी?" उसने हैरानी से पूछा।

"न", मैंने न में सिर हिलाया।

"ठीक है, भई। जैसी तुम्हारी मर्जी। मैं तुम्हें मजबूर नहीं करूँगा। वैसे कभी-कभार थोड़ी पी लेने में कोई बुराई नहीं है, ये तो डॉक्टर्स भी कहते हैं। आयरन होता है इसमें और ब्लडप्रैशर भी कन्ट्रोल में रहता है", कहते हुए वह खुद ही अपनी बात पर ठहाका लगा कर हँस दिया। "लेकिन तुम स्नैक्स तो ले ही सकते हो न? या फिर इसमें भी कोई दिक़्क़त है? मैं तुम्हारे लिए सॉफ्ट ड्रिंक्स मँगवा देता हूँ" कहते हुए उसने स्नैक्स की प्लेट मेरी ओर बढ़ा दी। फिर उसने वेटर को इशारे से बुलाया। "साहब के लिए सॉफ्ट ड्रिंक्स लाओ और मेरे लिए रेड वाईन।"

"थैंक्यू! लेकिन तुम्हें अभी शराब नहीं पीनी चाहिए, मेरा मतलब अभी तुम्हारी तबीयत पूरी तरह से ठीक नहीं है", मैंने प्लेट में से एक पकौड़ा उठाते हुए कहा।

"ओहऽहऽहो, मुझे कुछ नहीं हुआ। अब मैं पूरी तरह से भला-चंगा हूँ। और फिर, ये शराब थोड़े न है। रेड वाइन सेहत के लिए अच्छी होती है। ज़ख्म जल्दी भर जाते हैं इससे। यक़ीन न आये तो डॉक्टर से पूछ लेना" कहते हुए उसने आँख मारी और अपना गिलास भर लिया।

पार्टी देर रात तक चलती रही। सब के सब पी कर एक दम टुल्ल थे। रणदीप के कुछ दोस्त तो घर जाने की हालत में भी नहीं थे। कुछ को तो उनके ड्राइवर गाड़ी में डालकर घर ले गये और कुछ जहाँ जगह मिली

वहीं लेट गये। रणदीप, जो मेरे मना करने के बावजूद भी पीता रहा, को राजू और मैं सहारा देकर उसके कमरे में ले गये। हमने उसे उसके बिस्तर पर लिटा दिया और वहीं बैठ कर उसके सोने का इन्तज़ार करने लगे। कुछ मिनट बाद, जैसे ही वो गहरी नींद में सोया, हमने लाइट बन्द की और कमरे से बाहर आ गये।

आधी रात हो चुकी थी। इस वक़्त हॉस्टल जाने का कोई फायदा नहीं था इसलिए मैंने भी वहीं सो जाना मुनासिब समझा। राजू ने एक दूसरे कमरे में मेरे सोने का बन्दोबस्त कर दिया। थकावट इतनी ज़्यादा थी कि मैं धड़ाम से बिस्तर पर गिरा और एकदम से सो गया।

सुबह करीब सात बजे मेरी आँख खुली। बैड के साइड वाले टेबल पर जूस का गिलास रखा था। मैं उठकर बाहर चला आया। तभी एक नौकर दौड़ता हुआ मेरे पास आया और पूछा, "साहब, कुछ चाहिए क्या?" उसे मना करके मैं दोबारा कमरे में आया, अपना चेहरा धोया और फ्रैश होकर राजू को फ़ोन करके बुला लिया।

"हाँ, नील भैया? कुछ चाहिए आपको?" आते ही उसने पूछा।

"राजू, क्या तुम मुझे अभी हॉस्टल छोड़ सकते हो? दरअसल एक घण्टे बाद मेरी क्लास है", मैंने कपड़े पहनते हुए कहा।

"हाँ भैया, क्यों नहीं। लेकिन जाने से पहले मम्मी से मिलते जाइयेगा। सुबह से कई बार आप के बारे पूछ चुकी हैं।"

"ठीक है, मैं अभी आण्टी जी से मिलकर आता हूँ। तुम बाहर मेरा इन्तज़ार करना। मैं बस पाँच मिनट में आया। और हाँ, रणदीप कहाँ है? उससे भी मिल लूँगा। जाग तो गया होगा न वो?"

"नहीं, नील भैया। रणदीप भैया अभी सो रहे हैं। वो थोड़ा लेट ही उठते हैं", राजू ने बताया।

"चलो कोई बात नहीं" कहते हुए मैं रणदीप की मम्मी से मिलने सैकण्ड फ्लोर पर गया तो देखा वो हॉल के बीच रखी डाइनिंग टेबल पर नाश्ता लगा रही थीं। मैंने जाकर उनके पैर छुए।

"भगवान तुम्हें लम्बी उम्र दे। चलो अब बैठ कर नाश्ता करो, रणदीप तो दस बजे से पहले नहीं उठने वाला", मेरे सिर पर हाथ फेरते हुए उन्होंने कहा।

''माफ़ करिएगा आण्टी, मैं अभी नाश्ता नहीं कर पाऊँगा। कुछ ही देर में मेरी क्लास शुरू होने वाली है और अभी मुझे जल्दी से हॉस्टल जाकर तैयार भी होना है'', मैंने माफ़ी माँगते हुए कहा।

''लेकिन बेटा तुम बिना कुछ खाये-पीये कैसे जा सकते हो? आओ, बैठो। कम से कम दूध तो पी लो'', कहते हुए वो गिलास में दूध डालने लगी।

''प्लीज आण्टी, आज नहीं। देर हो जायेगी। लेकिन वादा करता हूँ, अगले वीकेंड पर ज़रूर मिलने आऊँगा और पेट भरकर आप के हाथ का बना खाना खाऊँगा'', मैंने उन्हें यक़ीन दिलाने की कोशिश की।

''ठीक है, जैसी तुम्हारी मर्जी। लेकिन दो मिनट रुको, मैं कुछ खाना पैक कर देती हूँ। जब टाइम मिले तब खा लेना।'' मैं समझ गया कि यहाँ मेरी एक नहीं चलने वाली। इसलिए चुपचाप खड़ा होकर इन्तज़ार करने लगा। रणदीप की मम्मी में मुझे अपनी माँ की परछाई नज़र आ रही थी।

वो खाना पैक करवाने में नौकरों की मदद करने लगी और मैं दूर से उन्हें देखता रहा।

कुछ मिनट बाद उन्होंने एक बड़ा सा पॉलिथिन का बैग मेरे हाथ में थमा दिया। बैग की साईज़ और वज़न देखकर लग रहा था कि उन्होंने सिर्फ़ नाश्ता ही नहीं बल्कि लन्च और डिनर भी पैक कर दिया हो।

''थैंक यू, आण्टी जी'', कहकर मैं नीचे झुका और उनके पैर छुए। उन्होंने मेरे सिर पर हाथ रख कर बहुत आशीर्वाद दिया। उसके बाद मैं वहाँ से चला आया।

मैं सीढ़ियाँ उतरकर, हॉल से होता हुआ गेट पर जा ही रहा था कि रणदीप के पापा बाहर से आते हुए दिखायी दिये। उनके पहनावे से लग रहा था कि वो मार्निंग वॉक से वापस आ रहे थे।

''हाँ तो, यंग मैन कैसे हो?'' मुझे देखते ही उनका चेहरा खिल उठा।

''ठीक हूँ, अंकल। बस थोड़ा जल्दी में हूँ। कॉलेज के लिए लेट हो रहा है। शायद राजू भी बाहर मेरा इन्तज़ार कर रहा होगा।''

''हाँ, वो बाहर ही है। और तुम्हारा सरप्राइज भी'', कहते हुए वो मुस्कुराए और अपनी बाँह मेरे गले में डालकर, मुझे गेट की ओर ले गये।

''सरप्राइज?'' मैंने उनकी ओर देखा।

मेरी बात का जवाब न देकर वो सिर्फ़ मुस्कुराते रहे और चलते-चलते हम बाहर आ गये। मैंने देखा कि राजू वहाँ खड़ा मुस्कुरा रहा था। उसके पीछे खड़ी थी एक काले रंग की चमचमाती हुई शानदार गाड़ी। मैं अभी भी कुछ समझ पाने में असमर्थ था।

''बेटा, हमारी तरफ़ से तुम्हारे लिए यह छोटा-सा तोहफ़ा। वैसे तो रणदीप की जान बचाकर जो एहसान तुमने हम पर किया है, उसका कर्ज़ हम कभी नहीं चुका पायेंगे। बस इतना कह सकता हूँ कि आज से तुम भी हमारे बेटे हो। परिवार में तुम्हारा स्वागत है। यह गाड़ी इसी हक़ से मैं तुम्हें दे रहा हूँ'', कहते हुए उन्होंने गाड़ी की चाबी मेरे हाथ में थमा दी।

मैं कुछ समझ नहीं पा रहा था। सब कुछ इतनी जल्दी-जल्दी हो रहा था। फिर मैंने एक गहरी, लम्बी साँस ली और किसी तरह से ख़ुद को शान्त किया।

''थैंक्स अंकल! आपने मेरे बारे में इतना सोचा। मुझे आपका प्यार चाहिए, आशीर्वाद चाहिए ताकि मैं ज़िन्दगी में कुछ बनकर दिखा सकूँ, ये गाड़ी नहीं। आपका प्यार ही मेरी सबसे बड़ी सौगात है।'' मैंने मुस्कुराते हुए कहा जिससे कि उन्हें बुरा न लगे।

''लेकिन नील बेटा, यह तो तुम्हारा गिफ़्ट है। और रणदीप ख़ुद भी तुम्हें यह देना चाहता था। प्लीज बेटा, मना मत करो।'' उन्होंने मुझे समझाने की कोशिश की।

''अंकल, रणदीप की जान बचा कर मैंने किसी पर कोई एहसान नहीं किया। मेरी मम्मी हमेशा कहती है कि ज़िन्दगी में कुछ चीज़ों की क़ीमत कभी नहीं लगायी जा सकती। अंकल, मैं एक छोटे-से कस्बे का साधारण-सा मिडल क्लास लड़का हूँ और मेरे सपने बहुत छोटे हैं। ये बड़ी गाड़ी मुझे सुख-सुविधा तो दे सकती है, मगर ख़ुशी नहीं। मेरी असली ख़ुशी आप सब के साथ होने से हैं। रणदीप में मैंने भी अपने भाई को पाया है। मुझे और कुछ नहीं चाहिए'', कहते हुए मैंने गाड़ी की चाबी फिर से उन्हें सौंप दी।

रणदीप के पापा ने पीठ थपथपाकर मुझे शाबाशी दी। ''ठीक है बेटा, मैं तुम्हें मजबूर नहीं करूँगा। लेकिन वादा करो जब भी कभी तुम्हें किसी भी चीज़ की ज़रूरत होगी तुम कहने में हिचकिचाआगे नहीं।''

"ज़रूर अंकल। थैंक यू सो मच!" कहकर मैंने उनके पैर छूए।

राजू ने अपनी बाइक निकाली और हम हॉस्टल की ओर चल दिये।

मैं हॉस्टल पहुँचा, जल्दी से तैयार हो कर डिपार्टमैन्ट पहुँचा। ब्रेक टाइम में मैंने रणदीप को फ़ोन किया तो उसने बताया कि अभी वह घर पर ही है और कुछ दिन आराम करने के बाद ही कॉलेज आना शुरू करेगा।

शाम को, क्लास ख़त्म होने के बाद गगन और मैं लाईब्रेरी के बाहर वाले गार्डन में चहलक़दमी कर रहे थे, कि तभी मेरा फ़ोन बजा।

"हैलो..."

"हैलो, क्या मैं नील गुप्ता से बात कर सकता हूँ?" दूसरी तरफ़ से आवाज़ आयी।

"जी, कहिए, मैं नील ही बोल रहा हूँ।"

"नील, मैं यूनिवर्सिटी रजिस्ट्रार एम. एन. माथुर जी के ऑफ़िस से बोल रहा हूँ। सर आपसे मिलना चाहते हैं। क्या आप अभी ऑफ़िस आ सकते हैं?"

"ओह... हाँ, ज़रूर सर। जी सर... मैं पाँच-सात मिनट में वहाँ पहुँचता हूँ।" मैंने हकलाते हुए जवाब दिया।

"ओ. के." कहते ही फ़ोन कट गया।

"कौन था?" गगन ने पूछा।

"रजिस्ट्रार के ऑफ़िस से। वो अभी मुझसे मिलना चाहते हैं, इसीलिए मुझे उनके ऑफ़िस बुलाया है।" मैं अभी भी शॉक में था।

"हा...हा...हा...हा... कहीं रणदीप की जान बचाने के लिए तुम्हें कोई अवॉर्ड देने की योजना तो नहीं बना रहे।" गगन ने मज़ाक उड़ाते हुए कहा।

"बस ज़िन्दा छोड़ दें, यही गनीमत है।" किसी अनजानी आशंका से मैं घबरा रहा था।

"चलो तुम पहुँचो। और हाँ, अगर गोल्ड मैडल मिले तो मुझे फ़ोन ज़रूर करना" कहते हुए गगन ने विदा ली। मैं रजिस्ट्रार के ऑफ़िस की तरफ़ चल पड़ा। मेरा जी घबरा रहा था।

चपरासी मुझे अन्दर ऑफ़िस में ले गया।

"गुँड इवनिंग सर! मैं नील गुप्ता।" मैंने विश किया।

“हाँ, आओ, बैठो।”

मैं उनके सामने की कुर्सी पर बैठ गया।

“नील, शायद तुम्हें पता हो कि हर साल हमारे कॉलेज में साहित्यिक उत्सव का आयोजन होता है”, रजिस्ट्रार ने कहना शुरू किया।

“हाँ, सर। मैंने इसके बारे में सुना है।”

“बहुत अच्छा। हर साल की तरह, इस साल भी हम इसका आयोजन करने जा रहे हैं, जिसमें बाहर से भी कई कॉलेज और यूनिवर्सिटीज के स्टूडेंट्स आने वाले हैं। पिछले दो सालों से रणदीप इस इवैन्ट का मुख्य कॉरडिनेटर रहा है उसने सब कुछ बहुत ही अच्छे ढंग से आयोजित किया था। आज सुबह जब हमारी उससे बात हुई तो उसने मुख्य संचालक के लिए तुम्हारा नाम सुझाया। तुम्हारा क्या कहना है? सँभाल पाओगे?” उन्होंने पूछा।

“हाँ सर, क्यों नहीं। बस आपके मार्गदर्शन की ज़रूरत होगी।” मैंने कहा। दिल ही दिल में मैं बहुत उत्साहित था। ख़ुद को साबित करने का इससे अच्छा मौक़ा हो ही नहीं हो सकता था। पहले ही साल इतने बड़े इवैन्ट का संचालक बनाना किसी उपलब्धि से कम न था। ज़िन्दगी में पहली बार मुझे इतने बड़े स्तर पर काम करने का मौक़ा मिल रहा था।

“ठीक है यंग मैन। उम्मीद है कि तुम निराश नहीं करोगे।”

“थैंक्स सर! कि आपने मुझे इस लायक समझा। मैं वादा करता हूँ कि इस इवैन्ट को कामयाब बनाने में कोई कसर नहीं छोड़ूँगा।”

“ग्रेट! इवैन्ट के बजट और कार्यक्रम से सम्बन्धित जानकारी तुम्हें बाहर मेरे ऑफ़िस से मिल जायेगी। और संचालन के बारे में रणदीप से मशवरा कर लेना। ओ. के., ऑल द बैस्ट!” कहते हुए रजिस्ट्रार ने मेरी ओर हाथ बढ़ाया।

मैंने हाथ मिलाकर दोबारा उनका धन्यवाद किया और ऑफ़िस से बाहर आ गया। मैं बहुत ख़ुश था। इतना ख़ुश कि शब्दों में बयाँ नहीं किया जा सकता। और ये ख़ुशी मुझे रणदीप की वजह से मिली थी।

4

कॉलेज फेस्ट का संचालन करना जितना मज़ेदार था, उतना ही चुनौतीपूर्ण भी। हालाँकि मैं नया था, लेकिन रणदीप इस विधा का मँजा हुआ खिलाड़ी था, वह एक गाइड की तरह हर क़दम पर मेरा साथ दे रहा था। मेरे जैसे बहुत ही आम और शर्मीले लड़के को जिसे पहले किसी से बात करने में भी डर लगता था, अब हर रोज़ बहुत से लोगों से बातचीत करनी होती थी। जल्द ही मेरे बहुत से दोस्त बन गये। सब कुछ बहुत तेज़ी से हो रहा था। वक़्त बदल रहा था। मैं भी बदल रहा था... शायद वक़्त से भी ज़्यादा तेज़।

पहले वाला सीधा-सादा और शर्मीला नील, अब लोगों के बीच बातचीत का केन्द्र बन चुका था। वो लड़का जो पूरी ज़िन्दगी भीड़ का हिस्सा बनकर रहा, अब आगे बढ़कर लोगों का नेतृत्व करने लगा था। मैं भागने लगा था, उड़ने लगा था... लेकिन ज़िन्दगी कब, किस वक़्त, क्या मोड़ ले ले, कुछ कहा नहीं जा सकता। और ज़िन्दगी के ऐसे ही मोड़ पर मेरे साथ जो हुआ, उसे मैं ज़िन्दगी भर तो क्या, शायद मरने के बाद भी नहीं भूल पाऊँगा।

कॉलेज फैस्ट का आख़िरी दिन—सितारों से भरी वो रात जिसका सबको बेसब्री से इन्तज़ार था। सब अपनी-अपनी तैयारियों में लगे थे। पिछली रात मैं रणदीप के साथ उसके घर पर ही रुका था। सुबह, रणदीप कार्यक्रम की तैयारियों का जायज़ा लेने के लिए जल्दी ही घर से चला आया। स्टार नाइट के आयोजन की सारी ज़िम्मेदारी उस पर ही थी और सब जानते थे कि यह कितना बड़ा इवैन्ट होने वाला है। हम सभी इसे लेकर कोई जोख़िम नहीं लेना चाहते थे। मैं भी जल्दी से तैयार हुआ, नाश्ता किया और घर से बाहर आ गया। राजू को फ़ोन लगाया तो उसने बताया कि वह रणदीप

के साथ है। हालाँकि उसने कहा भी कि वह घर पर किसी को मुझे कॉलेज ले आने के लिए बोल देता है, लेकिन मैंने उसे मना कर दिया। मैंने ऑटो लिया और थोड़ी ही देर में कॉलेज पहुँच गया। मेरे लिए करने को कुछ ज़्यादा काम नहीं था, इसलिए मैंने सोचा क्यूँ न थोड़ी देर पढ़ लिया जाये। क्यों कि अगले हफ़्ते से मेरे इंटरनल एग्जाम शुरू होने जा रहे थे और पिछले कुछ दिनों से फैस्ट की वजह से मैं पढ़ाई पर ज़रा भी ध्यान नहीं दे पाया था। मैंने गगन को फ़ोन करके लाइब्रेरी में बुला लिया। दोपहर बाद रणदीप ने मुझे फ़ोन किया और जल्दी से फैस्ट ग्राउण्ड में आने को कहा।

"बस थोड़ी ही देर में आता हूँ।"

"हो कहाँ तुम?" उसने पूछा।

"लाईब्रेरी में।" मैंने बताया।

"अरे, तुम बेवकूफ़ हो क्या? बॉलीवुड के बड़े-बड़े हीरो-हीरोइन और गायक यहाँ आ रहे हैं, और तुम वहाँ लाइब्रेरी में किताबों के साथ झक मार रहे हो।" रणदीप ने थोड़ा गुस्सा होते हुए कहा।

"अरे यार, तुम तो जानते ही हो, मुझे भीड़-भाड़ पसन्द नहीं है। और अगले हफ़्ते से इन्टरनल टैस्ट भी शुरू होने वाले हैं। बस थोड़ी देर मे आता हूँ। प्लीज।" मैंने गुहार लगायी।

"मैं भी कहाँ, किस सनकी के साथ सिर खपा रहा हूँ। मानना तो तुम्हें है नहीं। ठीक है, करो तुम पढ़ाई। लेकिन जैसे ही फ्री हो जाओ, राजू को फ़ोन कर देना। वह तुम्हें लेने आ जायेगा।"

"अरे, नहीं-नहीं। राजू को भेजने की ज़रूरत नहीं है। मैं यहाँ गगन के साथ हूँ। हम दोनों आ जायेंगे वहाँ। तुम परेशान मत हो।"

"ठीक है, जैसी तुम्हारी मर्ज़ी। लेकिन जैसे ही यहाँ पहुँच जाओ, मुझे फ़ोन कर देना। पीछे से कुछ दिखायी नहीं देगा, इसलिए मैंने पहली लाइन में तुम्हारे लिए सीट रिज़र्व कर रखी है।"

"हाँ, ज़रूर।"

रणदीप ने फ़ोन रख दिया।

हमारी रिवीज़न पूरी होते-होते तीन घण्टे गुज़र चुके थे। हमने जल्दी से अपना बैग पैक किया और ग्राउण्ड की ओर चल पड़े।

वहाँ पहुँचे तो देखा, ग्राउण्ड खचाखच भरा था। सब के सब अपने चहेते सितारों को असल ज़िन्दगी में देखने को बेताब थे। मैदान में चारों ओर बाँस की बाउण्ड्री लगायी गयी थी। स्टेज पर कोई म्यूजिकल बैण्ड अपना परफॉरमैन्स दे रहा था। लोग तो मानो पागल हुए जा रहे थे। अलग-अलग तरह की रंग-बिरंगी लाइट्स की वजह से स्टेज दूर से ही चमक रहा था। भीड़ बेकाबू हो रही थी, मानो सभी एक-दूसरे के सिर पर पैर रखकर आगे निकल जाना चाहते हों। इस भीड़ से निकलकर आगे पहुँचना नामुमकिन था। मैंने रणदीप को फ़ोन लगाया। दो बार रिंग गयी और फ़ोन कट गया। मैंने फिर से उसका नम्बर लगाया। पाँच बार कोशिश करने के बावजूद भी उसने फ़ोन नहीं उठाया। उसके बाद मैंने राजू का नम्बर मिलाने की कोशिश की। लेकिन कोई फायदा नहीं हुआ। उसने भी फ़ोन रिसीव नहीं किया। *'म्यूजिक और शोर के बीच शायद उन्हें फ़ोन की घण्टी सुनायी नहीं दे रही होगी'*, मैंने सोचा। गगन मेरी बगल में ही खड़ा था। मैंने इशारे से उसे वापस हॉस्टल चलने के बारे में पूछा, तो उसने 'न' में सिर हिला दिया।

"मैं कार्यक्रम देखे बगैर यहाँ से नहीं जाने वाला। वैसे भी जॉन अब्राहम और सुनिधि चौहान को देखने का मौक़ा रोज़-रोज़ थोड़े न मिलता है। चल यार, थोड़ा कोशिश करेंगे, तो आगे पहुँच ही जायेंगे।" उसने ज़िद की।

इन सब में मेरी कोई दिलचस्पी नहीं थी, और न ही भीड़ के पैरों तले कुचले जाने की मेरी कोई इच्छा थी। लेकिन गगन अपनी ज़िद पर अड़ा था और मेरे पास उसकी बात मानने के अलावा कोई और चारा नहीं था।

लोग सीटियाँ बजा रहे थे, चिल्ला रहे थे, नाच रहे थे। गगन और मैंने भीड़ में से होते हुए किसी तरह आगे जाने की कोशिश की और हम कुछ हद तक कामयाब भी हुए। कुछ देर की धक्का-मुक्की के बाद मैंने मुड़कर देखा, तो गगन कहीं भी दिखायी नहीं दे रहा था। मैंने कई बार उसका नाम पुकारा, लेकिन इतने शोर में मुझे ख़ुद ही अपनी आवाज़ सुनायी नहीं पड़ रही थी। किसी तरह से मैंने आगे बढ़ना जारी रखा और जल्दी ही तीसरी लाइन तक पहुँच गया। तभी मुझे पीछे से एक ज़ोर का धक्का लगा और मैं गिरते-गिरते बचा। मैंने गुस्से से पलट कर देखा, तो दो लड़कियाँ आगे की लाइन में जाने की कोशिश कर रही थीं। उनमें से एक को मैं पहचानता

था। वो मेरी क्लासमेट थी। जबकि दूसरी लड़की, जिसका धक्का मुझे लगा था, की पीठ मेरी तरफ़ थी। उसने हरे रंग का कढ़ाई वाला कुर्ता और नीली जीन्स पहनी थी। उसके सुनहरे बाल शाम के उस हल्के धुँधलके में चमचमा रहे थे, कान की बड़ी-बड़ी बालियाँ मानो संगीत की धुन पर नाच रही थीं। उसने भी एकदम से मुड़कर मुझे देखा।

वो पहली बार था जब मैंने उसे देखा। मेरी ज़िन्दगी का सबसे ख़ूबसूरत नज़ारा। वक़्त कुछ पल के लिए मानो वहीं थम गया। मुझे सब कुछ धुँधला नज़र आने लगा... कोई म्यूजिक नहीं, कोई शोर नहीं और न ही लोगों के आस-पास होने का एहसास, कुछ था तो बस वो लड़की और हम दोनों के बीच चीखती हुई सी एक ख़ामोशी। मेरा दिल कुछ पल के लिए मानो धड़कना ही भूल गया। पलके झपकना भूल गयीं। उसका ख़ूबसूरत, गोल चेहरा लाल हो चला था। वो पतले गुलाबी होठ, मानों कुछ कहना चाहते थे। काजल से भरी हुई चमकती हुई आँखें, जिन पर कोई भी मर मिटे। उसने अपने हाथों से कानों को छुआ, मेरी तरफ़ देखा। ज़ाहिर था कि वह मुझे सॉरी कह रही थी। मैं जड़ बना बस उसे देखता ही रहा। उसने फिर अपनी नाक को सिकोड़ा और मासूम-सा चेहरा बनाकर सॉरी कहने की कोशिश की। मैं मुस्कुरा उठा। वो भी मुस्कुरा भर दी। मैंने इतनी ख़ूबसूरत मुस्कुराहट ज़िन्दगी में कभी नहीं देखी थी। मेरे चारों ओर मानो तितलियाँ उड़ने लगीं, बैकग्राउण्ड में गिटार बजने लगा, फूलों की बारिश होने लगी... और उस एक पल में मुझे एहसास हुआ कि मेरा दिल अब मेरा नहीं है।

मैं वहीं खड़ा बस उसे ही घूरे जा रहा था। चाह कर भी उस चेहरे से नज़रें हटाना नामुमकिन था। मैं शायद पूरी रात उसे यूँ ही देखता रहता, अगर उसकी दोस्त उसे वहाँ से खींच कर न ले गयी होती। जाने से पहले उसने आख़िरी बार मेरी ओर देखा और फिर अपनी दोस्त के पीछे-पीछे भीड़ में घुसती चली गयी। मेरी नज़रों ने दूर तक उसका पीछा किया। और तभी कोई मेरे सामने आ गया। एकदम से मेरा ध्यान टूटा, यह राजू था। मैंने उछलकर उसके पार देखने की कोशिश की, लेकिन तब तक वह जा चुकी थी। निराश होकर मैंने राजू की तरफ़ देखा। मेरा उतरा हुआ चेहरा देखकर वो भी समझ गया कि कुछ न कुछ बात ज़रूर है, लेकिन उसने कुछ नहीं

कहा, सिर्फ़ अपने पीछे चलने का इशारा किया और मैं चुपचाप उसके पीछे हो लिया। कुछ मिनट बाद, मैं पहली लाइन में रणदीप के साथ खड़ा था।

कार्यक्रम हमारी उम्मीदों से कहीं ज़्यादा शानदार रहा, हालाँकि मैं वहाँ होकर भी वहाँ नहीं था। मेरी प्यासी नज़रें हर पल भीड़ में बस उसी एक चेहरे को तलाश कर रही थी। मैं बार-बार पीछे मुड़कर देख रहा था, इसी आस में कि शायद वो कहीं नज़र आ जाये। रणदीप ने मेरी परेशानी भाँप ली, हालाँकि उसे ज़रा भी अन्दाज़ा नहीं था कि कुछ देर पहले मेरे साथ हुआ क्या था।

उस रात, मैं बिस्तर पर पड़ा करवटें बदलता रहा। सोने की बहुत कोशिश की लेकिन, नींद आँखों से कोसों दूर थी। उसकी धुँधली-सी परछाई मेरे साथ आँख मिचौली खेलने में लगी थी। वो काजल भरी आँखें, वो बच्चे-सी मासूम मुस्कान और वो माफ़ी माँगने का अन्दाज़, अपने ज़ेहन से निकालना नामुमकिन था। मैं बिस्तर से उठ कर बैठ गया। कुछ देर यूँ ही बैठा रहा... शून्य में झाँकता हुआ। मेरी सोच मेरे बस में नहीं थी। मैं फिर से लेट गया। ज़ोर से आँखें भींच कर सोने की कोशिश की। कई बार ज़ोर से सिर को झटका दिया, लेकिन वो एक चेहरा मानों ज़ेहन में छप गया था। जिस तरह से उसने मुझे मुड़कर देखा, जिस अदा से उसने कानों को छू कर माफ़ी माँगी, उसके होंठों की सरसराहट और उसकी पलकों की झिलमिलाहट मानो मेरी रूह में उतर गयी थी। मुझमें, मैं कितना बचा था, अन्दाज़ा लगाना मुश्किल था। मैं समझ नहीं पा रहा था कि आख़िर ये मुझे क्या हो रहा है। असलियत और सपने में मानो कोई फ़र्क़ ही न बचा हो। दिल और दिमाग़ मानो सुन्न पड़ गये हों। ऐसा लग रहा था मानो मैं इस दुनिया का हूँ ही नहीं। मानो एक नयी दुनिया, परियों की दुनिया मुझे अपनी ओर खींच रही है। मैं एक ऐसी दुनिया के सपने बुनने लगा था, जहाँ मैं अपनी परी के साथ सर्दी की रात में एक ही कम्बल में लिपटा हूँ। बारिश की बौछारों में हम दोनों एक साथ भीग रहे हैं। हम दोनों किसी सुनसान टापू पर समुद्र किनारे रेत पर बैठे हैं। किसी पहाड़ की चोटी पर हाथों में हाथ डाले डूबते हुए सूरज को देख रहे हैं। मेरी सोच, मेरे सपनों की मानो कोई सीमा न थी। और इसी नयी दुनिया में विचरते हुए मुझे कब नींद आ

गयी, पता ही न चला।

अचानक किसी ने मुझे उठाया और पानी के टैन्क में गिरा दिया। मैं झटके से उठा। "क्या हुआ?" मैं ज़ोर से चिल्लाया। मेरी साँसें तेज़ी से चल रही थीं। पानी मेरे बालों और चेहरे से होता हुआ बिस्तर पर टपक रहा था। नज़र उठाकर देखा तो गगन हाथ में पानी का जग लिए मेरे सिरहाने खड़ा था और ऐसे मुस्कुरा रहा था जैसे उसने ऑस्कर जीत लिया हो।

"ये क्या बकवास है?" मैंने हाथों से अपना चेहरा पोंछते हुए कहा।

"कुछ नहीं, बस ये बताना है कि 10 बज चुके हैं, पहला लैक्चर मिस हो चुका है और अब दूसरे लैक्चर में जाने को तैयार होने के लिए तुम्हारे पास सिर्फ़ दस मिनट हैं", कहते हुए गगन ने अपना बैग नीचे फ़र्श पर पटका और मेरे रूममेट के खाली पड़े बैड पर आराम से लेट गया।

चौंकते हुए मैंने अपने बैड के पास रखी अलार्म घड़ी में देखा।

"अरे बाप रे!!" मैं बैड़ से नीचे कूदा और अलमारी की तरफ़ लपका। जल्दी से ब्रश, टूथपेस्ट और तौलिया निकाला और बाथरूम की तरफ़ भागा। मन ही मन खुद को कई गालियाँ निकालीं। राजू की वजह से मेरी आदत ख़राब हो गयी थी, क्योंकि राजू पहले हर रोज़ मुझे कॉलेज ले जाने के लिए वक़्त पर आ जाया करता था। लेकिन उसे परेशान करना मुझे ज़रा भी अच्छा नहीं लगता था, इसलिए मैंने ही उसे ऐसा करने से मना किया था।

ठीक दस मिनट बाद, गगन और मैं तेज़ी से सीढ़ियाँ उतरते हुए डिपार्टमैन्ट की तरफ़ दौड़े पड़े। वहाँ पहुँचे, तो देखा प्रोफ़ेसर नारायण भी हमारे आगे-आगे ही क्लास में दाख़िल हो रहे थे। किसी तरह गिरते-पड़ते हम प्रोफ़ेसर के पीछे-पीछे क्लास में दाख़िल हुए। गगन ने जैसे ही पहली बैंच खाली देखी, उसने तो जल्दी से छलाँग मारकर कब्ज़ा जमा लिया। सीट लेने की हड़बड़ाहट में मेरे हाथ से बैग छूट गया और किताबें फ़र्श पर बिखर गयीं।

"शिट!! शिट!!" मैं अपने आप में बड़बड़ाया, जबकि प्रोफ़ेसर नारायण अपने मोटे चश्मे के पीछे से मुझे घूर रहे थे। मैं शर्म से पानी-पानी हो गया और नीचे फ़र्श पर गिरी किताबें उठाने लगा। वहीं से मैंने नज़र घुमायी, पूरी क्लास का ध्यान मेरी ओर था। और तभी मेरी नज़र उस चेहरे पर पड़ी, जो पिछली रात से ही मेरी बैचेनी का सबब था। वह थर्ड बैंच पर ठीक

मेरे सामने बैठी थी। उसे देखते ही जैसे मेरे दिल की धड़कन थमने लगी। लाल-काले रंग की सलवार-कमीज में वह पिछली रात से भी ज़्यादा ख़ूबसूरत लग रही थी। उसके खुले-लम्बे बाल, पीठ पर बिखरे थे। बालों की एक लट उसके चेहरे पर लहरा रही थी, जिसे उसने धीरे से अपने कान के पीछे धकेल दिया। कानों में लटकते छोटे-छोटे झुमके मानो अपनी ख़ुशक़िस्मती पर इतरा रहे थे। उसकी आँखों में लगा काजल किसी चुम्बक की तरह मेरी नज़रों को अपनी ओर खींच रहा था।

उसने भी मेरी तरफ़ देखा। आँखों की पुतलियाँ कुछ और चौड़ी हो गयीं, शायद उसने मुझे पहचान लिया था। वह मुस्कुरा दी। मैं भी बदले में एक मुस्कुराहट से ही जवाब देने वाला था कि तभी याद आया कि मेरी तो पहले ही बेइज़्ज़ती हो चुकी थी, कहीं मुस्कुराने के चक्कर में ज़्यादा गड़बड़ न हो जाये। फिर वह बोर्ड की ओर देखने लगी। मैंने भी जल्दी-जल्दी अपना सामान समेटा और गगन के साथ वाली सीट पर जाकर बैठ गया। मुझे तो मानो कुछ समझ नहीं आ रहा था। मेरे लिए पढ़ाई पर ध्यान देना मुश्किल था। दिलो दिमाग़ में बस वही एक चेहरा—मन कर रहा था कि पलट कर उसे देख लूँ। अचानक गगन की घुड़की से ध्यान टूटा।

"तुम वहाँ ज़मीन पर क्या ढूँढ रहे थे?" वह धीरे से फुसफुसाया। उसका चेहरा अभी भी बोर्ड की तरफ़ ही था।

"हैं... क्या ?" मैंने धीरे से पूछा। जबकि दिल ही दिल में मैं अपनी ख़्वाबों की दुनिया से वापस घसीट लाने के लिए उसे कोस रहा था।

गगन ने गुस्से से मेरी तरफ़ देखा।

"पूरे पाँच मिनट तुम फ़र्श पर आँखें गड़ाये बैठे रहे, ऐसा क्या कर रहे थे वहाँ?" वह दुबारा फुसफुसाया।

"कुछ भी तो नहीं", मैंने सकपकाते हुए उसे टालने की कोशिश की।

कुछ सैकेण्ड्स तक वह मुझे घूरता रहा और फिर चुपचाप बोर्ड की ओर देखने लगा।

ब्रेक टाइम में, मैं और गगन कैन्टीन में बैठे थे। मैं अभी भी अपने ख़यालों में खोया था कि तभी वह अपनी एक सहेली के साथ कैन्टीन में दाख़िल हुई। और दोनों के लिए कॉफी ऑर्डर की।

"वो लड़की कौन है?" मैंने काउण्टर की तरफ़ इशारा करते हुए गगन से पूछा।

गगन ने पीछे मुड़कर देखा।

"अरे, वो पूजा है, लेकिन तुम तो उसे जानते हो न।"

"बेवकूफ, पूजा को तो मैं जानता हूँ । मैं तो उस लड़की की बात कर रहा हूँ, जो पूजा के साथ खड़ी है, जिसने लाल रंग का कुर्ता पहना है। आज पहली बार देखा उसे क्लास में।"

"ओह, अच्छा, वो? हाँ, वो मिड टर्म एन्ट्री है। हमारी क्लास में दो लड़कियों ने एडमिशन लिया है। उसने अपना नाम भी बताया था, याद नहीं आ रहा? उम्म... हाँ, अदिति।"

"उसने तुम्हें अपना नाम बताया?" सुनते ही मेरी आँखें खुली की खुली रह गयीं।

"अरे, नहीं यार। कल क्लास में अपना इन्ट्रो देते वक़्त बताया था, तब तुम नहीं थे वहाँ", उसने सिर खुजलाते हुए कहा।

"अदिति। जैसा नाम वैसी ख़ूबसूरती" मैं मन ही मन मुस्कुरा दिया।

"भाई!! तुम्हें दूसरी लड़की को देखना चाहिए था। रिया नाम है उसका। बस पूछो मत, क्या मस्त लड़की है। पटाखा है पटाखा", कहते हुए उसने नाटकीय अन्दाज़ में दोनों हाथ दिल पर रख लिए और आँखें बन्द कर लीं। "कल क्लास में उसकी एन्ट्री वाला सीन देखने लायक था। क्या स्टाइल!! क्या अदा!! क्या नखरे!! वाह!! वाह!! भाई, क्या बताऊँ, उसने तो बॉलीवुड की कैटरीना और दीपिका को भी पीछे छोड़ दिया।" गगन अभी भी उस लड़की की ख़ूबसूरती के कसीदे पढ़े जा रहा था।

लेकिन मेरी उसमें कोई दिलचस्पी नहीं थी। मेरा दिल तो अदिति पर अटका था। अदिति!! अदिति!! अदिति!! मेरे ज़हन में बार-बार उसी का नाम कौंध रहा था।

दो और पीरियड लगाने के बाद, गगन और मैं लाइब्रेरी की ओर चल पड़े। लाइब्रेरी आना हमारी दिनचर्या का हिस्सा बन चुका था। यहाँ तक कि गम्भीर और गुस्सैल-सा दिखने वाला लाइब्रेरियन भी हमें देख कर मुस्कुराने लगा था।

हमने एन्ट्री रजिस्टर में हस्ताक्षर किये और अपनी रोज़ वाली सीट पर जाकर बैठ गये। पहली क्लास मिस होने और दूसरी क्लास में अदिति की ओर देखते रहने की वजह से मेरा सारा काम छूट गया था। मतलब ये कि अब मैं नोट्स के लिए गगन पर निर्भर था। उसे नोट्स निकालने के लिए कहकर मैं एक किताब ढूँढ़ने के लिए रैक की तरफ़ चल दिया।

मैं अभी किताब ढूँढ़ ही रहा था, कि अचानक मेरे कानों में किसी के गुनगुनाने के आवाज़ पड़ी। यह रैक के दूसरी तरफ़ से आ रही थी। ये देखने के लिए कि कौन गुनगुना रहा है, मैं धीमे-धीमे क़दम बढ़ाता आवाज़ की दिशा में चल पड़ा। रैक के कोने में पहुँचकर झाँक कर देखा तो यह और कोई नहीं, बल्कि मेरी ड्रीम गर्ल थी। मैं सन्न रह गया। क़दम जहाँ थे, वहीं ज़मीन से चिपक गये और कान उस मदहोशी भरी आवाज़ से।

मैं बहुत देर तक रैक के पीछे छुपा उसे ही ताकता रहा। अदिति को मेरी मौजूदगी का ज़रा भी एहसास नहीं था। वह पहले की तरह गुनगुनाती रही। दिल कर रहा था कि वह पूरी ज़िन्दगी यूँ ही गुनगुनाती रहे और मैं वहीं खड़ा उसके ख़ूबसूरत चेहरे को निहारते हुए उसकी मीठी-सी आवाज़ को सुनता रहूँ। वक़्त बस यहीं थम जाये... हमेशा-हमेशा के लिए।

कि तभी किसी ने मेरी पीठ पर हाथ रखा, "तुम यहाँ खड़े क्या कर रहे हो? मैं पिछले दस मिनट से वहाँ तुम्हारा इन्तज़ार कर रहा हूँ।" यह गगन था।

गुनगुनाना एकदम से बन्द हो गया। मेरे साथ-साथ अदिति का भी ध्यान भंग हुआ। उसे एकदम से एहसास हुआ कि लाइब्रेरी में और भी लोग मौजूद हैं। वो हमारी ओर देख रही थी और हम दोनों उसकी ओर। हम तीनों ही हैरान-परेशान। किसी को समझ नहीं आ रहा था कि क्या करे। आख़िरकार, अदिति ने ही चुप्पी तोड़ी।

"आई एम सॉरी। शायद मैंने तुम्हें डिस्टर्ब कर दिया।" उसने धीरे से कहा। उसके चेहरे से मासूमियत झलक रही थी।

हज़ारों बातें थी दिमाग़ में, जो मैं कहना चाहता था, लेकिन ज़ुबान पर ताला लगा था। दूसरी ओर गगन, अभी भी परिस्थिति को समझने की कोशिश में लगा था।

“अरे, सॉरी वाली कोई बात नहीं। हम बस अभी आये थे। शायद तुमने देखा नहीं होगा।” मैंने बात सँभालने की कोशिश की।

“अभी आये थे?” गगन ने कहने की कोशिश की। तभी मैंने धीरे से उसके पैर पर मारा।

“ओह, हाँ...हाँ, अभी आये थे।” मेरा इशारा समझते ही उसने बात पलट दी।

वह धीरे से मुस्कुरायी और वहाँ से जाने लगी।

“उम्म, रुको!!” मैंने पीछे से आवाज़ लगायी। लेकिन अगले ही पल एहसास हुआ कि मेरे पास उसे रोकने की कोई वजह तो थी ही नहीं। इसलिए मैं थोड़ा-सा घबरा गया।

“हाँ? क्या हुआ?” उसने वापस मुड़ते हुए पूछा।

“अऽअऽअअ.. दरअसल, मुझे कुछ कहना है। देखो, मुझे गलत मत समझना। तुम क्लास में नयी हो और तुम्हारा एडमिशन भी लेट हुआ है, तो ज़ाहिर सी बात है कि तुम्हारा काफ़ी सिलेबस छूट गया होगा। अगर सिलेबस या किसी सब्जैक्ट के बारे में कुछ भी पूछना चाहो, या फिर कोई नोट्स वग़ैरह की ज़रूरत हो तो बेहिचक माँग लेना।” उस वक़्त एकदम मेरे दिमाग़ में जो भी आया, मैंने बोल दिया। मुझे अपनी बहादुरी पर अन्दर ही अन्दर गर्व हो रहा था।

मेरी बात सुनकर उसका चेहरा एकदम से चमक उठा।

“थैंक्स! तुमने मेरी बहुत बड़ी मुश्किल हल कर दी। मेरा पिछला काफ़ी सिलेबस बाकी है और मैं यहाँ ज़्यादा किसी को जानती भी नहीं हूँ। पूजा, मेरी रूममेट, वैसे तो उसने अपने सारे नोट्स मुझे पहले ही दे दिये हैं, लेकिन उसमें से ज़्यादातर अधूरे हैं क्योंकि उसने ख़ुद भी बहुत-सी क्लासेज अटैण्ड नहीं की। अच्छा होगा, अगर तुम मेरी थोड़ी-सी मदद कर दो।”

'अन्धा क्या चाहे, दो आँखें' मेरा मन तो बल्लियों की तरह उछल रहा था।

“हाँ हाँ, क्यों नहीं”, मैंने अपने अन्दर की ख़ुशी छुपाने की कोशिश करते हुए कहा। “कल क्लास के बाद यहीं?”

“ठीक है!” उसने 'हाँ' में सिर हिला दिया।

“तो फिर तय रहा, कल इसी वक़्त यहीं मिलेंगे। वैसे, मैं नील... नील

गुप्ता और यह मेरा दोस्त गगन।''

वह गगन को देखकर मुस्कुराई और उसे हैल्लो कहा।

''अब मुझे चलना चाहिए। कल मिलते हैं, बाय!!'' उसने कहा।

''बऽबाय, अदिति। वैसे, तुम्हारी आवाज़ बहुत प्यारी है।'' मैंने फिर से चौका जड़ दिया।

उसने कुछ नहीं कहा, बस मुस्कुराई और शर्माकर नीचे फ़र्श की ओर देखने लगी। फिर उसने मेज़ से अपना बैग उठाया और चली गयी।

उसके जाने के बाद, गगन धीरे से सीटी बजाते हुए मुझे छेड़ने लगा। मैंने भौंहें चढ़ाते हुए उसकी तरफ़ देखा।

''क्या?'' मैंने ऐसे दिखावा किया जैसे कुछ हुआ ही न हो।

''वो तो तुम मुझे बताओगे? ये सब चल क्या रहा है?'' उसकी आँखों से शरारत झलक रही थी।

''तुम क्या बकवास कर रहे हो, मुझे कुछ समझ नहीं आ रहा। चलो, अब टाइम ख़राब मत करो। मुझे अपने नोट्स भी पूरे करने हैं'', मैंने कुर्सी पर बैठते हुए कहा।

''नोटस अपने लिए बनाने है या किसी और के लिए?'' वह मुझे छेड़ने का कोई भी मौक़ा हाथ से गँवाना नहीं चाहता था।

''शट अप'', मैंने मेज़ पर किताब पटकते हुए कहा।

उसने किताब खोली और फिर से धीरे-धीरे सीटी बजाने लगा।

***

अगले दिन–

''हाय, माफ़ करना, मैं पहले दिन ही लेट हो गयी।'' मीठी-सी आवाज़ मेरे कानों में पड़ी। नज़रें उठाकर देखा तो अदिति मेरे सामने खड़ी थी। हमारी क्लास आधा घण्टा पहले ही ख़त्म हो चुकी थी और मैं तब से लाइब्रेरी में बैठा बेसब्री से उसका इन्तज़ार कर रहा था। ऑरेंज कुर्ता और चूड़ीदार, कन्धे पर एक तरफ़ बिखरे बाल और होंठों पर हल्की-सी लिपस्टिक...वहा बहुत सुन्दर लग रही थी। मैं कुछ पल उसे ही देखता रहा।

''अरे कोई बात नहीं। इतनी भी कोई ज़्यादा देर नहीं हुई है। मैं ख़ुद

भी कुछ मिनट पहले ही आया हूँ।'' मैंने झूठ बोला।

उसने कुर्सी सरकायी और ठीक मेरे सामने बैठ गयी।

मेरे लिए पढ़ाई पर ध्यान लगाना मुश्किल हो रहा था। अन्दर ही अन्दर इस कोशिश में लगा था कि उसकी तरफ़ न देखूँ, वरना पता नहीं वो क्या समझेगी।

''हम पहले चैप्टर से शुरू करेंगे, ठीक है?'' मैंने किताब में देखते हुए कहा।

''ठीक है'', उसने सिर हिलाया।

मैंने ग़ौर किया कि उसका दिमाग़ बहुत तेज़ था, क्योंकि मैं जो भी उसे पढ़ाता वह झट से समझ जाती। एक घण्टे के अन्दर ही उसने पहला चैप्टर पूरा कर लिया। इसे देखकर मैं बहुत प्रभावित हुआ।

शाम को उसे छोड़ने के लिए मैं उसके हॉस्टल भी गया।

***

हर वीकेण्ड मैं, रणदीप और उसके परिवार के साथ उसके घर पर ही बिताता। यह सिलसिला तब शुरू हुआ, जब रणदीप की मम्मी ने एक शनिवार मुझे डिनर के लिए घर बुलाया। फिर धीरे-धीरे यह एक रिवाज-सा बना गया। हर शनिवार, शाम होते ही मैं वहाँ पहुँच जाता और दो दिन जमकर मस्ती होती। हालाँकि, शुरुआत में मुझे थोड़ा अजीब लगा, लेकिन फिर धीरे-धीरे मुझे भी मज़ा आने लगा। राजू ने जैसा बताया था, रणदीप का परिवार बिल्कुल वैसा ही था—मिलनसार। उनके साथ मुझे बिल्कुल अपने ही घर जैसा महसूस होता। मैंने अपनी माँ को रणदीप और उसके परिवार के बारे में बताया, और ये भी कि किस तरह से उसकी मम्मी मुझे अपने बेटे की तरह प्यार करती है और अपने हाथों से अच्छा-अच्छा खाना बनाकर खिलाती है। शुरू में तो अक्सर वो यही कहती कि मुझे इन अमीर लोगों से ज़्यादा मेल-जोल नहीं बढ़ाना चाहिए। उन्हें डर था कि कहीं मैं गलत संगत में न पड़ जाऊँ। लेकिन मैंने उन्हें यह यक़ीन दिलाया कि वो कितने अच्छे लोग हैं। धीरे-धीरे उन्होंने मुझे टोकना बन्द कर दिया। हफ़्ते के यही दो दिन थे, जब रणदीप से मुझे कॉलेज और शहर की हर छोटी-बड़ी घटना के बारे में

पता चलता। एक दिन रणदीप ने अपने गैंग के साथ मिलकर उन लड़कों को धरदबोचा जिन्होंने उस पर हमला किया था और उन सबकी जमकर धुनाई की। उसके डैड ने अपने रुतबे का इस्तेमाल कर उन लड़कों के ख़िलाफ़ केस भी दर्ज़ करवा दिया। लड़ाई-झगड़े और मारपीट की ख़बरें सुनना अब मेरे लिए कोई बड़ी बात नहीं थी। लेकिन सबसे अच्छी बात यह रही, कि रणदीप ने कभी मुझे अपने गैंग में शामिल होने को नहीं कहा, शायद वह अच्छे से जानता था कि मेरी अपने परिवार को लेकर क्या ज़िम्मेदारियाँ हैं। वह एक बड़े भाई की तरह हमेशा मेरे साथ था और मैं भी उसकी बहुत इज़्ज़त करता था।

वीकेण्ड के अगले ही दिन इन्टरनल एग्जाम शुरू होने वाले थे। और मैं रणदीप के साथ घर पर बैठा, उसकी मम्मी के ह़ाथ के बने लज़ीज़ खाने का मजा ले रहा था। बात चल रही थी एक फैशन शो की, जिसे अगले हफ़्ते यूनिवर्सिटी के स्थापना दिवस के अवसर पर रणदीप को आयोजित करना था। वह इसे लेकर बहुत उत्साहित था।

"इतना बड़ा फैशन शो करूँगा कि जैसा आज तक यहाँ किसी ने नहीं देखा होगा!!" रणदीप ने कहा।

"अरे, वो तो होगा ही। आख़िर तुम ख़ुद जो उसे होस्ट करने वाले हो। अच्छा, ये बताओ जज तो तुमने पहले से ही निश्चित कर लिए होंगे न?" मैंने चाय की चुस्की लेते हुए पूछा।

"हाँ, सब हो गया है। हमने देश के सबसे बड़े फैशन डिज़ाइनर को बतौर जज आमन्त्रित किया है। शो मंगलवार को है, लेकिन वो कल शाम ही यहाँ पहुँच जायेंगे। तुम क्यों नहीं चलते मेरे साथ कल उन्हें एयरपोर्ट से लाने के लिए। बहुत मज़ा आयेगा।"

मैं रणदीप के साथ जाना तो चाहता था, लेकिन मैंने अदिति से पहले से ही वादा कर रखा था कि एग्जाम की तैयारी में उसकी मदद करूँगा। वैसे, अभी तक मैंने रणदीप को अदिति के बारे में कुछ नहीं बताया था।

"भाई, तुम्हारे साथ जाने का मेरा भी मन है, लेकिन मैंने पहले से ही एक फ्रैण्ड के साथ मिलकर पढ़ने का कार्यक्रम बना रखा है। मैंने तुम्हें सोमवार के इन्टरनल एग्जाम के बारे में बताया था न?" मैंने बहाना बनाया।

“ओह! वैसे...अगर तुम चाहो तो अपनी गर्लफ्रैण्ड को भी साथ ला सकते हो!” रणदीप ने चुटकी ली। उसका मुँह दूसरी ओर था।

निवाला मेरे गले में ही अटक गया। मैं ज़ोर से खाँसने लगा। खाँसते-खाँसते चेहरा लाल हो गया, आँखों में भी पानी आ गया। मेरी ख़स्ता हालत देख रणदीप ज़ोर से हँसने लगा। खाना गले से उतारने के लिए उसने मेरी पीठ को ज़ोर से थपथपाया।

“थोड़ा ध्यान से आशिक महोदय, ध्यान से!!” उसने धीरे से आँख मारी।” अब तो बता दे मेरे भाई या पाँच-सात बच्चे होने के बाद बताएगा”, कहते हुए उसने पानी का गिलास मेरी ओर बढ़ा दिया।

मैंने कुछ घूँट पानी पिया।

“नहीं यार, तुम गलत समझ रहे हो। ऐसा वैसा कुछ भी नहीं है हमारे बीच।” मैंने हकलाते हुए जवाब दिया।

“अरे, नहीं है, तो हो जायेगा। वैसे तुमने क्या सोचा, तुम नहीं बताओगे तो क्या मुझे पता नहीं चलेगा। अरे, हम तो अपने दुश्मनों तक की ख़बर रखते हैं, तुम तो फिर भी जिगरी यार हो। मुझे सब पता है, रोज़ लाइब्रेरी के चक्कर क्यों लगाये जाते हैं।”

मैं समझ गया कि रणदीप से कुछ भी छिपाना बेवकूफी है। मैंने अदिति के बारे में उसे सब कुछ बता दिया कि मैं उसके बारे में कैसा महसूस करता हूँ।

“तो फिर उसे प्रपोज करने का क्या प्लान है?” रणदीप ने पूछा।

“इस बारे में अभी मैंने कुछ नहीं सोचा। अभी तो बस हमारी दोस्ती हुई है, मैं इसे लेकर कोई ख़तरा नही उठाना चाहता।” इस बारे में बात करने भर से मुझे घबराहट हो रही थी। हथेलियाँ पसीने से गीली हो चली थीं और धड़कनों ने भी रफ़्तार पकड़ ली।

“अच्छा ये बताओ, उसका जन्मदिन कब है?” रणदीप ने आगे पूछा।

“अगले महीने 16 को, क्यों?”

“हम्म्म...इसका मतलब बहुत वक़्त है तुम्हारे पास। उसके जन्मदिन तक ख़ुद उसे सब कुछ बता देना, वरना मुझे...” रणदीप की आँखों में शरारत तैर रही थी।

मैं थोड़ा और सहम गया।

5

रणदीप और मैं सुबह से ही तैयारियों में लगे हुए थे। कॉलेज फैस्ट को आयोजित करने का मेरा अनुभव बहुत ही अच्छा रहा था। रणदीप ने इस इवैन्ट की ज़्यादातर ज़िम्मेदारी मुझे ही सौंपी थी। मैंने अदिति को भी साथ आने का ऑफर दिया, लेकिन उसने ख़ुद ही आने से मना कर दिया। उसने कहा कि उसे एक दर्शक बनकर शो देखना ज़्यादा पसन्द है। रणदीप और मैं सारी तैयारियों का जायज़ा ले रहे थे ताकि बाद में कोई परेशानी न हो। दर्शकों के बैठने के लिए बहुत बढ़िया बन्दोबस्त किया गया था। रैंप के दोनों तरफ़ की खाली जगह प्रतिभागियों के बैठने के लिए रखी गयी थी। मंच के पीछे भी एन्ट्री गेट रखा गया था ताकि प्रतिभागियों को तैयार होकर आने में कोई दिक़्क़त न हो। इस पूरी जगह को दर्शकों से दूर रखने के लिए स्टील की चैन से बाड़बन्दी की गयी थी। रैंप को भी काफ़ी ऊँचा बनाया गया था ताकि पीछे बैठे दर्शकों को शो देखने में कोई दिक़्क़त न हो। रैंप के बिल्कुल सामने तीन कुर्सियाँ और एक बड़ा-सा मेज़ लगाया गया था जो ज्यूरी के लिए था।

दोपहर तक हमने हरेक चीज़ को ख़ुद चैक किया। गलती की कोई गुंजाइश नहीं थी।

शाम होते ही लोगों का आना शुरू हो गया। पूरा स्टेज लाल, नीली, पीली, हरी...अलग-अलग रंगों की रोशनी से जगमगा रहा था। जैसा कि रणदीप ने कहा था, शो के आयोजन में उसने अपनी जान झोंक दी थी। पूरे ज़ोर-शोर से शो का प्रचार-प्रसार किया गया था। अलग-अलग कॉलजों से स्टूडेण्ट इसमें भाग लेने के लिए आये थे। और ऊपर से देश के सबसे

नामचीन फैशन डिज़ाइनर्स की मौजूदगी, लोग तो मानो उन्हें देखने भर के लिए मरे जा रहे थे।

कुछ ही देर में दर्शकों की भीड़ से पण्डाल खचाखच भर गया। हमेशा की तरह, रणदीप और उसके ख़ास दोस्तों के लिए पहली लाइन में सीट रिज़र्व थी। मैं और अदिति अपनी जगह पर जाकर बैठ गये। गगन थोड़ी देर से आया। रणदीप आया और मेरी बगल वाली सीट पर बैठ गया। मैंने अदिति को उससे मिलाया।

"अच्छा, तो तुम हो अदिति। शो के बहाने ही सही, कम से कम तुमसे मिलने का मौक़ा तो मिला। नील सारा दिन तुम्हारे बारे में ही बातें करता है।" रणदीप कहाँ मौक़ा चूकने वाला था। मैंने आँखों ही आँखों में रणदीप से चुप रहने की गुहार लगायी।

अदिति ने शर्माते हुए मुँह नीचे कर लिया।

"मैंने भी आपके बारे में बहुत कुछ सुना है। नील बहुत तारीफ़ करता है आपकी।" अदिति ने कहा।

"ओह, मेरी तारीफ़? यक़ीन नहीं होता?"

"आपको अपना बड़ा भाई मानता है।" उसने कहा।

"हम्म...ये खुद इतना सीधा है कि इसे सब अच्छे ही दिखायी देते हैं। थोड़ा बेवकूफ ज़रूर है लेकिन दिल का हीरा है। सँभाल कर रखना इसे, जाने मत देना।" रणदीप ने हँस कर कहा।

उन दोनों की बातचीत के बीच मैं समझ नहीं पा रहा था कि मैं क्या प्रतिक्रिया दूँ। मन ही मन घबरा रहा था कि पता नहीं अदिति मेरे बारे में क्या सोच रही होगी। कहीं उसे ऐसा न लगा हो कि मैंने ही रणदीप को यह सब कहने के लिए बोला है। आशंकाओं के बादल दिलो दिमाग़ में घुमड़ रहे थे। बेचारा-सा मुँह बनाकर कभी रणदीप की तरफ़ देखता, तो कभी अदिति की ओर। रणदीप तो इस क़दर मेरी तारीफ़ों के पुल बाँधने में लगा था मानो आज मेरा रिश्ता करवा के ही उठेगा। जबकि इधर मैं शर्मिन्दगी से पानी-पानी हो रहा था।

आख़िरकार शो का होस्ट स्टेज पर आया और उन दोनों के बीच की बातचीत रुकी। मैंने भी राहत की साँस ली। शो का होस्ट जयपुर में ही

लोकल एफ.एम. का आर.जे. था और रणदीप का दोस्त भी। रणदीप के बस एक फ़ोन करने की देर थी, वह झट से शो होस्ट करने के लिए मान गया।

तभी मेरे फ़ोन में कम्पन हुआ। यह रणदीप का मैसेज था :

भाई, लड़की अच्छी है। तुम्हें पसन्द भी करती है!!! उससे बात करते वक़्त मैंने खुद उसकी आँखों में तुम्हारे लिए प्यार देखा है। अच्छा मौक़ा है...मार दो मौके पे चौका!!!

मैंने मैसेज पढ़ा और रणदीप की ओर देखा। उसके चेहरे पर एक दृढ़ता का भाव था, मानो वह जानता हो कि अदिति के दिल में क्या है। इस बार वह मुस्कुराया नहीं, बस आँखों के इशारे से मुझे आगे बढ़ने का संकेत दिया। सामने स्टेज पर, आर.जे. रिहान दर्शकों को जजों से परिचित करवा रहा था। लोग सीटियाँ बजा रहे थे, चिल्ला रहे थे, तालियाँ पीट रहे थे। फिर मैंने अदिति को देखा, वह हमेशा की तरह बहुत ख़ूबसूरत लग रही थी, बिल्कुल किसी अप्सरा की तरह। मैंने फिर से रणदीप का मैसेज पढ़ा और उस एक पल में मैंने तय कर लिया कि आगे मुझे क्या करना है।

अलग-अलग शहरों और कॉलेजों से बहुत से प्रतिभागी इस फैशन शो में हिस्सा लेने आये थे। सभी प्रतिभागियों को बीस-बीस के ग्रुप में बाँटा गया था। शाम जवां हो रही थी। पूरा माहौल संगीतमय था। दर्शकों का उन्माद भी अपनी चरम सीमा पर था। कार्यक्रम शुरू हुआ। बाकी लड़कों की तरह मैं भी हैरानी से मुँह खोले एक के बाद एक लड़कियों को फैशनेबल और स्टाइलिश कपडों में रैंप पर चलते हुए देखता रह गया। दूसरी तरफ़ लड़कियाँ भी कम न थीं, जैसे ही कोई लड़का रैंप पर आता, सीटियों और तालियों की आवाज़ दुगुनी हो जाती।

शो शुरू हुए अभी आधा घण्टा ही हुआ था कि तभी अदिति ने मेरी बाँह को हल्के से झिंझोड़ा।

"नील क्या हम कुछ समय के लिए बाहर चल सकते हैं, प्लीज। मुझे बैचेनी-सी हो रही है।" उसने अपने सिर को दबाते हुए कहा।

"हाँ हाँ, क्यों नहीं।" मैं जाने के लिए उठ खड़ा हुआ और हौले से अदिति की बाँह पकड़ कर उसे भी खड़ा किया।

जाते हुए मैंने रणदीप को थोड़ी ही देर में लौट आने का इशारा किया।

उसने मुस्कुराते हुए सिर हिला दिया।

हम बाहर खुले में आ गये और हॉस्टल की ओर चल दिये।

"अब कैसा लग रहा है? क्या हो गया था अन्दर?"

"ज़्यादा रोशनी और म्यूज़िक की वजह से सिर दर्द करने लगा था।"

"अगर चाहो तो थोड़ी देर यहीं बैठ कर आराम कर सकती हो?" मैंने सड़क के किनारे लगे बेन्च की ओर इशारा करते हुए कहा।

"नहीं, नहीं। अब ठीक है। वैसे भी, बैठे-बैठे थक गयी थी, थोड़ा चलूँगी तो अच्छा लगेगा।"

"ठीक है, जैसा तुम चाहो।" मैं मुस्कुराया।

शोर-शराबे और चकाचौंध से दूर यूनिवर्सिटी का यह हिस्सा, रात के इस पहर में ठण्डी हवा और सन्नाटे के आगोश में किसी दूसरी दुनिया की तरह लग रहा था। हम चुपचाप चलते रहे। लेकिन यह चुप्पी वैसी नहीं थी जो दो अजनबियों के बीच होती है। लेकिन हम दोनों के बीच का रिश्ता क्या था... दोस्ती? या शायद दोस्ती से कुछ ज़्यादा। इस सवाल का जवाब मिलना अभी बाकी था।

'यही सही मौक़ा है', रणदीप के शब्द मेरे ज़ेहन में कौंध रहे थे। हाँ, यही मौक़ा है। *'मुझे हिम्मत जुटानी होगी'*, मैंने मन ही मन कहा। मैंने अदिति की ओर देखा जो मेरे बाँयी ओर चल रही थी। उसके खुले बाल, ठण्डी हवा के झोकों के साथ उड़कर बार-बार उसके चेहरे पर आ रहे थे। नाक में पहनी छोटी-सी सोने की बाली ने उस मासूम चेहरे की ख़ूबसूरती को और भी बढ़ा दिया था।

'क्या मुझे अपने दिल का हाल बयाँ करना चाहिए? क्या ये सही वक़्त है? वो मेरी बात से नाराज़ हो गयी, तो? अगर उसने मेरे साथ बात करना बन्द कर दिया, तो? क्या मेरा ये जोख़िम उठाना वाजिब है? कहीं प्यार के चक्कर में दोस्ती से भी हाथ न धो बैठूँ?' और ऐसे ही पता नहीं कितने ही सवाल ज़ेहन में खलबली मचाये थे। मैं फ़ैसला नहीं कर पा रहा था कि क्या करूँ, क्या न करूँ?

'वो भी तुम्हें पसन्द करती है। मैंने उसकी आँखों में तुम्हारे लिए प्यार देखा है।' रणदीप के शब्द फिर से मुझे याद आने लगे। मैंने ज़ोर से अपनी

आँखें बन्द की और एक आख़िरी फ़ैसला लिया। मेरे क़दम वहीं रुक गये। इस बात से बेख़बर अदिति लगातार चलती जा रही थी। कुछ दूर जाकर, जब उसने मुझे अपने साथ नहीं पाया तो पलट कर देखा।

"क्या हुआ? वहाँ क्यों रुक गये?" उसने हैरानी से पूछा।

मैं अभी भी उसे ही देख रहा था।

'कहो नील, कहो!!' मेरे दिल ने मुझे झंझोड़ा। जबकि अदिति वहीं खड़ी मेरी ओर देख रही थी।

"नहीं, कुछ नहीं। जूते के फीते खुल गये थे, बस उन्हें ही बाँध रहा था।" मैंने झूठ बोला।

'बेवकूफ़, गधे कहीं के!!' अन्दर से फिर आवाज़ आयी।

"ठीक है, चलो फिर।" उसने मुस्कुराकर कहा और मुड़ गयी।

"अदिति!!" मैंने आवाज़ लगायी।

उसने फिर से मुड़कर देखा। मैं धीरे-धीरे उसके पास गया।

"उम्म... मुझे तुम्हें कुछ बताना है", मैंने धीमे से कहा।

"हाँ, कहो।"

मैंने चारों तरफ़ देखा। सड़क बिल्कुल सुनसान थी। लोगों की भीड़-भाड़ और चीख़-चिल्लाहट सब पीछे रह गयी थी। ख़ामोशी में ठण्डी हवा की सनसनाहट साफ़ सुनायी दे रही थी। मैं उसके थोड़ा ओर करीब गया। वह एकटक मुझे ही देख रही थी।

"अदिति!!" मैंने उसकी काजल भरी, ख़ूबसूरत आँखों में देखते हुए कहना शुरू किया।

वह ध्यान से सुन रही थी।

"अदिति, जब मैंने कन्सर्ट के आख़िरी दिन पहली बार तुम्हें देखा था, सच कहूँ तो पलकें कुछ वक़्त के लिए मानो झपकना ही भूल गयी थीं। तुम इतनी ख़ूबसूरत, शान्त और मासूम लग रही थी कि मैं बता नहीं सकता। और जब तुम मुस्कुरा कर चली गयी, कुछ पल बाद मुझे एहसास हुआ कि तुम अनजाने में ही सही, मेरा दिल भी अपने साथ ही ले गयी थी। यक़ीन करो मैंने आज तक कभी ऐसा महसूस नहीं किया। तुम्हारे साथ वक़्त बिताकर मुझे एहसास हुआ कि तुम्हारा दिल भी उतना ही ख़ूबसूरत है,

जितनी कि तुम। दिन के चौबीस घण्टे, आठों पहर एक भी ऐसा पल नहीं होता जब तुम मेरे ख़यालों में न हो। मुझ में मुझसे ज़्यादा तुम रहती हो। बात इतनी सी है कि मैं अपने दिल की बात अब और दिल में छुपा कर नहीं रख सकता... आई लव यू अदिति!!'' मेरी आवाज़ लड़खड़ा रही थी। दिल में एक अजीब-सा डर था, माथे पर पसीने की बूँदें उभर आयी थीं।

मैं ख़ामोश खड़ा उसके बोलने का इन्तज़ार कर रहा था। वह अभी भी चुप थी। मेरी धड़कन जैसे थमने को थी। सैंकड़ों बुरे ख़याल हर बीतते हुए पल के साथ मेरे अरमानों को बेरहमी से रौंद रहे थे।

उसके हाव-भाव से अन्दाज़ा लगाना मुश्किल था कि उसके मन में क्या चल रहा है। मेरी बैचेनी बढ़ती जा रही थी। गला सूख रहा था। टाँगें काँप रही थीं। वो कुछ पलों का सस्पैन्स मेरी बर्दाश्त से बाहर था। मैं ज़मीन की ओर ताक रहा था और वह मेरी ओर।

''मुझे तो लग रहा था कि तुम कभी कहोगे ही नहीं!!'' उसके होंठ हरकत में आये।

''क्या...क्या??'' मैं हैरानी से अपना सिर खुजलाने लगा। मुझे अभी भी अपने कानों पर यक़ीन नहीं हो रहा था।

''आई लव यू टू, नील।'' इस बार उसने थोड़ा ज़ोर देकर कहा।

''सच्ची?'' मेरी आँखें खुली की खुली रह गयीं। दिल ने कहा उसे पकड़कर गले से लगा लूँ।

''हाँ बाबा हाँ। पहले-पहल तो मुझे भी लगा कि तुम मुझे पसन्द करते हो, लेकिन जब काफ़ी दिन साथ बिताने के बावजूद भी तुमने कुछ नहीं कहा तो मैंने सोचा कि शायद मैं ही गलत हूँ...तुम्हारे लिए मैं सिर्फ़ एक दोस्त हूँ, इससे ज़्यादा कुछ नहीं।''

''अरे, तुम्हें पता तो है कि मैं कितना बड़ा बेवकूफ हूँ। लेकिन ये भी सच है कि तुमसे बहुत प्यार करता हूँ...'' मैंने उसका हाथ पकड़कर अपनी तरफ़ खींचा और गले से लगा लिया। इस बार दिल की आवाज़ को अनसुना करना मेरी एक और बेवकूफी होती।

एक-दूसरे को गले से लगाये, कुछ देर तक हम ऐसे ही खड़े रहे। उसके दिल की धड़कन मुझे साफ़ सुनायी दे रही थी। मैंने उँगलियों से उसके चेहरे

पर बिखरे बालों को हटा दिया। मैं ख़ुश था...बहुत ख़ुश। इतना ख़ुश कि शायद शब्दों में बयाँ नहीं कर सकता। दुनिया का कोई शब्दकोष, कोई व्याकरण या कोई भाषा उस एहसास को लफ़्ज़ों में नहीं समेट सकती जो उन पलों में मैं महसूस कर रहा था।

...ठक-ठक-ठक-ठक-ठक-ठक..................................

तभी एक अजीब सी आवाज़ हुई और नील पीछे हट गया। एक पल के लिए मानो सब कुछ ठहर-सा गया। और अगले ही पल, एक कर्कश आवाज़ और गुस्सैल चेहरा सामने आया...

''राजीव जी, मिलने का समय ख़त्म हो चुका है, अब आपको जाना होगा।'' कांस्टेबल ने जेल की कोठरी का दरवाज़ा खोलते हुए कहा।

''सर, क्या, आप मुझे कुछ देर और यहाँ रुकने की इज़ाज़त दे सकते हैं। दरअसल, यह मेरी ज़िन्दगी का बहुत ख़ास इन्टरव्यू है और मैं इसे अधूरा नहीं छोड़ना चाहता।''

''नहीं सर, समझने की कोशिश कीजिये। जेल के कुछ क़ायदे-क़ानून हैं।''

मेरे दिल में उठते सैंकड़ों सवाल अभी भी अपने जवाब के इन्तज़ार में थे। आख़िर, जब सब कुछ ठीक चल रहा था तो ऐसा क्या हुआ कि उसे जेल जाना पड़ा? एक ऐसी ज़िन्दगी जीनी पड़ी जो मौत से भी बदतर थी। एक ऐसी ज़िन्दगी जहाँ अँधेरे और नाउम्मीदी के अलावा दूर-दूर तक कुछ दिखायी नहीं देता... उम्मीद की एक छोटी-सी किरण भी नहीं।

भारी मन और हज़ारों अनसुलझे सवाल दिमाग़ में लिए, मैं जेल से चला आया।

घर आया तो देखा, मेरी पत्नी, सरिता खाने की टेबल पर मेरा इन्तज़ार कर रही थी। कहने को तो वह मेरी पत्नी थी, लेकिन उसमें मेरी जान बसती थी। मैं उसे बहुत प्यार करता था। खाना मेज़ पर लगा था, लेकिन मेरे लिए एक भी निवाला हलक़ से नीचे उतारना मुश्किल था। मेरी भूख जैसे मर चुकी थी। अगर कोई भूख बाकी थी तो वो थी नील की ज़िन्दगी की अधूरी कहानी को जानने की। मुझे एहसास हुआ कि नील से मिलने से पहले जो कुछ भी मैं उसके बारे में जानता था वो कितना नाकाफ़ी था, अधूरा था।

खाने के बाद, मैं जाकर बिस्तर पर लेट गया। नींद आँखों से उड़ चुकी थी। सरिता मेरी बगल में सो रही थी। उसे इस तरह से सोते हुए देखना मुझे बहुत अच्छा लग रहा था। मैं बहुत देर तक उसे यूँ ही देखता रहा। सोचता रहा कि उसने कभी मुझसे कुछ नहीं माँगा, सिवाय मेरे वक़्त के और मैं चाह कर भी कभी उसे उतना वक़्त नही दे पाया जितना उसका हक़ था। बावजूद इसके उसे मुझसे कोई शिकायत नहीं थी। उसे मेरी ज़िन्दगी में लाने के लिए मैंने भगवान का शुक्रिया अदा किया।

6

अगले दिन रविवार था। मैं सुबह आठ बजे ही तैयार हो गया, क्योंकि मुझे नील से मिलने की जल्दी जो थी। जबकि सरिता अभी भी सोयी हुई थी, मैं उसकी नींद ख़राब नहीं करना चाहता था, इसलिए मैंने मेज़ पर उसके लिए एक नोट छोड़ा दिया जिसमें लिखा था :

> *"माई डियर स्वीट हार्ट, मैं .खुशनसीब हूँ कि मेरी ज़िन्दगी में तुम हो। सुबह नींद से जगते ही तुम्हारा चेहरा देखता हूँ, रात को आँखें बन्द करने से पहले भी तुम्हें देखता हूँ। मैं .खुशनसीब हूँ कि भगवान ने ज़िन्दगी की राहों में चलने के लिए तुम्हें मेरा हमसफ़र चुना है। मैं .खुशनसीब हूँ कि मेरे पास तुम हो। आज मैं हम दोनों से थोड़ी अलग लेकिन हम दोनों की तरह सच्चा प्यार करने वाले प्रेमियों की कहानी सुनने वाला हूँ, एक ऐसी कहानी जिसमें प्यार भी है और दर्द भी...। शाम को मिलते हैं। लव यू!!!"*

आधे घण्टे बाद, मैं सेन्ट्रल जेल के सामने था। जैसे ही नील की कोठरी का दरवाज़ा खोला, देखा कि वह दीवार के सहारे पीठ लगा कर बैठा था। शायद वह भी मेरा इन्तज़ार कर रहा था।

"हैल्लो नील!! कैसे हो?"

"ठीक वैसा ही, जैसा हर रोज़ होता हूँ। अँधेरे को जी रहा हूँ और दर्द को पी रहा हूँ। मेरी छोड़ो, तुम बताओ तुम कैसे हो?"

"कुछ ख़ास नहीं। कल से बस तुम्हारे बारे में ही सोच रहा हूँ। पूरी

रात नहीं सो पाया। मैं तुम्हारे बारे में वो सब जानना चाहता हूँ, जो पूरी दुनिया से छिपा है। मैं जानना चाहता हूँ कि आख़िर क्यों तुम्हारा प्यार तुमसे छूट गया? ऐसा क्या था जो तुम्हें यहाँ जेल की चारदीवारी तक खींच लाया और तुम्हें ऐसी ज़िन्दगी जीने को मज़बूर होना पड़ा?"

"हाँ तो, हम कहाँ थे?" नील ने पूछा।

"वो जब तुमने अदिति के सामने अपने प्यार का इज़हार किया", मैंने उसे याद दिलाया।

"ओह, हाँ!!" कहते हुए उसने वहीं से आगे बताना शुरू किया।

"नील?" अदिति ने धीरे से कहा।

"हूँ ..."

"मुझे लगता है अब हमें वापस चलना चाहिए। रणदीप तुम्हारा इन्तज़ार कर रहा होगा।"

"ठीक है? तुम्हारा सिरदर्द कैसा है?" मैंने पूछा।

"वह तो तभी चला गया था जब तुमने मुझे इतनी बड़ी ख़ुशख़बरी दी।" हँसते हुए वह फिर से मुझसे लिपट गयी।

मैंने धीरे से उसकी नाक खींची। उसने नाक सिकोड़ते हुए हौले से मुझे पीछे धकेल दिया।

एक-दूसरे का हाथ थामे, मस्ती में धीरे-धीरे चलते हुए हम वापस अपनी सीट पर जाकर बैठ गये। हमने अभी भी एक-दूसरे का हाथ पकड़ रखा था। रणदीप और गगन हमें इस तरह देख कर सब समझ गये। गगन ने मेरी बाज़ू पर मुक्का मारा और रणदीप ने शाबाशी देते हुए मेरी पीठ थपथपाई।

"अरे, तुम वापस आ गये? हमें तो लगा था कि तुम दोनों रात भर आओगे ही नहीं", रणदीप ने छेड़ा।

मैं बस मुस्कुरा दिया।

"शो कहाँ तक पहुँचा?" मैंने आगे पूछा।

"बस अब आख़िरी बैच का रैंप वॉक होना है।"

"नील, मैंने सुना था कि रिया ने भी इसमें भाग लिया है। लेकिन अभी तक दिखायी नहीं दी? हो सकता है आख़िर के बैच में हो।" गगन रिया में कुछ ज़्यादा ही दिलचस्पी दिखा रहा था।

गगन की उत्सुकता देखकर मुझे हँसी आ गयी।

"रिया, ये कौन है?" रणदीप ने पूछा।

"हमारी क्लासमेट है। अदिति के साथ ही एडमिशन हुआ था उसका। हमारा गगन तो रिया के ध्यान में मग्न है आजकल", मैंने गगन का मज़ाक उड़ाते हुए कहा।

"अरे यार, बहुत हॉट है वो!! एकदम कैटरीना है, कैटरीना।" गगन के लिए ख़ुद को क़ाबू में रखना मुश्किल हो रहा था।

"अच्छा, ऐसी बात है क्या? फिर तो उसे देखना ही पड़ेगा।" रणदीप भी शरारत पर उतर आया।

"वह यू.एस. से आयी है। उसका परिवार वहीं रहता है। बहुत अमीर घर से है। इसीलिए तो इतने नख़रे हैं। वैसे वो लड़की ही क्या जिसमें नख़रे न हों।" गगन अपने आप में ही बड़बड़ाता जा रहा था।

तभी होस्ट ने आख़िरी बैच के प्रतिभागियों की रैंप वॉक की घोषणा की और म्यूजिक शुरू हो गया। लड़के और लड़कियाँ म्यूजिक की धुन पर थिरकते हुए रैंप पर चल रहे थे। तालियों और सीटियों का दौर कुछ और तेज़ हो गया। गगन बैचेनी से रिया के आने का इन्तज़ार कर रहा था, लेकिन वह नहीं आयी। वह निराश होकर अपनी सीट से खड़ा हो गया और जैसे ही जाने लगा, होस्ट ने आख़िरी प्रतिभागी का नाम घोषित किया।

"रिया चोपड़ा"

मैं रिया को क्लास में देख चुका था लेकिन कभी ज़्यादा ध्यान नहीं दिया था। आज जैसे ही वो कैटवॉक करती हुई स्टेज पर आयी, मुझे एहसास हुआ कि गगन का दावा गलत नहीं था...वह सचमुच किसी मॉडल से कम नहीं थी। लाल रंग का टॉप, काले रंग की मिनी स्कर्ट, पैन्सिल हील सैण्डिल, सुर्ख़ लाल रंग की लिपस्टिक से सजे होंठ, दूध जैसा गोरा रंग, भूरी नशीली आँखें और परफैक्ट फिगर...वह जैसे ही रैंप पर आयी, पूरे माहौल में जैसे एक सनसनी-सी दौड़ गयी। वह किसी मँजी हुई मॉडल की तरह चलते हुए रैंप के बीच तक आयी और वहीं रुक गयी। कुछ पल के लिए माहौल में चुप्पी छा गयी। सब मुँह बाए उसी की ओर देख रहे थे। ठीक उसी वक़्त, रिया ने अपनी कमर को घुमाया और सिर को झटकते हुए

दूसरी तरफ़ कर लिया जिससे उसके बाल दूसरी ओर चले गये। फिर उसने उँगलियों से बालों की सारी लटों को एक ओर किया और बड़े ही अनोखे स्टाइल से वापस मुड़ी और अपनी दायीं ओर पीठ पर बना तितली का टैटू दिखाती हुई चली गयी। सीटियों की आवाज़ पहले से दस गुना ज़्यादा तेज़ हो गयी। गगन पर नज़र गयी तो वह अपनी सीट पर ढेर हुआ पड़ा था। उसकी आँखों के गोले मानो बाहर निकलकर गिरने को थे। मैंने रणदीप की ओर देखा। तो वह भी बदहवासी की गिरफ़्त में था और खड़ा होकर ज़ोर-ज़ोर से तालियाँ पीट रहा था। रिया ने तो जैसे पूरे स्टेज पर आग लगा दी थी। हालाँकि वह स्टेज से जा चुकी थी, लेकिन फिर भी चारों और "रिया, रिया" के नाम की गूँज थी।

जो प्रतिभागी फाइनल के लिए चुने गये थे, उनका नाम कुछ देर बाद घोषित होना था। किसी को कोई शक नहीं था कि रिया का नाम इस लिस्ट में सबसे ऊपर था। फाइनल राउण्ड में प्रतिभागियों को रैंप वॉक के अलावा अपनी मर्ज़ी से कोई भी एक परफॉर्मेन्स देनी थी।

रणदीप कुर्सी पर बैठा नाखून चबा रहा था और कुछ गहरे सोच-विचार में था।

"क्या सोच रहे हो?" मैंने पूछा।

"मुझे वो लड़की चाहिए।" उसने एक दम से कहा।

"क्या??" मैं चिल्लाया।

"हाँ नील, मुझे प्यार हो गया है उससे। और कैसे भी करके मुझे वो चाहिए।" रणदीप बच्चे की तरह ज़िद करने लगा।

"ये तुम क्या कह रहे हो?" मैंने हैरानी से पूछा।

"आज रात मैं उसे प्रपोज करने वाला हूँ।"

"लेकिन रणदीप, वो तो शायद तुम्हें अच्छे से जानती भी नहीं है। थोड़ा सब्र रखो। पहले उसे दोस्त बनाने की कोशिश तो करो?" मैंने उसे समझाने की कोशिश की।

"अरे नहीं, मैं इतना लम्बा इन्तज़ार नहीं कर सकता। जो भी करना है, वो अभी करना होगा। मुझे हर क़ीमत पर वो लड़की चाहिए। प्यार हो गया है मुझे इससे...पहली नज़र का प्यार।" उसने मेरे कन्धे पर हाथ रखते हुए कहा।

"शो के बाद मैं एक पार्टी आयोजित करने वाला हूँ। यह एक अनौपचारिक पार्टी होगी। मैं अभी राजू को बुलाकर सारे इन्तजाम करने को कहता हूँ। ज़्यादा देर नहीं लगेगी। ड्रिंक्स का इन्तजाम भी हो जायेगा। और तब मैं सबके सामने उससे अपने प्यार का इज़हार करूँगा", उसने कहा।

रणदीप फ़ैसला ले चुका था। मैं समझ गया कि उससे मेरा कुछ भी कहना बेकार है।

उसका पागलपन देखकर मैं हैरान था। रणदीप ने उसी वक़्त राजू को वहाँ बुलाया और पार्टी की सारी तैयारियाँ करने को कहा। तभी होस्ट ने फाइनल शो के शुरू होने की घोषणा की।

अपने फ़ैसले को लेकर रणदीप के मन में अगर कुछ थोड़ी-बहुत आशंका रही भी होगी, तो वह रिया की फाइनल परफॉर्मेन्स देख कर ख़त्म हो गयी। रिया ने तो सचमुच माहौल में आग लगा दी थी। वह ब्राउन रंग का डिज़ाइनर स्लीवलैस गाउन पहनकर, मदमस्त-सी चाल चलती हुई जैसे ही स्टेज पर आयी, मानो सीटियों, तालियों और चीख़ों का सैलाब आ गया। उसकी चाल इतनी सैक्सी और अदायें इतनी कामुक थीं, कि देखने वाले लड़कों की जीभ मानो ज़मीन को छू रही थी। 'रिया...रिया...रिया...' उसके नाम का शोर मानो आसमान तक पहुँच रहा था। इसके बाद बारी आयी उसके फाइनल परफॉर्मेन्स की। जैसे ही रिया ने एक अंग्रेज़ी डान्स नम्बर पर थिरकना शुरू किया कुछ मनचले लड़के अवरोधकों को लाँघकर वीआईपी सीटिंग एरिया से होते हुए स्टेज की ओर बढ़ने लगे। बात यहाँ तक बढ़ गयी कि पुलिस को बीच में आकर उन्हें खदेड़ना पड़ा। उधर रिया की उत्तेजक अदाएँ, आँखों के इशारे और लटके-झटके देखकर भीड़ भी बेकाबू हुई जा रही थी। आख़िरकार, म्यूजिक के साथ ही उसका डान्स ख़त्म हुआ और दर्शकों की ओर फलाइंग किस फेंकती हुई वो वहाँ से चली गयी। उसके जाने के बाद भी लोग उसका नाम चिल्ला रहे थे।

"नील, मुझे वो हर हाल में चाहिए।" रिया के जाने के बाद रणदीप ने कहा। उसकी आवाज़ में एक अजीब-सी गम्भीरता थी। अब मेरी बैचेनी बढ़ने लगी थी।

रिया के बाद आने वाले बाकी प्रतिभागी उसके सामने फीके ही नज़र

आये। फाइनल रिजल्ट सबको पहले से ही पता था। कोई भी ऐसा नहीं था जो रिया के सामने टिक पाता। दर्शकों का उत्साह पागलपन की सारी हदें पार कर रहा था।

कुछ मिनट के विचार-विमर्श के बाद, तीनों जज अपनी सीट पर आकर बैठ गये। उन्होंने रणदीप और उसकी टीम को शो की कामयाबी के लिए बहुत-बहुत बधाई दी। अन्तिम रिजल्ट बताने की उल्टी गिनती शुरू हो चुकी थी। तीसरे और दूसरे नम्बर के विजेताओं के नाम घोषित किये गये। सब जानते थे कि पहला विजेता कौन है।

''ठीक है दोस्त!!! हम बहुत जल्दी विजेता का नाम घोषित करेंगे, लेकिन इससे पहले सभी प्रतिभागियों के लिए एक घोषणा है। अभी थोड़ी देर बाद इसी ग्राउण्ड में पोस्ट इवैन्ट कॉकटेल पार्टी के लिए आप सभी आमन्त्रित हैं।'' होस्ट ने अनाउँस किया।

''दोस्तो, विजेता कौन है, ये तो सब जानते हैं। इस लिए आप सब का समय बर्बाद न करते हुए मैं विजेता का नाम बताने जा रहा हूँ।''

रिया का नाम एक बार फिर से दर्शकों की जुबानी गूँज उठा।

''जी हाँ, आपका अन्दाज़ा बिल्कुल सही है। इस इवैन्ट की विजेता है, मिस रिया चोपड़ा!!'' एक दूसरे जज ने नाम घोषित करते हुए कहा।

रिया जैसे ही स्टेज पर आयी, सबने तालियों और सीटियों से उसका स्वागत किया। उसके चेहरे पर अभी भी वहीं चमक, वही स्टाइल, वही नखरे थे। वह झुकी और जज ने एक चमकता हुआ ताज उसके सिर पर रख दिया। और दूसरे जज ने उसे एक फूलों का गुलदस्ता भेंट दिया। फिर वह दर्शकों की ओर मुड़ी और बड़े प्यार से अपना हाथ हिलाते हुए उनका धन्यवाद किया। रणदीप उसे दूर से देखकर मुस्कुरा रहा था।

''बस थोड़ी देर और, फिर तुम हमेशा-हमेशा के लिए मेरी हो जाओगी।'' वह ख़ुद से ही बड़बड़ाया।

ग्राउण्ड धीरे-धीरे खाली हो रहा था। बैकस्टेज वाले लड़के टैण्ट, पर्दे और लाइट्स उतार रहे थे। राजू ज़ोर-शोर से पार्टी की तैयारियों में लगा था। इतनी मस्ती के बाद लोग थक चुके थे, इसलिए उनमें से ज़्यादातर घर वापस चले गये। लेकिन, अभी भी बहुत से लोग पार्टी के लिए वहाँ रुके

हुए थे और पार्टी शुरू होने तक बाहर ग्राउण्ड में चहल-कदमी कर रहे थे। सबकी ज़ुबान पर बस एक ही नाम था—रिया।

"रणदीप, तुम्हें नहीं लगता कि पहले तुम्हें जाकर रिया को बधाई देनी चाहिए?" मैंने सुझाव दिया। "इतने लोगों के सामने उससे अपने दिल की बात कहने वाले हो, इसलिए अच्छा होगा कि तुम पहले उससे जाकर मिलो और जान-पहचान बढ़ाने की कोशिश करो।"

"नहीं, मैं उसे सरप्राइज देना चाहता हूँ", रणदीप ने आँख मारते हुए कहा। "और तुम्हें क्या लगता है, वो मुझे जानती नहीं होगी। यूनिवर्सिटी में सब मुझे जानते हैं, हम यहाँ के बॉस हैं बॉस!!" रणदीप को ख़ुद पर कुछ ज़्यादा ही भरोसा था। मैंने पहले कभी उसे इस तरह से व्यवहार करते नहीं देखा था।

"नील, मेरे भाई, अब और सब्र नहीं होता। उसका चेहरा मेरी आँखों के सामने घूम रहा है। उसकी अदाएँ! उसके नखरे! उसका कॉन्फिडैन्स! भाई, लड़की क्या है, भोकाल है भोकाल!! यूँ तो पता नहीं इससे पहले कितनी ही आयी और कितनी गयी, लेकिन इसके जैसी कोई नहीं देखी।" रणदीप बड़बड़ाता जा रहा था, मानो उसके दिमाग़ को लकवा मार गया हो।

अदिति भी मेरे साथ वहीं थी।

"क्यों? पागल हो गया है क्या वो?" उसकी आँखें खुली की खुली रह गयीं।

"हाँ, शायद", मैंने बुझे मन से कहा।

मैं अन्दर ही अन्दर भगवान से दुआ कर रहा था कि सब रणदीप के प्लान के मुताबिक ही हो, लेकिन दिल किसी अनहोनी की आशंका से घबराया हुआ था।

पार्टी की सारी तैयारियाँ हो चुकी थीं। ग्राउण्ड के दोनों ओर मिनी बार लगायी गयी और बीच में हल्की-सी लाइटिंग्स थी, जिससे कि माहौल रोमांटिक नज़र आये। सामने की ओर छोटा-सा स्टेज बनाया गया। बैकग्राउण्ड में हल्का-हल्का रोमांटिक म्यूज़िक चल रहा था। लोग धीरे-धीरे आने लगे थे। सब अभी भी फैशन शो की ही बातें कर रहे थे।

मैं और अदिति भी हाथों में हाथ डाले इस रोमांटिक रात का मज़ा ले रहे थे।

धीरे-धीरे भीड़ इकट्ठा होने लगी, लेकिन रिया की अभी तक कोई ख़बर नहीं थी।

अचानक से एक तरफ़ शोर हुआ। मैंने पलट कर देखा तो सामने से रिया आ रही थी। सब उसे देखने के लिए धक्का-मुक्की कर रहे थे। काले रंग का डिज़ाइनर घाघरा, पैरों में पैन्सिल हील और सिर पर ताज पहने, वह किसी देश की महारानी की तरह लग रही थी। उसकी दो सहेलियाँ दासी की तरह उसके साथ-साथ चल रही थीं और भीड़ से उसको बचा रही थीं। उसके ग्राउण्ड में आते ही सभी ज़ोर-ज़ोर से तालियाँ बजाने लगे और उसने भी हाथ हिलाकर सबका अभिवादन किया।

"अरे वाह! देखो तो सही, क्या नखरे हैं?" मैंने अदिति को कोहनी मारी।

"अमीर बाप की बेटी है। ख़ूबसूरत तो थी ही, और अब शोहरत भी मिल गयी, इसलिए नखरा तो आयेगा ही" अदिति ने मुस्कुराते हुए कहा।

"तो? रणदीप भी तो अमीर है। क्या उसने कभी पैसे का घमण्ड दिखाया? और फिर तुम भी तो इतनी ख़ूबसूरत हो, लेकिन तुमने तो कभी नखरा नहीं किया। पगला गया है रणदीप, जो उसकी ख़ूबसूरती पर मरा जा रहा है।"

"नहीं नील, ऐसे बिना किसी को जाने उसके बारे में राय बना लेना गलत है। तुम्हें उसके बारे में क्या पता? क्या पता वो दिल से भी अच्छी हो?" अदिति ने मेरी ओर देखकर कहा।

"हम्मम्म, शायद तुम सही कह रही हो।"

"आई लव यू", उसने धीरे से कहा।

सब रिया को बधाई देने में लगे थे। रिया भी अभी अभी मिले अपने सैलेब्रिटी स्टेटस का पूरा मजा ले रही थी। हैरानी की बात ये थी कि गगन वहाँ नहीं था। जब मैंने उसे बताया कि रणदीप, रिया को प्रपोज करने वाला है तो उसने उदासीनता भरी नज़रों से मेरी ओर देखा और ये कहकर वहाँ से चला गया कि वह बहुत थक चुका है और सोने जा रहा है।

पार्टी शुरू हो चुकी थी और सभी बहुत मज़े कर रहे थे। लेकिन रणदीप का कोई अता-पता नहीं था।

और तभी माइक से एक आवाज़ आयी। मैंने पलट कर देखा, तो यह रणदीप था।

''हैल्लो, दोस्तो!''

उसने ब्लू कलर का नया सूट पहना था जिसमें वह बहुत ही स्मार्ट लग रहा था। *'अच्छा, तभी भाई साहब इतनी देर से गायब थे'* मैंने मन ही मन सोचा।

''उम्मीद करता हूँ कि आप सबको शो ज़रूर पसन्द आया होगा।''

सब एक साथ चिल्लाये और तालियाँ बजाने लगे। रणदीप ने सही कहा था। उसे परिचय की ज़रूरत नहीं थी। यहाँ सब उसे जानते थे। रिया हाथ में वाइन का गिलास थामे अपने दोस्तों के साथ एक कोने में खड़ी थी। रणदीप ने बोलना शुरू किया–

''मैं अपनी और अपनी पूरी टीम की ओर से विजेताओं को उनकी शानदार परफॉर्मेन्स के लिए बधाई देना चाहूँगा।''

वह थोड़ा रुका और फिर से कहना शुरू किया–''और, अब मैं इस इवैन्ट की सबसे ख़ास और ख़ूबसूरत खोज–मिस रिया चोपड़ा को स्टेज पर बुलाना चाहूँगा, कि वो यहाँ आयें और हम सब से रू-ब-रू हों।''

एक बार फिर से तालियों की गड़गड़ाहट होने लगी। रिया स्टेज की ओर गयी। रणदीप ने झुक कर रिया की ओर अपना हाथ बढ़ाया और उसे स्टेज पर चढ़ने में मदद की। रणदीप ने उसके हाथ में माइक थमाया और एक तरफ़ हट गया।

''सबसे पहले तो आप सब का बहुत-बहुत शुक्रिया!! यह आप सबका प्रोत्साहन और प्यार था कि मैं अच्छे से परफॉर्म कर पायी। मैं आप सब की दिल से आभारी हूँ।'' रिया ने बड़ी लियाकत से कहा। यहाँ भी उसकी परफॉर्मेन्स लाजवाब थी। सबने तालियाँ बजायीं। वह स्टेज से उतरने जा रही थी कि तभी–

''रिया, एक मिनट रुको!'' रणदीप ने पीछे से आवाज़ लगायी।

वह रुकी और पलट कर देखा।

''अगर तुम्हें बुरा न लगे तो क्या तुम वापस यहाँ आ सकती हो? दरअसल, मुझे भी कुछ कहना है।'' रणदीप ने गुज़ारिश की।

रिया ने एक नज़र भीड़ की ओर दौड़ायी और फिर वापस जाकर रणदीप की बगल में खड़ी हो गयी।

सबसे पहले रणदीप ने धीरे से खाँसकर अपना गला साफ़ किया।

"रिया, जो अब मैं तुम्हें कहने जा रहा हूँ, वो मैंने आज तक किसी से नहीं कहा। या फिर ये समझो कि कभी किसी को कहने की ज़रूरत ही नहीं पड़ी। ज़िन्दगी में जो भी चाहा, माँगने से पहले मिल गया। लेकिन आज ज़िन्दगी में पहली बार मैं किसी से कुछ माँगने जा रहा हूँ।"

रणदीप ने अपने सूट की पॉकेट से गुलाब का फूल निकाला और रिया के सामने घुटनों के बल बैठ गया।

"रिया, मैं तुमसे, तुम्हीं को माँगता हूँ...अब तुम इसे मेरा प्यार कहो या पागलपन, लेकिन जब से तुम्हें देखा है, हर शय में बस तुम ही तुम नज़र आ रही हो", रणदीप ने कहा।

सब एकटक नज़रें गड़ाये स्टेज पर चल रहे ड्रामे को देख रहे थे। मेरा दिल बहुत तेज़ी से धड़क रहा था। कुछ समझ नहीं आ रहा था कि आगे क्या होगा। भीड़ में खुसर-फुसर शुरू हो गयी। शायद इस तरह की नौटंकी की किसी ने कल्पना भी नहीं की होगी।

रिया चुपचाप खड़ी रणदीप की बात सुनती रही। फिर वह रणदीप के थोड़ा करीब आयी। दो पल के लिए उसने रणदीप की आँखों में आँखें डाल कर देखा। उसका चेहरा गुस्से से लाल हो गया। बिजली की तेज़ी से उसका हाथ उठा और एक ज़ोरदार थप्पड़ रणदीप की गाल पर पड़ा। थप्पड़ इतना ज़ोरदार था कि उसकी आवाज़ वहाँ खड़े हरेक इन्सान के कानों को चीरती हुई निकल गयी। एक पल के लिए वहाँ चुप्पी छा गयी। सबके सब एकदम ख़ामोश। "तुम सब लड़के एक जैसे ही हो, बिल्कुल बेवकूफ", रिया ने चुप्पी तोड़ते हुए कहा।

"तुम्हें क्या लगता है, ये शो ऑर्गेनाइज करने से और यह पार्टी रखने से तुम्हें कुछ भी कहने या करने का खुली छूट मिल गयी। तुमने क्या सोचा, जिस तरह से तुम डरा-धमका कर लोगों से अपनी बात मनवा लेते हो, मैं भी मान जाऊँगी? नहीं, मिस्टर रणदीप ठकराल, रिया चोपड़ा उन डरपोक और चापलूस लोगों में से नहीं है, जो तुम्हारी चाकरी करते हैं। मैं खुद अपने उसूल बनाती हूँ और बेख़ौफ़ जीती हूँ। ये बात अपने दिमाग़ में बिठा लो। और आइन्दा मेरे साथ बदतमीज़ी करने की कोशिश मत करना, समझे??"

कहकर जैसे ही उसने सामने देखा, सब उसी की ओर देख रहे थे। "ऐसे क्या देख रहे हो? पार्टी इज ओवर नाउ।" वह फिर से गरजी और आँधी की तरह वहाँ से चली गयी। उसकी दोनों दोस्त भी उसके पीछे-पीछे हो लीं। लोग अभी भी वहीं खड़े कानाफूसी कर रहे थे, जबकि मैं अभी भी इस मन्थन में लगा था कि अभी-अभी वहाँ जो कुछ हुआ, क्या वो सच है?

मैं दौड़कर स्टेज पर रणदीप के पास गया।

"भाई, तुम ठीक तो हो न?" मैंने घबराते हुए पूछा।

रणदीप अभी भी मुस्कुरा रहा था। उसे इस तरह से मुस्कुराते देख मैं हैरान रह गया।

"तुम मुस्कुरा क्यों रहे हो?" मैंने पूछा।

मैं जानता था कि अगली सुबह तक यह घटना आग की तरह पूरी यूनिवर्सिटी में फैल चुकी होगी। यह कोई छोटी-मोटी बात नहीं थी। एक लड़की ने रणदीप का न सिर्फ़ प्रपोजल ठुकराया, बल्कि खुलेआम सबके सामने उसे थप्पड़ मारकर चली गयी।

"क्या लड़की है, भाई!!" रणदीप के शब्दों से मेरा ध्यान टूटा।

"मतलब!! क्या कहा तुमने?" उसका रवैया देखकर मैं हैरान था।

"एक मामूली-सी लड़की इतने लोगों के सामने तुम्हारी इज़्ज़त के परखच्चे उड़ाकर चली गयी और तुम्हें उसकी तारीफ़ सूझ रही है? दिमाग़ तो ठीक है न तुम्हारा?" मैंने रणदीप को घूर कर देखा।

तभी अदिति वहाँ आ गयी।

"तुम ठीक हो न रणदीप?" उसने हिचकिचाते हुए पूछा।

"हाँ, मुझे क्या होना है... मैं बिल्कुल ठीक हूँ। अरे, प्यार हो गया है मुझे..." उसने चहकते हुए कहा।

अदिति और मैं हैरानी से एक-दूसरे का मुँह ताकने लगे। रणदीप ऐसे बात कर रहा था जैसे कि कुछ हुआ ही न हो।

"और, वो कोई मामूली लड़की नहीं है, नील। मामूली लड़की नहीं है वो..." उसने मेरे पिछले शब्दों को नकारते हुए कहा।

"आज जो इस लड़की ने किया है, वो पूरी यूनिवर्सिटी में करना तो दूर, सोचने तक की भी कोई हिम्मत नहीं कर सकता। लेकिन इस लड़की

ने सबको मात दे दी। उसने दिखा दिया कि वो सब से अलग है। उसके इसी कॉन्फीडैन्स पर तो मैं फिदा हूँ। अब तो बस उसे पाना है, फिर चाहे जैसे भी हो।''

''बस भाई, तुम्हारी फिलॉसफी मेरी समझ से तो बाहर है।'' मैंने हाथ खड़े कर दिये।

उसने मेरे कन्धे पर हाथ रखा और मुस्कुराने लगा।

''सब प्यार का असर है, बन्धु।''

''चाहे जो भी हो, लेकिन मैं तो यही सलाह दूँगा कि इस पचड़े में ज़्यादा न पड़ो तो ही अच्छा है। वैसे मैं ये भी जानता हूँ कि मेरे कुछ कहने का तुम पर कोई असर तो होने से रहा। लेकिन फिर भी, जो भी करो, सोच समझ कर करना, ठीक है?'' मैंने कहा।

रणदीप ने मुस्कुराते हुए 'हाँ' में सिर हिलाया।

''अब यहीं खड़े भाषण झाड़ते रहोगे या जाओगे भी? 12 बज चुके हैं, अदिति को हॉस्टल नहीं छोड़ना है क्या?''

''हाँ, बस मैं निकल ही रहा हूँ। चलो, फिर कल मिलते हैं'', कहते हुए मैं जाने के लिए मुड़ा।

''गुडनाइट, अदिति'' रणदीप ने कहा। ''वैसे आज तुम बहुत ख़ूबसूरत लग रही हो।''

जवाब में अदिति मुस्कुरा दी।

''थैंक यू! और तुम भी अपना ख़याल रखना।'' अदिति ने कहा।

''जी, सरकार'' रणदीप ने नाटकीय अन्दाज़ में सिर को झुकाते हुए कहा।

मैं और अदिति हॉस्टल की ओर चल दिये। मैं अभी भी ख़ामोश था। दिल शंकाओं से घिरा था। दिमाग़ उधेड़-बुन में था। तभी आदिती ने मेरा हाथ पकड़ते हुए पूछा, "क्या हुआ? क्या सोच रहे हो?"

''पता नहीं, अदिति। समझ नहीं पा रहा हूँ कि रणदीप के दिमाग़ में चल क्या रहा है। बहुत ज़िद्दी लड़का है... जो चीज़ चाहिए, सो चाहिए।''

''तुम बेकार की चिन्ता कर रहे हो। रणदीप बहुत समझदार है। अपना अच्छा बुरा समझता है। देख लेना, कल तक रिया के नाम का भूत उसके सिर से उतर चुका होगा'', अदिति ने कहा।

“नहीं, अदिति। तुम वो नहीं देख पा रही हो, जो मैं देख रहा हूँ। मैंने उसे कभी किसी भी चीज़ के लिए इतना गम्भीर होते नहीं देखा। मुझे डर है कि कहीं उसका प्यार... उसका जुनून और उसकी ज़िद न बन जाये। बस, अब तो भगवान से यही दुआ है कि उसके साथ सब अच्छा हो”, मैंने कहा।

“तुम चिन्ता मत करो। सब अच्छा होगा” अदिति ने मेरी आँखों में झाँकते हुए कहा।

तब तक हम उसके हॉस्टल के गेट तक पहुँच गये थे। मैंने चाहत भरी नज़रों से उसकी ओर देखा। जिस तरह से वो मुझे समझा रही थी, मुझे बहुत अच्छा लगा। मन कर रहा था उसे जाने न दूँ, लेकिन मैं मजबूर था।

मैंने हल्का-सा झटका देकर उसके हाथ को खींचा और झुक कर उसके गाल को चूम लिया।

“आई लव यू!” मैंने धीरे से कहा।

“आई लव यू टू, बाय” कहकर वो गेट के अन्दर चली गयी। मेरी प्यासी निगाहें लगातार उसका पीछा करती गयीं, जब तक कि वह मेरी आँखों से ओझल न हो गयी।

•

7

प्यार और पागलपन...बहुत कम अन्तर होता है दोनों में। अगले कुछ दिनों में, रणदीप की रिया को पाने की चाह, उसका पागलपन बन चुकी थी। आज तक उसने जो भी चाहा, उसे मिला... तो वह रिया के न मिलने को कैसे बर्दाश्त कर सकता था। दिन के आठों पहर, चौबीसों घण्टे उसके दिलो-दिमाग़ पर एक ही नाम छाया रहता–रिया।

अगले कुछ दिन तक, मैं हर रोज़ रणदीप को मेरे डिपार्टमैन्ट के बाहर चक्कर लगाते देखता, उसे शायद उम्मीद थी कि रिया से बात हो जाये। दूसरी ओर, रिया ने बात करना तो दूर, कभी रणदीप को पलट कर भी नहीं देखा। रणदीप का अपने आप पर से भरोसा टूट रहा था। सिर्फ़ भरोसा ही नहीं, भीतर ही भीतर वह खुद भी टूट रहा था। उसके दिल का दर्द और आँखों की बैचेनी उसके चेहरे पर दिखने लगी थी। वक़्त तो अपनी गति से आगे बढ़ रहा था, लेकिन रणदीप अभी भी वहीं अटका था जहाँ रिया ने उसके प्यार को ठुकराया था।

***

उस दिन अदिति का जन्म दिन था। इस बारे में कॉलेज में किसी को नहीं पता था, सिवाय मेरे। और ज़ाहिर-सी बात है, रणदीप को तो मुझे बताना ही था, क्योंकि इस दिन को स्पैशल बनाने में मुझे उसकी मदद जो चाहिए थी। शहर से थोड़ा ही दूर उनका एक फ़ॉर्म हाउस था। यह जगह कम ही इस्तेमाल होती थी। बस कभी-कभार रणदीप के पापा के दोस्त या सहकर्मी बिजनेस के काम से वहाँ आकर रुकते थे। रणदीप ने मुझे, अदिति को वहाँ

लेकर जाने का सुझाव दिया। मुझे भी उसका सुझाव पसन्द आया। अदिति एक बहुत ही सीधी-सादी और शर्मीली लड़की थी। ज़्यादा धूम-धड़ाके और फिजूलख़र्चे वाली पार्टियाँ उसे ज़रा भी पसन्द न थीं। इसलिए फ़ॉर्म हाउस वाला आइडिया मुझे बेहतर जान पड़ा।

ठीक 11:55 पर मैंने उसे फ़ोन किया। उसने पहली रिंग पर ही फ़ोन उठा लिया, मानो वो मेरे फ़ोन का ही इन्तज़ार कर रही थी। कुछ देर तक हम इधर-उधर की बातें करते रहे। दरअसल मैं घड़ी में 12 बजने का इन्तज़ार कर रहा था। 12 बजने से बस कुछ सैकेण्ड पहले, मैंने उल्टी गिनती गिनना शुरू कर दिया। दस, नौ, आठ, सात.......तीन, दो, एक।

"हैप्पी बर्थ डे माई डियर। आई लव यू!!" मैंने दिल के जज़्बात उन चन्द सच्चे अल्फाज़ों के साथ बयाँ किये।

"थैंक यू जी एण्ड लव यू टू।" उसने चहकते हुए कहा।

"हाँ, तो गिफ़्ट के लिए तैयार हो?"

"नील, जब तुम मेरे पास हो, तो मुझे किसी गिफ़्ट की ज़रूरत नहीं। मेरी सबसे बड़ी सौगात तो तुम ही हो।"

"और, मैं हमेशा तुम्हारे साथ रहूँगा, माई लव। लेकिन आज के दिन, मैंने तुम्हारे लिए एक सरप्राइज रखा है। मैं तुम्हारा हॉस्टल के बाहर इन्तज़ार कर रहा हूँ जल्दी से नीचे आओ।"

"क्या? नीचे? नील, पागल हो गये हो क्या!! तुम यहाँ क्या कर रहे हो? तुम्हें पता है अगर किसी ने इस वक़्त तुम्हें यहाँ देख लिया तो क्या होगा?" वह घबरा गयी। उसकी आवाज़ लड़खड़ा रही थी। शायद उसे मुझसे ऐसे पागलपन की उम्मीद नहीं थी।

"अरे! शान्त हो जाओ। कोई नहीं देखेगा मुझे। चौकीदार तो गहरी नींद में सोया है और हॉस्टल का मेन गेट भी पहले से ही टूटा है। तुम आसानी से बाहर आ सकती हो। अब फ़ैसला तुम्हारे हाथ में है, तुम खुद नीचे आओगी या मैं ऊपर आऊँ?" उसे डराने के लिए मैं टूटे हुए गेट के बीच में खड़ा हो गया, जैसे कि मैं हॉस्टल में दाख़िल होने की कोशिश कर रहा हूँ।

"नहीं, नहीं!! रुको!! तुम अन्दर मत आओ!! मैं खुद नीचे आती हूँ!!" उसने हड़बड़ी में कहा।

मुझे बहुत मज़ा आ रहा था। मैं वापस गेट से बाहर चला गया।

पाँच मिनट बाद, अदिति लॉबी में थी। किसी तरह छुपते-छुपाते, घबरायी-सी वह धीरे-धीरे बाहर आ रही थी। चौकीदार लकड़ी के बने छोटे से कमरे में सोया था। अदिति ने टूटे हुए गेट की दूसरी ओर से मेरी तरफ़ देखा। मैंने अपना हाथ उसकी ओर बढ़ाया, उसने मेरा हाथ पकड़ा और धीरे से गेट पार करके मेरे पास आ गयी।

''तुम एक न एक दिन मुझे हॉस्टल से निकलवा कर रहोगे'', उसने गुस्सा दिखाते हुए मुँह बनाया।

मैंने कानों पर हाथ लगाकर इशारे से माफ़ी माँगी।

''आओ, चलें'', मैंने उसका हाथ पकड़ते हुए कहा।

वह चुपचाप मेरे साथ चल पड़ी।

मैं राजू की बाइक लेकर आया था।

''ये तुम कहाँ ले जा रहे हो मुझे? बताओ तो सही, प्लीज'', अदिति ने दबी-सी आवाज़ में पूछा।

''श्श्श्श्श। धीरे बोलो, तुम्हें बहुत जल्दी पता चल जायेगा।'' हम बाइक पर बैठे और रात के अँधेरे में वहाँ से हवा हो गये।

थोड़ी देर बाद, हम फ़ॉर्महाउस के मेन गेट पर थे। अदिति ने अपनी चारों तरफ़ नज़र घुमाकर देखा और बोली, ''नील, हम कहाँ हैं?'' उसकी आवाज़ में डर था।

''बस अभी पता चल जायेगा'', मैंने बाइक खड़ी करते हुए जवाब दिया।

''अब अपनी आँखें बन्द करो और कोई शरारत नहीं, समझी?'' कहते हुए मैंने अपने हाथों से उसकी आँखों को ढक दिया।

''लेकिन नील...'' उसने कहना चाहा लेकिन मैंने उसे बीच में ही रोक दिया।

''कुछ मत बोलो, बस चलती रहो।''

हम दरवाज़े से सीधा अन्दर गये और दाँयी तरफ़ मुड़कर हॉल में पहुँच गये, जहाँ मैंने सब कुछ पहले से ही तैयार करके रखा था। मैंने अपने हाथ उसकी आँखों पर से हटाये और धीरे से उसके कान में फुसफुसाया।

''हैप्पी बर्थ डे, माई लव!!!''

उसने आँखें खोलीं। वहाँ का नज़ारा देखकर उसका मुँह खुला का खुला रह गया। पूरा हॉल रोशनी से जगमगा रहा था। हॉल की दीवार के साथ चारों ओर फ़र्श पर मोमबत्तियाँ लगी थीं। पूरा हॉल सफ़ेद और गुलाबी रंग के गुब्बारों से भरा था। हॉल के बीचों-बीच एक मेज़ लगा था जिस पर एक केक और लाल गुलाब का गुलदस्ता रखा था। कुछ सैकेण्ड के लिए वो यूँ ही खड़ी देखती रही। मैं उसके दिल की ख़ुशी और आँखों में उतर आयी नमी को महसूस कर सकता था। फिर उसने मेरी ओर देखा। वह मेरे थोड़ा और पास आयी। मैंने उसका चेहरा अपने हाथों में भर लिया। जैसे ही हमारी नज़रें मिलीं, मैंने उसकी आँखों में बेपनाह प्यार देखा, वो निष्काम और निस्वार्थ प्यार...जो सिर्फ़ और सिर्फ़ मेरे ही लिए था। वो चुप थी लेकिन उसकी आँखें ख़ामोशी से बोल रही थीं। वह किसी बच्चे की तरह मुझसे लिपट गयी। हम अगले कुछ पल तक एक-दूसरे से लिपटे यूँ ही खड़े रहे।

"चलो, केक काटते हैं। भूख के मारे मेरी जान निकल रही है!!!" मैंने उसका हाथ पकड़ते हुए कहा।

हम मेज़ के पास गये और मैंने उसके हाथ में चाकू थमाया। उसने मेरा हाथ पकड़ कर अपने हाथ पर रखा और हम दोनों ने एक साथ केक काटा। उसने केक का एक छोटा-सा टुकड़ा मेरे मुँह में डाला और मैंने उसी में से थोड़ा उसके मुँह में डाल दिया। फिर मैं नीचे झुका और मेज़ के नीचे से एक पैकेट निकालकर उसे दे दिया।

"यह तुम्हारा बर्थ डे गिफ़्ट है। मैं चाहता हूँ कि तुम इसे पहनकर आओ और मैं छत पर तुम्हारा इन्तज़ार कर रहा हूँ।"

उसने मुस्कुरा कर 'हाँ' में सिर हिला दिया। मैंने झुककर उसके गालों को चूमा और फिर छत पर चला गया।

उस गिफ़्ट पैकेट में अदिती के लिए साड़ी के साथ-साथ एक काग़ज़ भी था। वह वहीं खड़ी काग़ज़ पर लिखी कविता पढ़ने लगी, जो मैंने उसके लिए लिखी थी–

आज फिर से जज़्बातों पर काबू नहीं है मेरा,
फिर से तुम्हें कुछ कहना चाहता हूँ...
यही कि–

मुझे अच्छा लगता है जब तुम हँसती हो,
खिलखिलाती हो...
रूठती हो एक पल में किसी बच्चे की तरह,
और अगले ही पल मान जाती हो।
अच्छी लगती हैं मुझे तुम्हारी मासूम आँखें,
जो रूह तक उतर जाती हैं।
जो समझ जाती हैं कभी तो कुछ बिना कुछ कहे,
और कभी कहने पर भी न समझ पाती हैं।
अच्छे लगते हैं मुझे तुम्हारे वो फड़फड़ाते से होंठ,
जो हज़ार कहानियाँ कहते हैं।
जो नहीं जानते कि तुम क्या चाहती हो,
फिर भी बोलते रहते हैं।
अच्छा लगता मुझे वो सब जो तुमसे जुड़ा है।
अच्छी लगती हो मुझे तुम... कितना?
ये बताने के लिए शब्द नहीं हैं मेरे पास,
अगर हैं तो कुछ ख़ामोश से एहसास...
सुन लो वो जो मैं कहना चाहता हूँ,
कह दो वो जो मैं सुनना चाहता हूँ।
प्यार है तुमसे...

मैंने आख़िरी बार सारी तैयारियों का जायज़ा लिया। एक छोटा-सा चूल्हा पहले ही वहाँ रखा था और लकड़ी और कोयले का इन्तजाम मैंने एक दिन पहले ही कर लिया था। मैंने चूल्हे में आग सुलगा दी। चूल्हे के ठीक सामने, मैंने एक छोटा-सा मेज़ लगाया था और उस पर वो सारी खाने की डिश रखी थी, जिन्हें मैंने ख़ुद अपने हाथों से अदिति के लिए बनाया था। मेज़ के दोनों तरफ़ चटाइयाँ बिछी थीं और उन पर दो-दो कुशन रखे गये थे। सब ठीक ठाक था। तभी क़दमों की आहट हुई। मैंने पीछे मुड़कर देखा, अदिति मेरे सामने थी। मैंने एक नज़र ऊपर से लेकर नीचे तक उसे देखा। वह बहुत ही ख़ूबसूरत लग रही थी... बिल्कुल स्वर्ग की किसी अप्सरा की तरह। मेरे ख़्वाब मानों लाल रंग की साड़ी में लिपटे, हक़ीक़त बनकर

मेरे सामने खड़े हों। उसके काले घने बाल उसके कन्धों पर बिखरे थे और बालों की कुछ लटें उड़कर उसके चेहरे पर आ रही थीं। मैं अपने आप को खोता जा रहा था। जितना उसकी तरफ़ देखता, उसे देखने की चाह उतनी ही बढ़ती हुई सी मालूम होती। उसने साड़ी कमर से थोड़ा नीचे पहनी थी। मेरी कल्पनाओं का मानो कोई ओर-छोर नहीं था। वह धीरे-धीरे चलती हुई मेरे पास आयी और मुझे ज़ोर से चुटकी काटी। मैं एकदम से चिल्लाया।

"इस साड़ी में तुम बहुत प्यारी लग रही हो... बिल्कुल किसी दुल्हन की तरह।"

वह शरमा गयी। जैसे ही उसकी नज़र खाने की मेज़ पर पड़ी, उसका चेहरा ख़ुशी से चमक उठा।

"अरे, अब खाना नहीं खाना है क्या? अब तुम्हारी भूख कहाँ चली गयी?" उसने बात बदलने की कोशिश की।

"जैसी आपकी आज्ञा, राजकुमारी जी!! आइये, अपना स्थान ग्रहण कीजिए" मैंने नौटंकीपूर्ण ढ़ंग से सिर झुकाया।

हम दोनों ज़ोर से ठहाका लगा कर हँस पड़े। फिर हम मेज़ के सामने बिछी चटाईयों पर आमने-सामने बैठ गये। मैंने अपने हाथों से उसे खाना खिलाया और उसने अपने हाथों से मुझे। ठण्डी रात और आग की गर्माहट के बीच यह हमारी अब तक की सबसे ज़्यादा रोमांटिक मुलाकात थी।

डिनर के बाद, हम दोनों आग के सामने बैठ गये। उसने अपना सिर मेरी छाती पर रखा और मेरी गोद में लेट गयी। मैं उसे अपनी बाँहों में समेटे उसके बालों को सहलाने लगा। हम दुनिया से बेख़बर, एक-दूसरे की बाँहों में अपनी ज़िन्दगी के सबसे हसीन पल बिता रहे थे। हम दोनों ही ख़ामोश थे... रात भी शान्त थी, सिवाय उन अथाह इच्छाओं के जो रह-रह कर हम दोनों के सीनों में उमड़ रही थी।

"नील?" अदिति धीरे से फुसफुसाई।

"हाँ, जी"

उसने अपना चेहरा थोड़ा ऊपर किया और मेरी ओर देखा।

"थैंक यू!! आज का दिन मैं कभी नहीं भूलूँगी", उसने मीठी-सी आवाज़ में कहा।

आग की रोशनी में उसका चेहरा दमक रहा था। वह पहले से भी कहीं ज़्यादा सुन्दर दिख रही थी।

मैं धीरे से अपने हाथों को उसके चेहरे के पास ले गया और उँगलियों से उसके गालों को सहलाने लगा। उसकी तेज़ होती साँसें मुझे साफ़ सुनायी दे रही थीं। पहले पहल तो वो भी थोड़ा हिचकिचाई, लेकिन फिर उसने खुद-ब-खुद अपने आपको मुझे सौंप दिया। जैसे-जैसे हम दोनों के चेहरों के बीच की दूरी कम होती जा रही थी, मैं उसकी बढ़ती हुई धड़कनों की आवाज़ महसूस कर पा रहा था। उसने अपनी आँखें बन्द कर लीं। मैंने उसके चेहरे की तरफ़ देखा। घर, कॉलेज, पढ़ाई, मस्ती, दुनियादारी... सब ख़याल जाने कहाँ खो गये थे। उस पल में सिर्फ़ हम दोनों थे... सिर्फ़ हम दोनों... साथ ही कसमसाती सी कुछ इच्छाएँ और चरमराते से कुछ बन्धन। मैं अपने होंठ उसके होंठों के पास ले गया। हम दोनों का अपने आप पर से काबू छूट रहा था। हम दोनों के होंठ मिले... फिर एक बार ... एक बार और... पहले से भी ज़्यादा आक्रामकता से। वह अपने हाथों से मेरी पीठ को सहला रही थी। मेरे हाथ उसके बदन के हर हिस्से, हर उभार, हर सिहरन को महसूस करने में लगे थे। हम दोनों के होंठ थे कि एक-दूसरे को छोड़ने का नाम नहीं ले रहे थे। मैंने धीरे से उसे चटाई पर लेटा दिया। उस रात खुले आसमान और तारों की चादर तले, जलती हुई उन लकड़ियों और दिलों में उठती अनन्त इच्छाओं की गरमाहट के बीच दो प्यार करने वाले एक हो गये। हम प्यार करते रहे... कब तक, कितनी देर तक—मुझे भी याद नहीं। जब होश आया तो देखा वो मेरी बाहों में लिपटी हुई गहरी नींद के आगोश में थी। उस रात मैं एक पल न सो पाया, बस सारी रात उसे यूँ ही सोते हुए देखता रहा। चाहता था कि ये रात कभी ख़त्म न हो...

***

"यार, वो तो मुझे कभी मुड़कर देखती भी नहीं!" एक शाम जब मैं अदिति के साथ क्लास से बाहर निकला तो रणदीप ने उदासी से कहा। वह हमेशा की तरह क्लास के बाहर रिया का इन्तज़ार कर रहा था और रिया उसे नज़रअन्दाज़ करके वहाँ से चली गयी।

मैंने उसके कन्धे पर हाथ रखा। ''रणदीप, मेरे भाई, मेरी मानो तो उसे भूल जाओ। वैसे भी तुम्हारे पीछे तो लड़कियों की लाइन लगी है और वो भी सब एक से बढ़कर एक। क्यों बेकार में टाईम ख़राब कर रहे हो'' मैंने समझाने की कोशिश की।

''नहीं!!'' वह ज़ोर से चिल्लाया और मेरा हाथ झटक दिया।

''मैंने एक बार बोला न कि मुझे रिया ही चाहिए। और कोई भी लड़की उसके जैसी हो ही नहीं सकती, समझे??'' उसका यह रूप देखकर मैं हैरान था।

इससे पहले कि मैं कुछ और कह पाता, वो वहाँ से चला गया। मैंने गहरी साँस ली और गार्डन की ओर चल पड़ा, जहाँ अदिति पहले से ही मेरा इन्तज़ार कर रही थी।

हर साल की तरह इस साल भी कॉलेज में कल्चरल डे मनाया जाना था, जिसकी तैयारियाँ पहले से ही शुरू हो चुकी थीं। स्टूडेन्ट जगह-जगह टैन्ट लगाकर अपनी अलग-अलग स्टॉल लगा रहे थे, जिनमें हर राज्य की हस्तशिल्प और सांस्कृतिक वस्तुएँ प्रदर्शित की जाने वाली थीं। भाग लेने वाले विभिन्न राज्यों के अलग-अलग व्यंजनों की भी व्यवस्था थी। कार्यक्रम वाले दिन प्रत्येक व्यक्ति को देसी भारतीय पहनावे में ही आना था। सब के सब बेसब्री से इस दिन का इन्तज़ार कर रहे थे।

अगले दो दिन तक रणदीप मुझे कहीं भी दिखायी नहीं दिया। न तो मैंने क्लास के बाहर उसे रिया का इन्तज़ार करते देखा और न ही मुझे उस से मिलने जाने का वक़्त मिला। आख़िरकार, कल्चरल डे वाले दिन मैं उससे मिला। उसने लाल रंग की शेरवानी पहनी हुई थी। उसके चेहरे पर पहले जैसी रौनक और चमक नहीं थी। मुझे देखकर वह हल्के-से मुस्कुराया।

''अरे, कहाँ हो तुम? पिछले दो दिन से कॉलेज में भी दिखायी नहीं दिये?'' मैंने पूछा।

''कहीं नहीं, बस घर पर ही था। कॉलेज आने का मन नहीं था। आज भी सिर्फ़ रिया से मिलने आया हूँ'', उसने बताया।

''रिया से मिलने?''

''हाँ... मैं आज फिर उस से मिलूँगा और समझाने की कोशिश करूँगा।''

“तुम जानते हो न कि वो तुमसे बात तक नहीं करती?”

“हाँ, मुझे सब पता है। लेकिन आज मुझे कैसे भी करके उससे मिलना है। उसे मेरी बात सुननी ही होगी। उसे जानना होगा कि मैं उसे कितना प्यार करता हूँ। चलो... अभी मुझे जाना होगा, मैं तुमसे बाद में मिलता हूँ”, कहकर रणदीप वहाँ से चला गया।

एक लड़की के लिए रणदीप का पागलपन देखकर मैं हैरान था। लेकिन मेरे हाथ में कुछ भी नहीं था।

शाम होते-होते पूरा यूनिवर्सिटी ग्राउण्ड एक मेले में तब्दील हो गया। छोटे-छोटे बल्बों को तार से बाँधकर पेड़ों और स्टॉल्स के चारों ओर सजाया गया था। अलग-अलग राज्यों के स्थानीय व्यंजनों की ख़ुशबू से सारा ग्राउण्ड महक रहा था। सभी लोग पारम्परिक वेशभूषा में आये थे। अदिति ने गुलाबी रंग का लंहगा-चोली पहन रखा था और बालों में रिबन डालकर चोटी बनायी हुई थी। इस नये रूप में वह बिल्कुल एक राजस्थानी लड़की जैसी लग रही थी। क्रीम रंग के कुर्ते-पजामे में मैंने भी एक देहाती का भेष बनाया हुआ था। कुछ देर तक हम दोनों यहाँ-वहाँ टहलते रहे और फिर अदिति को उसके दोस्तों ने बुला लिया।

करने को कुछ था नहीं, इसलिए मैंने मैदान में ही चहलक़दमी करने का मन बनाया। आस-पास रणदीप और गगन को भी ढूँढ़ा, लेकिन कोई नहीं मिला। फिर मैंने गगन को फ़ोन करके बुलाने की सोची। मैं एक स्टॉल के पीछे चला गया जहाँ शोर कम था। अभी कुछ क़दम ही चला था कि एक दम से मेरे क़दम वहीं रुक गये।

“तुम्हें एक बार में समझ नहीं आता क्या? दोबारा मेरे पास आने की हिम्मत कैसे हुई तुम्हारी? पहले वाला थप्पड़ भूल गये?” रिया गुस्से से रणदीप पर चिल्लाये जा रही थी और वह बेचारगी से उसे देख रहा था।

“लेकिन, रिया इसमें प्रॉब्लम क्या है? मैं तुम्हें सच्चे दिल से प्यार करता हूँ... इतने दिनों से तुम्हें यही बात बताने की कोशिश कर रहा हूँ। ऐसा क्या करूँ कि तुम्हें मेरी बात पर, मेरे प्यार पर यक़ीन हो जाये। आख़िर कसूर क्या है मेरा? मैं स्मार्ट हूँ, अमीर हूँ, शहर में रुतबा है मेरा और सबसे बड़ी बात, हमारा स्टेटस भी एक-दूसरे से मिलता है। तो फिर प्रॉब्लम कहाँ है?”

रणदीप तरह-तरह की दलीलें देकर उसे मनाने की कोशिश कर रहा था। पहली बार मैं रणदीप को इस तरह किसी के आगे गिड़गिड़ाते देख रहा था।

"प्रॉब्लम... प्रॉब्लम ये है कि मैं तुमसे प्यार नहीं करती। इतनी-सी बात तुम्हें समझ ही नहीं आती। तुम भी बाकी लड़कों जैसे ही हो... कोई सुन्दर चेहरा देखा नहीं, बस फिसल गये। जिस प्यार का ढोल गले में लटकाये घूम रहे हो, उस प्यार शब्द का मतलब भी पता है तुम्हें? कान खोलकर सुन लो, मुझे इस बात में कोई दिलचस्पी नहीं कि तुम कितने अमीर हो। एक बात याद रखना, अगर फिर से मुझे परेशान करने की कोशिश की तो अच्छा नहीं होगा। मैं तुम्हारे ख़िलाफ़ पुलिस में शिकायत कर दूँगी और फिर तुम्हारा पैसा और पहुँच भी कोई काम नहीं आयेगी। समझे? जाओ यहाँ से और मेरा रास्ता छोड़ो।" रिया ने उसे ज़ोर से धक्का मारा। रणदीप को वहीं खड़ा छोड़ वह गुस्से में पैर पटकती हुई वहाँ से चली गयी। रणदीप ने उसे रोकने की कोशिश नहीं की। आँसू जैसे उसकी आँखों से गिरने ही वाले थे।

टैन्ट के पीछे खड़ा मैं चुपचाप सब सुन रहा था। *'रिया के शब्द जब मुझे ही तीर की तरह चुभ रहे थे, तो रणदीप का क्या हाल हुआ होगा'* सोचकर मेरी आँखों से आँसू निकल आये। मैं उसके पास गया।

"रणदीप!! मैं कब से तुम्हें ढूँढ रहा हूँ और तुम हो कि यहाँ खड़े हो!! आओ, चलते हैं!! बाहर दाल-बाटी की एक मस्त स्टॉल लगी है। मेरे पेट में तो चूहे दौड़ रहे हैं, चलो जल्दी से।" मैंने यूँ ज़ाहिर किया मानो मैंने उसकी और रिया के बीच की बात सुनी ही न हो।

"नहीं, मैं घर जा रहा हूँ," उसने रूखेपन से कहा। उसका रुँआसा चेहरा उसके दिल में भरे दर्द की कहानी कह रहा था।

"लेकिन, रणदीप...." मैंने कहना चाहा, लेकिन वह बिना मेरी बात सुने तेज़ क़दमों से वहाँ से चला गया। शायद अपने आँसू छुपा रहा था। मैं हताश-सा उसे जाते हुए देखता रहा। उसका दर्द मुझसे देखा नहीं जा रहा था। थोड़ी देर में गगन वहाँ आ गया। कहने को तो मैं गगन के साथ वहीं था, लेकिन मेरा दिलो-दिमाग़ रणदीप के बारे में ही सोच रहा था।

अगले दिन, मैंने रणदीप को फ़ोन लगाया। लेकिन उसका फ़ोन राजू ने उठाया।

"राजू? रणदीप कहाँ है? और उसका फ़ोन तुम्हारे पास क्यों है?" मैंने पूछा।

"नील भैया, रणदीप भैया अपने कमरे में हैं। उन्होंने कहा है कि वो किसी से बात नहीं करना चाहते। उन्होंने खुद को कमरे में बन्द कर लिया है और कल से कुछ खाया-पिया भी नहीं, बस लगातार शराब पिये जा रहे हैं।"

"अरे, तुमने पहले क्यों नहीं बताया मुझे? चलो, मैं शाम को आकर उससे मिलता हूँ... तब तक शायद उसका मूड भी ठीक हो जाये।"

"ठीक है, नील भैया।"

मुझे रिया पर बहुत गुस्सा आ रहा था। मन कर रहा था कि अभी उसके पास जाऊँ और उसे बताऊँ कि वह रणदीप के सामने उसके पैर के नाख़ून के बराबर भी नहीं है। आख़िर किस बात का घमण्ड है उसे?

क्लास के बाद, मैंने फिर से राजू को फ़ोन लगाया।

"कहाँ है रणदीप?" मैंने पूछा।

"वहीं अपने कमरे में। बस जब ड्रिंक ख़त्म हो जाती है तो इसे लेने के लिए ही बाहर आते हैं। आज भी सुबह से कुछ नहीं खाया और न ही किसी से बात कर रहे हैं" राजू की आवाज़ में चिन्ता साफ़ झलक रही थी।

"मैं दस मिनट में वहाँ पहुँचता हूँ", कहकर मैंने फ़ोन काट दिया।

मैंने ऑटो लिया और रणदीप के घर पहुँच गया। राजू हॉल में ही खड़ा मेरा इन्तज़ार कर रहा था।

"नील भैया, मैंने रणदीप भैया को बहुत समझाया, लेकिन वो बाहर आने को तैयार ही नहीं हैं। यहाँ तक कि खाने के लिए भी मना कर दिया। उन्होंने कमरा अन्दर से बन्द कर रखा है और लगातार पिये जा रहे हैं। माँ और पापा भी बाहर गये हुए हैं। भैया, अब बस आप ही उन्हें समझा सकते हैं।" राजू बहुत घबराया हुआ था।

मैंने दरवाज़ा खटखटाया।

"राजू, मैंने कहा न जाओ यहाँ से... इतनी सी बात तुम्हारे भेजे में नहीं घुसती क्या?" रणदीप अन्दर से चिल्लाया। उसकी लड़खड़ाती आवाज़ से पता चल रहा था कि उसने बहुत पी रखी है।

"रणदीप, मैं हूँ भाई, नील। दरवाज़ा खोलो।"

"तुम यहाँ क्या कर रहे हो? मुझे कुछ नहीं हुआ, मैं बिल्कुल ठीक हूँ। तुम जाओ यहाँ से। मुझे किसी से बात नहीं करनी", उसने फिर से चिल्लाते हुए कहा।

"रणदीप, देखो ज़िद नहीं करते, दरवाज़ा खोल दो। ऐसे शराब पी-पीकर अपना ख़ून क्यों जला रहे हो। ये ज़िन्दगी सिर्फ़ तुम्हारी नहीं है... अपना नहीं तो अंकल-आण्टी के बारे में तो सोचो। चलो, बाहर आकर कुछ खा लो।" मैंने उसे समझाने की कोशिश की।

"मैंने कहा न कि मुझे किसी से बात नहीं करनी। अकेला छोड़ दो मुझे!! राजू!! नील को अभी यहाँ से लेकर जाओ।" रणदीप बहुत ज़ोर से चिल्लाया। गुस्से में उसने बोतल उठायी और ज़ोर से फ़र्श पर पटक दी।

"रणदीप, समझने की कोशिश करो", मैंने फिर से कोशिश की।

"जाओ!!" वह फिर से चिल्लाया। वह मेरी एक भी बात सुनने को तैयार नहीं था।

राजू बेबस नज़रों से मेरी ओर देख रहा था।

"मुझे लगता है, हमें उसे अकेला छोड़ देना चाहिए", मैंने राजू से कहा।

"लेकिन, नील भैया!! ज़्यादा शराब पीकर तो वह बीमार हो जायेंगे।" राजू के माथे पर चिन्ता की लकीरें थी।

"राजू, आज उसे कुछ भी कहने का कोई फायदा नहीं। क्योंकि अभी वह नशे में है और वो किसी की कोई बात नहीं सुनेगा। तुम एक काम करो, उसका खाना तैयार करके दरवाज़े के बाहर रख दो। जब उसे भूख लगेगी तो खुद-ब-खुद खा लेगा।"

"ठीक है, नील भैया", उसने जवाब दिया।

"और, तुम परेशान मत होना। मुझे विश्वास है कल तक वो बिल्कुल ठीक हो जायेगा", मैंने राजू को दिलासा देने की कोशिश की।

"भगवान करे आप जैसा कह रहे हैं, वैसा ही हो।" राजू का चेहरा उतरा हुआ था।

हालाँकि मैंने राजू को परेशान न होने की हिदायत तो दी, लेकिन अन्दर ही अन्दर मैं खुद बहुत चिन्तित था। रणदीप की यह हालत मुझसे भी देखी नहीं जा रही थी।

8

अगले कुछ दिन में मुझे एहसास हुआ कि रणदीप को लेकर मेरी उम्मीद कितनी गलत थी। उसकी हालत सुधरने की बजाय दिन-ब-दिन बिगड़ती जा रही थी। वह दिन-रात नशे में चूर रहता, जब थोड़ा नशा उतरता तो राजू से और शराब लाने को कहता और मन करने पर उस पर चिल्लाता और गालियाँ निकालता। उसके दोस्तों ने भी उसे समझाने की बहुत कोशिश की, लेकिन वह किसी की भी सुनने को तैयार नहीं था। धीरे-धीरे उन सभी ने उसके घर आना बन्द कर दिया क्योंकि रणदीप का व्यवहार बदल चुका था। वह ज़िद्दी और गुस्सैल बन चुका था। लेकिन मैंने ठान लिया था कि चाहे कुछ भी हो, मैं हर रोज़ उससे मिलने जाऊँगा, फिर चाहे वो मुझसे बात करे या न करे।

दो हफ़्ते बीत चुके थे। फिर एक दिन जब मैंने रणदीप को देखा, तो मुझे अपनी आँखों पर यक़ीन नहीं हुआ... बिखरे हुए बाल, बढ़ी हुई दाढ़ी, आँखें एकदम सुर्ख लाल मानो कई दिन से सोया न हो और मुँह से आती शराब की बदबू। ये वो रणदीप कतई नहीं था जिसे मैं जानता था। मेरी आँखें फटी की फटी रह गयीं जब मैंने उसके मेज़ पर एक सफ़ेद पाउडर का पैकेट पड़ा देखा... रणदीप ड्रग्स लेने लगा है!! हे भगवान!! वह घिसटते हुए किसी तरह से अपने बिस्तर तक पहुँचा। मैं भी उसके पीछे-पीछे कमरे में चला गया। कमरे से शराब, सिगरेट और ड्रग्स की दुर्गन्ध आ रही थी। मैंने चारों ओर नज़र दौड़ायी, दीवारों पर हर जगह रिया की तस्वीरें और पोस्टर लगे थे। एक जगह लाल रंग से "आई लव यू रिया" लिखा था। मेरे दिमाग़ में एक विचार कौंधा। मैं तुरन्त रणदीप की ओर पलटा और

उसका हाथ उठाकर देखा। उसके हाथ और अँगूठे पर एक गहरा कट था। मेरा दिल दहल गया।

"ये क्या..?" मेरे मुँह से आवाज़ ही नहीं निकल रही थी। "तुम...तुमने अपना हाथ काटा... पागल हो गये हो?"

रणदीप को कोई होश नहीं था। वह बेसुध-सा बिस्तर पर पड़ा था।

"रिया... आई लव यू, रिया..." वह बड़बड़ाये जा रहा था।

"राजू!! राजू!!" मैंने ज़ोर से आवाज़ लगायी।

"हाँ, नील भैया?" राजू भागता हुआ कमरे में आया।

"जाओ, जल्दी से फर्स्ट एड बॉक्स लाओ!! रणदीप ने अपना हाथ काट लिया है।"

राजू का चेहरा डर के मारे सफ़ेद हो गया। वह बदहवास-सा होकर हॉल की ओर भागा और दवाइयों का बॉक्स ले आया। हमने उसके कटे हुए हाथ पर एन्टीसेप्टिक दवाई लगायी और पट्टी बाँध दी। रणदीप को अभी भी कोई होश नहीं था।

"पिछले कई दिनों से रणदीप भैया किसी से भी नहीं मिले। इन्होंने तो जैसे पूरी दुनिया से नाता तोड़ लिया है। न ढंग से खाते हैं, न सोते हैं। नील भैया, बस अब और नहीं देखा जाता", कहते-कहते राजू फफककर रो पड़ा।

मेरे पास राजू को देने के लिए अब कोई दिलासा भी नहीं बचा था। फिर अचानक से दिमाग़ में कुछ आया। अपने भाई जैसे दोस्त को मैं अब और इस हालत में नहीं देख सकता था। रिया के लिए उसका पागलपन अब सारी हदें पार कर चुका था। मैं जानता था कि अब मुझे क्या करना है। मैंने फ़ैसला कर लिया था कि अब चाहे जो भी हो जाये, रिया को उसके पास आना ही होगा। मैंने रणदीप के कन्धे पर हाथ रखा, "बहुत जल्द सब कुछ ठीक हो जायेगा, मेरे दोस्त। ये मेरा तुमसे वादा है।" मैंने धीरे से कहा और वहाँ से चला आया।

आने से पहले मैंने राजू को हिदायत दी की वह फ़ोन कर के रणदीप के मम्मी और पापा को जल्द से जल्द बुला ले।

***

अदिति और मेरे रिलेशनशिप के बारे में रणदीप और गगन के अलावा और कोई नहीं जानता था। क्योंकि हमने किसी को बताना ज़रूरी भी नहीं समझा। क्लास में भी हम हमेशा एक-दूसरे से दूर, अपने-अपने दोस्तों के साथ बैठते थे। और न ही क्लास में कभी आपस में बात करते। अगले दिन, क्लास के बाद मैं अदिति के साथ उसे हॉस्टल छोड़ने जा रहा था।

"रणदीप कैसा है अब? तुम मिले उससे?" चलते-चलते उसने पूछा।

"उसकी हालत बहुत ख़राब है। ड्रग्स लेने लगा है।"

"क्या?" सुनकर वह भी बुरी तरह से चौंक गयी।

"हाँ, वो पगला गया है। सारा दिन नशे में धुत कमरे में पड़ा रहता है। हाथ काटकर अपने ख़ून से रिया का नाम दीवार पर लिख रखा है। हालात बद-से-बदतर हो गये हैं।"

मेरी बात सुनकर अदिति के माथे पर पड़ी लकीरें बता रही थीं कि उसे भी रणदीप की कितनी चिन्ता है।

"लेकिन नील, हम रणदीप को इस हालत में नहीं छोड़ सकते। हमें कुछ करना होगा।"

"हाँ, मैं जानता हूँ कि मुझे क्या करना है", मैंने कुछ सोचते हुए कहा।

"क्या करने की सोच रहे हो तुम?" अदिति ने कुछ रुकते हुए पूछा।

"अब मुझे ही रिया से बात करनी होगी। उसे समझाना होगा कि वह रणदीप की ज़िन्दगी में क्या मायने रखती है और उसके बिना रणदीप ने अपनी क्या हालत बना रखी है।"

"लेकिन वो तुम्हारी बात क्यों सुनेगी?" उसने फिर सवाल किया। और उसका सवाल एकदम वाज़िब था।

"मुझे पता है कि ये सब इतना आसान नहीं होगा। मुझे पहले उससे दोस्ती करनी होगी। हाँ, ये सच है कि मैं उसे ज़रा भी पसन्द नहीं करता, लेकिन फिर भी रणदीप की ख़ातिर मुझे ये करना ही होगा। मैं इस तरह उसे अपनी ज़िन्दगी बर्बाद करते नहीं देख सकता।"

अब तक हम हॉस्टल के मेन गेट तक पहुँच चुके थे। अदिति को रात

को फ़ोन करने को बोलकर मैं वहाँ से चला आया। रणदीप का निस्तेज चेहरा अभी भी मेरे ज़ेहन में घूम रहा था।

मैं फ़ैसला कर चुका था कि मैं रणदीप को अपनी ज़िन्दगी इस तरह बर्बाद नहीं करने दूँगा। रिया को रणदीप के प्यार का एहसास कराकर ही रहूँगा। अन्जाम चाहे कुछ भी हो।

***

दो दिन बाद हमारे दूसरे इन्टरनल टेस्ट की घोषणा हुई। यह तय था कि मुझे और गगन को अब ज़्यादा से ज़्यादा समय लाइब्रेरी में ही बिताना है। मैंने अदिति को भी हमारे साथ मिलकर पढ़ने का सुझाव दिया, लेकिन उसने मना कर दिया क्योंकि उसे अपने किसी दोस्त की टेस्ट की तैयारी करने में मदद करनी थी।

"आहा!! पहले मैंने तुम्हें पढ़ाया और अब तुम दूसरों को पढ़ाओगी। गुरु गुड़ ही रहा और चेला चीनी हो गया!! सही है बेटा!!" मैंने अदिति को छेड़ा।

"ओह, प्लीज! तुमने जो शुरुआत में मेरी मदद की, वो अपने मतलब के लिए, क्योंकि तुम मुझ पर लाइन मारना चाहते थे", अदिति ने अपनी आँखें घुमाते हुए कहा।

"ओह, हैल्लो! किस ग़लत फ़हमी में हो, मैडम! अगर मैंने मदद न की होती तो तुम पहले टैस्ट में ही फेल हो गयी होती।" मैंने आँखें चढ़ाते हुए झूठा गुस्सा दिखाया।

अदिति जीभ निकालकर मुझे चिढ़ाने लगी। मैंने ज़ोर से उसकी नाक खींची, लेकिन वो छुड़ा कर भाग गयी।

गगन और मेरा लाइब्रेरी वाला रूटीन शुरू हो चुका था। हम क्लास ख़त्म होते ही लाइब्रेरी में पहुँच जाते और शाम तक वहीं रहते। ऐसे ही एक दिन मैं गगन के साथ लाइब्रेरी पहुँचा ही था कि मैंने रिया को लाइब्रेरियन के साथ किसी बात पर बहस करते देखा।

"क्या बकवास है!! तुम्हारे पास गाइड नहीं हैं? और तुम इसे लाइब्रेरी कहते हो? अरे, कैसी लाइब्रेरी जब यहाँ ज़रूरत की किताब ही नहीं है।" वह गुस्से में चिल्ला रही थी।

गगन ने मेरी ओर देखा और फिर उदासीनतापूर्ण ढंग से सिर हिलाकर अपनी जगह पर जाकर बैठ गया। रणदीप वाले क़िस्से के बाद से उसने रिया में दिलचस्पी लेना छोड़ दिया था। लाइब्रेरियन ने रिया को कुछ कहने की कोशिश की, लेकिन रिया थी कि कुछ भी सुनने को तैयार ही नहीं थी। वो लगातार चिल्लाये जा रही थी।

''तुम्हें क्या लगता है, मैं तुम्हें छोड़ दूँगी? नहीं, मैं हाईयर ऑथारिटी के पास जाऊँगी और तुम्हारी शिकायत करूँगी, समझे?'' रिया धमकी दे रही थी। उसकी आवाज़ लाइब्रेरी के सारे नियम-क़ानून तोड़ रही थी।

मौक़ा देखकर मैं उनके पास गया।

''क्या हुआ? कोई प्रॉब्लम है क्या?'' मैंने धीरे से पूछा।

रिया ने एकबारगी मुड़कर मेरी तरफ़ देखा और फिर बिना कुछ कहे मुँह फेर लिया।

''दरअसल नील, इन्हें अलग-अलग सब्जैक्ट्स की गाइड चाहिए। मैं इन्हें बता रहा हूँ कि हम लाइब्रेरी में गाइड नहीं रखते, लेकिन ये...'' लाइब्रेरियन ने कहने की कोशिश की।

''लेकिन ये क्या? हाँ?'' रिया ने उसे बीच में टोका। ''अगर तुम गाइडें नहीं रखोगे तो हम पढ़ेंगे क्या? ये, मोटी-मोटी किताबें याद रखना पॉसिबल है क्या?''

''ओह, गॉड!! कहीं मैं फेल न हो जाऊँ!!'' वह खुद से ही बड़बड़ाई। फिर वह एकदम से मेरी ओर मुड़ी।

''तुम तो मेरी ही क्लास में हो न??'' उसने मेरी ओर देखते हुए पूछा।

''हाँ...'' मैंने 'हाँ' में सिर हिलाया।

''अब तुम ही बताओ, अगर ये लोग यहाँ गाइड्स नहीं रखेंगे तो हम पढ़ेंगे कैसे? दो हफ़्ते बाद टेस्ट हैं, समझ नहीं आ रहा कि तैयारी कैसे करूँ? वैसे तुम क्या करोगे?''

''जब प्रोफ़ेसर क्लास मे पढ़ाते हैं तो मैं नोट्स बना लेता हूँ। इसलिए मुझे गाइड की ज़रूरत ही नहीं पड़ती'', मैंने कहा।

रिया ने कुछ इस तरह से घूर कर मुझे देखा, जैसे लाइब्रेरियन की तरफ़दारी करने के जुर्म में मुझे कच्चा ही चबा जायेगी।

"लेकिन अगर तुम चाहो तो मैं तुम्हारी मदद कर सकता हूँ।" मैं जानता था कि यही मेरा मौक़ा है।

"मैं हर रोज़ अपने दोस्त के साथ यहाँ पढ़ने आता हूँ। तुम्हें पढ़ाते-पढ़ाते मेरी रिवीजन भी हो जायेगी।"

उसने टेढ़ी नज़रों से मेरी तरफ़ देखा।

"मतलब कि तुम टेस्ट पास करवाने में मेरी मदद करोगे? मैं पहले भी एक बार फेल हो चुकी हूँ।"

"मैं सिर्फ़ तैयारी करने में तुम्हारी मदद करूँगा। टेस्ट पास करना तो इस बात पर निर्भर करता है कि तुम कितनी मेहनत करती हो", मैंने कहा।

"और तुम्हारी फीस क्या होगी?"

"क्या?" मैंने हैरानी से उसे देखा।

"मुझे पढ़ाने के लिए फीस तो लोगे न तुम? कितनी?" उसकी आवाज़ में अकड़ थी।

"नहीं, मुझे कोई फीस-वीस नहीं चाहिए। मैं कोई बिजनेस नहीं चला रहा। सिर्फ़ एक क्लासमेट होने के नाते मदद करने की कोशिश कर रहा हूँ।" अब मुझे गुस्सा आ रहा था।

"ओह, सॉरी। तो क्या हम कल से शुरू कर सकते हैं?" इस बार उसने कुछ ज़्यादा ही नरमी से पूछा। उसकी अकड़ ढीली पड़ती जान पड़ी।

मैंने हामी में सिर हिला दिया।

इसके बाद वो वहाँ से चली गयी। मैंने लाइब्रेरियन की ओर देखा, उसने गहरी साँस लेते हुए मुझे धन्यवाद कहा। मैं अपनी योजना का पहला पड़ाव सफलतापूर्वक पार कर चुका था।

इसी बीच राजू के ज़रिये मुझे पता चला कि रणदीप के मम्मी और पापा भी वापस आ गये हैं। *'चलो अब घर पर रणदीप का ध्यान रखने के लिए कोई है'* सोच कर मैंने राहत की साँस ली।

9

रिया के साथ कुछ वक़्त बिताने के बाद, मुझे एहसास हुआ कि उसको लेकर मेरी राय कितनी गलत थी। हाँ, वह थोड़ी घमण्डी ज़रूर थी, लेकिन धीरे-धीरे मुझे इसकी आदत पड़ गयी। गगन के साथ मुझे अपनी पढ़ाई की योजना में थोड़ा बदलाव करना पड़ा, अब हम सिर्फ़ सुबह ही पढ़ते थे। सब बहुत अच्छे से जा रहा था। मैं और रिया दोस्त बन चुके थे। बस अब इन्तज़ार था तो सही मौक़े का, जब मैं उससे रणदीप के बारे में बात कर सकूँ।

''ठीक है फिर, इस सबजैक्ट के हमने लगभग सारे टॉपिक ख़त्म कर लिए हैं। बस एक बचा है, वो कल करेंगे, ठीक है?'' एक शाम मैंने नोट्स बन्द करते हुए कहा।

''लेकिन अभी क्यों नहीं? अभी तो बहुत वक़्त है हमारे पास'', रिया ने पूछा।

''नहीं, आज के लिए बस इतना ही काफ़ी है। वैसे भी अगर एक ही बार में इतना सब पढ़ लोगी तो कुछ याद नहीं रहेगा'', कहते हुए मैं खड़ा हो गया।

''कहीं जा रहे हो? मैं अपनी गाड़ी में छोड़ दूँ?'' उसने पूछा।

उस दिन मैं जल्दी में था, क्योंकि मैंने अदिति को फ़िल्म दिखाने का वादा किया था।

''उम्मम...नहीं, थैंक्स। मैं गगन के साथ चला जाऊँगा। वैसे भी हमें कहीं और जाना है।'' मैंने बहाना बनाया।

''तो फिर, ठीक है। कल मिलते हैं। बाय'', कहकर वह हल्के से मुस्कुराई।

"बाय।" जवाब में मैं भी मुस्कुराया और वहाँ से चल दिया।

उसके बाद, मैंने अदिति को हॉस्टल से लिया और हम दोनों ऑटो स्टैण्ड की ओर चल दिये।

"तो, कैसा चल रहा है रिया के साथ? रणदीप के बारे में उससे बात की?" अदिति ने सवाल किया।

"नहीं, अभी नहीं। हम अभी अभी तो दोस्त बने हैं। मैं जल्दबाजी में कोई गड़बड़ नहीं करना चाहता।"

"हम्मम... तो फिर क्या सोचा है?"

"मैं सोच रहा हूँ, थोड़े दिन और रुक जाऊँ... बस टेस्ट ख़त्म होने तक। अगर वो टेस्ट में पास हो गयी, तो मुझ पर ज़्यादा भरोसा करने लगेगी और मेरी बात सुनने को भी तैयार हो जायेगी। फिर शायद मैं उसे समझा पाऊँ।"

तब तक हम ऑटो स्टैण्ड पहुँच चुके थे। हमने ऑटो लिया और सिनेपोलिस थियेटर पहुँच गये। फ़िल्म बहुत बकवास थी। इन्टरवल होते-होते हम बिल्कुल बोर हो चुके थे, इसीलिए हमने कहीं और घूमने का प्लान बनाया। अँधेरा हो चला था। एक-दूसरे का हाथ पकड़े हम यूँ ही गलियों में घूमते रहे। ये एक चीज़ हम दोनों को ही सबसे ज़्यादा पसन्द थी—हाथों में हाथ डाले ख़ामोशी से चलते रहना। एक पूरा होने का एहसास!! मानो हमारे साथ होने पर दुनिया के होने या न होने का कोई मतलब ही न हो। अदिति ने अपना सिर मेरे कन्धे पर टिका दिया। तभी बारिश शुरू हो गयी। सड़क खाली थी और वहाँ आस-पास कोई नहीं था। हम दौड़कर एक बन्द पड़ी दुकान के छप्पर के नीचे खड़े हो गये।

मैंने अदिति की ओर देखा। वह पूरी तरह से भीग चुकी थी और अपने चेहरे से पानी पोंछ रही थी। उसका हरे रंग का कुर्ता शरीर से चिपक गया था। गीले बाल चेहरे पर बिखरे थे। मैं थोड़ा उसके पास गया और चेहरे पर से बालों को कान के पीछे कर दिया। उसने मेरी तरफ़ देखा। फिर मैंने अपनी उँगलियों से उसके होंठों से टपकती पानी की बूँदों को पोंछ दिया। धीरे से मैं अपने होंठ उसके होंठों के करीब ले गया।

"नील... " उसने धीरे से कहा और अपनी आँखें बन्द कर लीं।

हमने एक-दूसरे को चूमा। और बहुत देर तक यूँ ही चूमते रहे। बारिश

की ठण्डी-ठण्डी बूँदें हमारे दिलों में आग लगा रही थी। और फिर हम उस छोटी-सी दुकान की रेलिंग पर बैठ कर बारिश के बन्द होने का इन्तज़ार करने लगे, जबकि मन ही मन हम दोनों ही भगवान से दुआ कर रहे थे कि ये बारिश कभी बन्द न हो।

***

जैसे-जैसे टेस्ट की तारीख़ पास आ रही थी, रिया और मैंने ज़्यादा से ज़्यादा वक़्त लाइब्रेरी में बिताना शुरू कर दिया। अब हम काफ़ी अच्छे दोस्त बन चुके थे। हम साथ-साथ पढ़ते, कॉफी पीने जाते, एक-दूसरे को चुटकुले सुनाते और बहुत मज़ा करते। हालाँकि रणदीप के बारे में उससे बात करने का सही वक़्त आ चुका था, लेकिन मैं टेस्ट का रिजल्ट आने तक रुकना चाहता था।

"मैं बहुत थक गयी हूँ। चलो, कॉफी पीने चलते है!!" एक ऐसी ही शाम रिया ने पढ़ते-पढ़ते कहा।

"अभी एक घण्टा पहले ही तो पी थी, अब फिर से?" मैंने हैरानी से उसे देखा।

"हाँ लेकिन ये चैप्टर मुश्किल भी तो कितना है। पक गयी हूँ, यार। अब अगर तुमने अगला पेज पलटा तो मैं पक्का यहीं सो जाऊँगी। चलो न, कॉफी पी कर आते हैं। दिमाग़ भी फ्रेश हो जायेगा।"

मैंने घूर कर उसे देखा। जवाब में वह मुस्कुरा उठी।

"मुझे सब पता है, तुम ये सब नाटक पढ़ाई से बचने के लिए कर रही हो न?"

उसने अजीबो-गरीब सी शक्ल बनाई। "नील, तुमने ऐसा सोच भी कैसे लिया? मैं तुम्हें ऐसी लड़की लगती हूँ, क्या?"

उसकी नौटंकी से मेरी हँसी निकल गयी।

"ओके, मिस ड्रामा क्वीन। लेकिन पहले तुम वादा करो कि वापस आकर यह चैप्टर पूरा करोगी", मैंने कहा।

"यस सर!!" उसने सैल्यूट मारते हुए कहा। उसकी नौटंकी अभी भी जारी थी।

हम लाइब्रेरी से निकलकर कॉफी शॉप की ओर चल पड़े। अभी कुछ

क़दम ही चले थे, मैं रुका और पलट कर रिया की ओर देखा।

"अब क्या??" रिया ने वहीं रुकते हुए पूछा।

"उम्मम्म.... मैं कुछ और सोच रहा हूँ। आज कॉफी पीने का मन नहीं है। हर रोज़ एक ही चीज़ से बोर हो गये है। क्यों न आज कुछ नया ट्राइ करें? क्या कहती हो?"

"कुछ नया, जैसे कि पिज़्ज़ा??" उसने होंठों पर जीभ फेरते हुए कहा।

"क्या तुमने कभी ठेले पर खड़े होकर गोलगप्पे खाये हैं?" मैंने पूछा, जबकि मैं जानता था कि उसने ऐसा कभी नहीं किया होगा।

"रुको! तुम्होरे कहने का मतलब, तुम चाहते हो कि मैं सड़क किनारे बिकने वाला वो गन्दा-सा खाना खाऊँ?? हूँ !! कभी नहीं। भूल कर भी मत सोचना!" उसने बाल झटकते हुए मुँह फेर लिया।

मैं ज़ोर-ज़ोर से हँसने लगा।

"चैलेंज लेकर तो देखो, मैडम। मैं शर्त लगाता हूँ, इन गोलगप्पों के आगे तुम्हारे सारे इटैलियन और कॉन्टिनेंटल फूड धरे के धरे रह जायेंगे। एक बार खाकर तो देखो, उँगलियाँ न चाटने लगो तो कहना", मैंने कहा।

"मैं कहीं नहीं जाने वाली। और तुम लोग ऐसा गन्दा खाना खा कैसे लेते हो? गन्दा-सा ठेला, गन्दा-सा वो ठेले वाला, दिनभर वो उन्हीं हाथों से सारा काम करता है और फिर वही गन्दे हाथ उस पानी में डुबोता है, जिसे तुम सब इतने स्वाद से पीते हो। इययय!! छी!!" उसने बुरा-सा मुँह बनाते हुए कहा।

"हा हा हा हा!! ये सब इतना भी बुरा नहीं होता। वैसे तुम्हारी जानकारी के लिए बता दूँ कि पूरे शहर में ऐसे गोलगप्पे कहीं नहीं मिलेंगे।" मैंने उसे कोहनी मारते हुए छेड़ा।

उसने झटके से अपना हाथ पीछे खींच लिया।

"ओए, मिस ड्रामा क्वीन, नाटक बहुत हुआ, आख़िरी बार बोलता हूँ चलना है तो चलो, नहीं तो मैं तुम्हें खींच कर लाइब्रेरी ले जाऊँगा और अभी के अभी वो चैप्टर पढ़ना पडेगा।" यह कहते हुए मैंने अकड़ से अपने हाथ मोड़े और दूसरी ओर मुँह करके खड़ा हो गया।

"तुम इस तरह से मुझे ब्लैकमेल नहीं कर सकते!!" अपनी बड़ी-बड़ी

आँखों से उसने मुझे घूरते हुए कहा।

"हाँ, कर सकता हूँ!! अब चलो, मुझे बहुत तेज़ भूख लगी है!!" मैंने उसका हाथ पकड़कर घसीटते हुए कहा। न चाहते हुए भी वो मेरे साथ चल पड़ी।

"ये मिनरल वॉटर तो इस्तेमाल करते हैं न?" जैसे ही हम गोलगप्पे के ठेले पर पहुँचे, उसने सवाल किया।

उसकी बात सुनकर मुझे हँसी आ गयी। वह बड़े ध्यान से पूरे ठेले को देख-परख रही थी, ख़ासकर गोलगप्पे बेचने वाले उस लड़के को, जैसे कि मुझसे बहस करने के लिए कोई सबूत ढूँढ रही हो।

"देखो नील, मैं पहले ही बता रही हूँ, अगर ये खाने के बाद मैं बीमार पड़ी और टेस्ट न दे पायी, तो तुम ज़िम्मेदार होगे??" उसने कहा। ठीक उसी वक़्त उस लड़के ने हमारे हाथों में प्लेटें पकड़ा दी।

"ऐसा कुछ नहीं होगा, लेकिन अगर फिर भी कुछ हुआ तो बेशक तुम मुझे फाँसी पर लटका देना, मैं कुछ नहीं कहूँगा। ठीक है?" मैंने हँसते हुए कहा।

"ठीक है", उसने मुँह बनाया।

हम वहाँ खड़े गोलगप्पे खाये जा रहे थे। रिया, जो पहले गोलगप्पों के नाम पर ही मुँह बना रही थी, अब तक दर्जन भर गोलगप्पे खा चुकी थी।

"वैसे तुम सही कह रहे थे। ये इतने बुरे भी नहीं हैं।" उसने तारीफ़ की।

"ओह, अच्छा! लेकिन तुम तो कह रही थी कि ये बहुत गन्दे होते हैं।" मैंने उसे छेड़ा।

"हाँ, हाँ, ठीक है।" रिया ने कहा।

उसे अपनी बात से पलटते देख मुझे हँसी आ गयी और मेरे साथ वो भी ज़ोर-ज़ोर से हँसने लगी। मैंने ठेले वाले को पैसे दिये और हम वापस लाइब्रेरी की ओर चल दिये।

"आहा!! मेरा तो पेट भर गया और अब मुझे बहुत ज़ोर से नींद आ रही है।" उसने उबासी लेते हुए कहा।

"सोने के बारे में सोचना भी मत, आख़िरी चैप्टर पूरा किये बिना मैं तुम्हें जाने नहीं दूँगा।" मैंने उसे घूरा।

"लेकिन, नील..."

"कोई लेकिन-वेकिन नहीं, तुमने वादा किया था और तुम अपना वादा नहीं तोड़ सकती।" मैंने उसे बीच में ही टोका।

उसने बच्चे जैसा मुँह बनाया और चुपचाप वहीं खड़ी हो गयी। उसकी रोनी सूरत देखकर मुझे हँसी आ रही थी।

"ठीक है, सिर्फ़ आधा चैप्टर। आज तुम्हें माफ़ कर रहा हूँ, लेकिन कल कोई ड्रामा नहीं चलेगा।"

मेरी बात सुनकर उसका चेहरा ऐसे खिल गया जैसे कोई अवार्ड मिल गया हो।

"नील तुम दुनिया के सबसे अच्छे टीचर हो!!" वह ताली बजाते हुए चिल्लाने लगी। उसे ख़ुश होते देख मैं भी मुस्कुरा दिया। और फिर हम चल दिये।

हम सड़क पार कर रहे थे। रिया मुझसे कुछ क़दम आगे थी। जैसे ही उसने क़दम आगे बढ़ाया, अचानक से एक बाइक बहुत तेज़ी से आयी और ख़तरनाक तरीके से उसके पास से निकल गयी। वो एकदम से सीधी खड़ी हो गयी।

"ओ गॉड!" वह अभी सदमे में थी।

"तुम ठीक तो हो न?" मैंने उसे पीछे से पकड़ते हुए पूछा।

बाइक पर बैठे लड़कों ने पीछे पलट कर देखा और ज़ोर-ज़ोर से हँसने लगे।

"बेवकूफ गधे कहीं के!" रिया गुस्से में बड़बड़ाई।

"चलो" कहते हुए मैंने उसका हाथ पकड़ा और सड़क पार की।

"वो वहाँ है!" रिया ने आँख से इशारा करते हुए कहा।

हमसे थोड़ी ही दूर, एक दुकान के पास उन लड़कों ने अपनी बाइक रोकी और उतर गये। वो वहाँ खड़े हमारी तरफ़ देख कर हँस रहे थे और सिगरेट के धुँए के छल्ले उड़ा रहे थे।

"उनकी तरफ़ देखने की ज़रूरत नहीं है, चुपचाप चलती रहना", मैंने रिया से कहा।

जैसे ही हम दुकान के नज़दीक पहुँचे, उनमें से एक लड़का सीटी बजाने लगा। रिया ने घूर कर उसकी ओर देखा।

“आह! क्या चाल है! क्या नखरे हैं! ऐसे मत देखो, जान... मेरी जान निकल जायेगी।”

एक लड़के ने बेशर्मी से कमेन्ट किया और दूसरा लड़का ज़ोर-ज़ोर से हँसने लगा।

मैंने रिया की ओर देखा, उसका चेहरा गुस्से से लाल हो चुका था।

“क्या हुआ बेबी? मैं बाइक पर छोड़ आऊँ?” दूसरे लड़का पीछे से बोला।

मैं चलते-चलते वहीं रुक गया। फिर पलटा और उन लड़कों की ओर चल दिया।

“नील... नील... रुको... कहाँ जा रहे हो?” रिया ने मेरे पीछे भागते हुए आवाज़ लगायी।

“रिया, तुम वहीं रुको। मैं बस एक मिनट में आया।”

“नील, जाने दो... क्यों उनके मुँह लगते हो?” उसने फिर से मुझे रोकने की कोशिश की।

“मैंने कहा न, तुम वहीं रुको”, इस बार मैंने थोड़ा सख्ती से कहा।

मैं तेज़ी से उन लड़कों की ओर बढ़ा जो अभी भी वहीं बैठे सिगरेट पी रहे थे।

“चलो और उससे सॉरी बोलो।” मैंने धमकी भरे लहज़े में उनसे कहा।

“क्यों?” उनमें से एक लड़का, अपनी सिगरेट नीचे फेंकते हुए बोला। उसने अपने जूते की नोक से सिगरेट को ज़मीन में मसला और बुझा दिया।

“तुमने उस लड़की से जो बदतमीजी की है, उसके लिए माफ़ी माँगो।” मैंने फिर से अपनी बात दोहरायी।

मेरी बात सुनकर वो ज़ोर-ज़ोर से हँसने लगे। हालाँकि वो उम्र में ज़्यादा बड़े नहीं थे, उन्हें देखकर लग रहा था जैसे अभी-अभी स्कूल पास किया हो।

“तुमने सुना नहीं मैंने क्या कहा”, मैं गुस्से से चिल्लाया।

“नहीं सुना, बोलो क्या करोगे?” उनमें से एक अकड़कर मेरे सामने खड़ा हो गया।

मैंने ज़ोर से एक मुक्का उस लड़के के मुँह पर दे मारा। वह लड़खड़ाता हुआ बाइक के हैण्डल से जा टकराया और नीचे गिर गया। दूसरे ने मुझे मारने के लिए जैसे ही हाथ उठाया, मैंने बीच में ही उसका हाथ पकड़ लिया

और मरोड़ कर पीठ के पीछे ले गया। फिर मैंने अपनी कोहनी से उसके कन्धे पर ज़ोर से तीन-चार बार मारा, दर्द से चिल्लाता हुआ वो भी ज़मीन पर जा गिरा। दूसरे लड़के को मैंने उसके कॉलर से पकड़कर खड़ा किया और ज़ोर का एक और मुक्का उसके मुँह पर धर दिया। फिर मैंने ज़मीन पर गिरे लड़के के पेट में ज़ोर से एक लात मारी, वो दर्द से कराहने लगा। मैंने उसे पकड़ा और घसीटता हुआ रिया के पास ले गया।

"चलो, माफ़ी माँगो", उसे रिया के पैरों में धकेलते हुए मैंने कहा।

उस लड़के ने गर्दन उठायी, पहले उसने मेरी और देखा और फिर रिया की और।

"मुझे माफ़ कर दो! मुझसे गलती हो गयी, बहन। आगे से ऐसा नहीं होगा, प्लीज मुझे माफ़ कर दो!" उसने काँपते हुए कहा।

रिया एक क़दम आगे बढ़ी और ज़ोर का एक तमाचा उसके बाँये गाल पर रसीद कर दिया।

"आइन्दा ऐसा करने की हिम्मत भी मत करना! अब जाओ, भागो यहाँ से!" उसने उस लड़के को पीछे धकेलते हुए कहा।

अगले एक मिनट में ही वो दोनों अपनी बाइक लेकर वहाँ से रफूचक्कर हो गये।

रिया ने मेरी ओर देखा।

"थैंक यू!!" उसने धीरे से कहा। उसकी आँखें अभी भी झुकी हुई थीं।

"थैंक्स? लेकिन किसलिए? अरे, मैंने तो ऐसा कुछ नहीं किया। और अगर तुम उस लड़के की बात कर रही हो, तो वो तो तुम्हारे थप्पड़ की वजह से भागा है। क्या शानदार शॉट था! एक ही बार में चारों खाने चित! वैसे कौन सी चक्की का आटा खाती हो तुम?" मैंने छेड़ा।

"बकवास बन्द करो!" उसने झूठा गुस्सा दिखाया।

मैंने हाथों से अपना चेहरा ढक लिया और चिल्लाया, "नहीं, नहीं, मुझे मत मारो! प्लीज!"

वह ज़ोर-ज़ोर से हँसने लगी।

"मुझे ड्रामा क्वीन कहते हो, कभी खुद को देखा है! तुम भी तो पूरे के पूरे नौटंकीबाज हो!"

‘‘पढ़ाई में मैं तुम्हारा गुरु और ड्रामा करने में तुम मेरी गुरु। ये सब तुमसे ही तो सीखा है।’’

‘‘बहुत मस्ती हो गयी। अब चलना नहीं है क्या? हमें वो आधा चैप्टर भी तो पूरा करना है’’, रिया ने मेरा हाथ पकड़कर खींचते हुए कहा।

शाम तक हमने वो चैप्टर पूरा कर दिया। हालाँकि मैं तो आधा ही पढ़ाने वाला था, लेकिन रिया ने कहा कि चैप्टर पूरा होने तक वो आराम से बैठ सकती है। मैंने हैरानी से उसे देखा और उसने मुस्कुराकर नज़रें नीचे कर ली।

10

टेस्ट का रिजल्ट आ चुका था। गगन बस कुछ ही नम्बरों से मुझसे पीछे था। अदिति भी बहुत अच्छे नम्बरों से पास हुई। लेकिन जिसकी मुझे सबसे ज़्यादा फ़िक्र थी, वह थी रिया। जब रिजल्ट बताया जा रहा था तो उसका चेहरा लटका हुआ था और रिजल्ट के बाद तो मानो उसके पैर ज़मीन पर नहीं पड़ रहे थे। उसका नाम क्लास के टॉप दस स्टूडेन्ट्स में आया था। एकबारगी तो मुझे भी अपने कानों पर यक़ीन नहीं हुआ। इसी ख़ुशी में उसने क्लासरूम के बाहर अपने दोस्तों के साथ खूब डान्स भी किया।

ब्रेक टाइम में जैसे ही उसने मुझे देखा, ख़ुशी से नाचने लगी।

"नील, थैंक यू, थैंक यू सो मच!! अगर तुम न होते, तो शायद मैं कभी पास न हो पाती", कहते हुए वो मुझसे लिपट गयी।

"सिर्फ़ थैंक यू से काम नहीं चलेगा", मैंने कहा।

"तो क्या चाहिए जनाब को? तन-मन-धन सब आपका ही तो है।" उसने शाहरुख के अन्दाज़ में हाथ फैलाकर खिलखिलाते हुए कहा।

"चल हट नौटंकी। पार्टी चाहिए, पार्टी।"

"पार्टी ज़रूर मिलेगी!! और वो भी स्पेशल पार्टी!! गोलगप्पों वाली!!" उसकी हर बात, हर हरकत शरारत से भरी थी।

"क्या? मतलब कि तुम मुझे वो सड़क पर बिकने वाला खाना खिलाओगी? तुम्हें पता भी है कि वो कितना गन्दा होता है?" मैंने उसकी नकल उतारी।

"अब बस भी करो, ड्रामेबाज!! मैंने अपनी गलती मान ली है न", उसने कहा।

"तो फिर क्लास के बाद चलें?"

"हाँ, ज़रूर!" मैंने हामी भर दी।

अब तक हमारी दोस्ती काफ़ी गहरी हो गयी थी। इसी बीच मैं रणदीप से मिलने उसके घर गया। इस बार उसकी हालत में भी पहले से थोड़ा सुधार था। हालाँकि वह शराब तो अभी भी बहुत पीता था और ज़्यादातर अपने कमरे में ही रहता था, लेकिन अच्छी बात ये थी कि उसने ड्रग्स लेना बन्द कर दिया था और अब धीरे-धीरे उसने अपने दोस्तों से भी मिलना-जुलना शुरू कर दिया था। हालाँकि बाहर से वह ख़ुश होने का दिखावा करता, लेकिन अन्दर से टूट चुका था। लोगों के बीच होते हुए भी वह अकेला था। या यूँ कहिए, उसने अपने दर्द को हँसी के पीछे छिपाना सीख लिया था। उसकी मम्मी उसकी हालत को लेकर काफ़ी परेशान थी।

एक शाम क्लास के बाद, मैं, रिया के साथ गोलगप्पे खाने गया। हर हफ़्ते गोलगप्पे खाना हमारे लिए जैसे एक रिवाज-सा बना गया था। मैं उसे हमेशा छेड़ता कि मेरे साथ रहते-रहते वह भी मिडल क्लास वाली बन गयी है और वो हर बार हँस देती।

उस शाम गोलगप्पे खाने के बाद हम वापस कैम्पस की ओर जा रहे थे।

"नील?" रिया ने मेरी ओर देखा।

"हाँ?" मैंने रुकते हुए पूछा।

"नील, मुझे तुम्हें कुछ बताना है।"

"हाँ, कहो न।"

"नहीं, यहाँ नहीं। चलो, कहीं ओर चलते हैं। वहाँ सामने पार्क है, वहीं चलते है" उसने उँगली से इशारा किया।

"ठीक है। जैसी तुम्हारी मर्जी" कहकर मैं चुपचाप उसके साथ चल पड़ा।

हम दोनों वहाँ एक खाली पड़े बेन्च पर जाकर बैठ गये। कुछ मिनट तक वह चुप रही और मैं उसके बोलने का इन्तज़ार करता रहा।

"क्या हुआ? कोई प्रॉब्लम है क्या? अगर तुम चाहो तो मुझे बता सकती हो", मैंने चुप्पी तोड़ते हुए कहा।

"नील, तुम्हें क्या लगता है, मैं कैसी लड़की हूँ?" उसने बड़ी ही मासूमियत से सवाल किया।

मैंने हैरानी से उसकी ओर देखा। उसके इस अजीब से सवाल का मतलब मेरी समझ से परे था।

''ये क्या सवाल है? बेशक तुम एक बहुत ही अच्छी लड़की हो। तुम्हारा कॉन्फिडैन्स, तुम्हारा रहना-सहना, तुम्हारी स्टाइल, तुम्हारी ख़ूबसूरती, तुम्हारा हाज़िर जवाब अन्दाज़... सच कहूँ तो पूरी यूनिवर्सिटी में तुम्हारे टक्कर की एक भी लड़की नहीं है। हालाँकि ये भी सही है कि शुरू में मैं तुम्हें ज़्यादा पसन्द नहीं करता था, लेकिन तुम्हारे साथ वक़्त बिताने के बाद मैंने तुम्हारे अन्दर एक बहुत ही अच्छे इंसान को पाया है, जो ख़ुशमिजाज है और जो शक्ल से ही नहीं, बल्कि दिल से भी ख़ूबसूरत है'', मैंने कहा। ये सब बातें मैंने उसे सिर्फ़ ख़ुश करने के लिए नहीं कही, बल्कि मैं दिल से भी यही महसूस करता था।

रिया एकदम से मुड़ी और कसकर मुझसे लिपट गयी।

''ओह नील, मैं जानती थी!! मैं जानती थी कि तुम भी मुझसे प्यार करते हो। आई लव यू नील... आई लव यू!!'' रिया ने कहा।

मैंने झटके से उसे पीछे धकेला और खड़ा हो गया।

''क्या? ये क्या कह रही हो? तुम्हारा दिमाग़ तो ठीक है न?''

''ओह, बस भी करो, नील। आज नौटंकी नहीं प्लीज... मैं जानती हूँ कि दिल ही दिल में तुम भी मुझे बहुत पसन्द करते हो। मुझे तो उसी दिन शक हो गया था जब टेस्ट की तैयारी के बहाने तुमने मुझसे बात की थी। लेकिन तुम ठहरे एक नम्बर के डरपोक। आज तक मुझे अपने दिल की बात नहीं बता पाये। हारकर मुझे ही प्रपोज करना पड़ा। चलो, अब तुम भी जल्दी से मुझे आई लव यू बोल दो'', रिया ख़ुशी से उछल रही थी।

कुछ पल के लिए मैं जड़ बन गया। सोचने समझने की शक्ति साथ छोड़ गयी थी, दिल और दिमाग़ को मानो लकवा मार गया हो। रणदीप का आँसुओं से भरा चेहरा आँखों के आगे घूमने लगा। मैं अवाक-सा खड़ा अभी भी रिया की ओर देख रहा था।

''ये तुम क्या कह रही हो, रिया? ये तुम्हें एकदम से क्या हो गया?''

''तुम्हारे कहने का मतलब क्या है, नील?'' रिया घबरा गयी। मेरी प्रतिक्रिया देखकर उसके चेहरे का रंग उड़ गया था।

"रिया, मेरे दिल में तुम्हारे लिए न पहले कुछ था और न ही कभी होगा। तुम मेरी अच्छी दोस्त हो, इससे ज़्यादा कुछ नहीं। यही सच है...। मैंने कभी तुम्हें उस नज़र से नहीं देखा, जिस तरह से तुम सोच रही हो। तुम्हारे दिमाग़ में ये सब आया भी कैसे?" अनजाने में मेरी आवाज़ कुछ ज़्यादा ही तेज़ हो चली थी।

"वो क्या था, जो सारा वक़्त हम साथ बिताते थे और वो सारी बातें..."

"कौन सी बातें, रिया?" मैंने बीच में ही टोका। "क्योंकि मैंने टेस्ट की तैयारी करने में तुम्हारी मदद की? या फिर तुम्हारे लिए उन लड़कों से लड़ाई की? अगर तुम्हारी जगह कोई और होता तो भी मैं ऐसा ही करता। और रही बात हमारे साथ बाहर जाकर खाना खाने की? घूमने की? दोस्ती में एक साथ खाना-पीना, मौज-मस्ती करना आम-सी बात है, तुम इसे प्यार का नाम कैसे दे सकती हो?" मेरा गुस्सा पूरे उफान पर था।

"लेकिन अभी तो तुमने कहा था कि मैं तुम्हें अच्छी लगती हूँ, तो फिर प्रॉब्लम क्या है नील? मैं तुमसे प्यार करती हूँ...प्लीज!!!" उसकी आवाज़ में दर्द था, एक उम्मीद थी कि शायद मैं उसकी बात मान जाऊँगा।

"मैं किसी और से प्यार करता हूँ", आवेश में आकर मैं वो सच्चाई कह गया जिसे मैंने आज तक किसी को नहीं बताया था।

"कौन?"

"अदिति और मैं, एक-दूसरे से प्यार करते हैं। और मेरी ज़िन्दगी में कोई भी दूसरी लड़की उसकी जगह नहीं ले सकती।"

उसकी आँखें खुली की खुली रह गयीं।

"मतलब, तुम और वो अदिति...??" उसकी आवाज़ भर्रा गयी।

"तुम मुझे छोड़ कर उसे कैसे चुन सकते हो? ऐसा क्या है उस लड़की में? कभी ग़ौर से देखा है उसे? कहाँ वो दो कौड़ी की मिडल क्लास लड़की और कहाँ रिया चोपड़ा!!!"

"जुबान सँभाल कर बात करो, रिया।" मैं आपे से बाहर हो गया था। "तुम मेरी दोस्त हो तो इसका मतलब ये नहीं कि तुम मेरे प्यार की बेइज़्ज़ती करोगी और मैं चुपचाप सुनता रहूँगा। अच्छा होगा, तुम अभी के अभी यहाँ से चली जाओ।"

उसकी आँखें गुस्से से लाल हो चुकी थीं। "प्यार... हुँह... मैं ऐसा नहीं होने दूँगी... तुम मेरे हो और तुम्हें मेरा होने से कोई नहीं रोक सकता... वो अदिति भी नहीं", उसने धमकी भरे लहज़े में कहा। उसका चेहरा गुस्से से तमतमा रहा था।

"ऐसा कभी नहीं होगा, समझी?" जवाब में मैं भी भड़का।

"ये तुम्हारी गलतफहमी है, नील। आज तक रिया चोपड़ा को कोई भी 'न' नहीं कह पाया। मैं जो चाहती हूँ, उसे पाकर ही रहती हूँ, फिर चाहे वो कुछ भी क्यूँ न हो। और इस बार प्यार के मामले में मैं हार नहीं सकती, उस मिडल क्लास लड़की से तो बिल्कुल भी नहीं।" रिया गुस्से से फुँफारती हुई वहाँ से चली गयी। यह हमारी आख़िरी बातचीत थी, इसके बाद कई हफ्तों तक हमने एक-दूसरे से कोई बात नहीं की।

***

इस घटना के बारे में मैंने किसी को नहीं बताया, यहाँ तक कि अदिति को भी नहीं। क्योंकि मैं उसे किसी भी तरह से परेशान नहीं करना चाहता था। मैंने रिया की बातों को भी गम्भीरता से नहीं लिया। सोचा कुछ ही दिनों में सब कुछ अपने आप ठीक हो जायेगा। उधर, रणदीप की हालत में भी पहले से काफ़ी सुधार था। उसकी ज़िन्दगी की गाड़ी भी पटरी पर लौट रही थी। इसीलिए गड़े मुर्दे उखाड़ने में कोई फायदा नहीं था। कॉलेज में भी किसी ने ध्यान नहीं दिया कि अब रिया और मैं आपस में बात नहीं करते।

एक शाम, क्लास के बाद अदिति और मैं पार्क में बेन्च पर बैठे थे। उसका सिर मेरे कन्धे पर टिका था। हाथों में हाथ डाले हम बातें कर रहे थे।

"तुम्हें पता है, मुझे पहाड़ बहुत पसन्द है", उसने कहा।

"पहाड़! क्यों?"

"हम्म... बस वैसे ही। घुमावदार सड़कें, दूर तक फैले जंगल, ठण्डी हवा, बादल, हरियाली, अलाव और पहाड़ों में ढलता सूरज... सब कुछ किसी एक ख़ूबसूरत सपने की तरह, वो सपना जिसे मैं हमेशा देखना चाहती हूँ", अदिति आँखें बन्द किये बोलती जा रही थी।

"क्या तुम कभी वहाँ गयी हो?" मैंने बीच में टोका।

"हाँ...बहुत पहले", कहते हुए उसने एक ठण्डी-सी आह भरी। "मैं हमेशा सोचती हूँ कि पहाड़ों पर घूमने जाऊँ, लेकिन कभी इतने पैसे ही नहीं हुए। लेकिन मैंने सोच रखा है कि जब भी कमाने लगूँगी तो मैं हर रोज़ थोड़ा-थोड़ा करके पैसे बचाऊँगी और एक लम्बी छुट्टी बिताने पहाड़ों में ज़रूर जाऊँगी", कहते-कहते उसकी आँखों में चमक आ गयी।

मैंने उसकी आँखों में देखा। मुझे वो सपने और इच्छाएँ नज़र आयीं जो अभी भी अधूरी थीं।

"क्या हुआ? ऐसे क्यों देख रहे हो", उसने पूछा।

"कुछ नहीं", कहते हुए मैंने उसके माथे को चूम लिया।

"तुम अपनी पहली कमाई से क्या करोगे?" उसने आगे पूछा।

"फिलहाल तो मैंने अभी तक इस बारे में कुछ नहीं सोचा। वैसे मैं तो अपनी सारी कमाई अपने माँ-बाबा को देना चाहूँगा, लेकिन मैं जानता हूँ कि वो मुझसे एक पैसा भी नहीं लेंगे। इसलिए, अब मैं सोच रहा हूँ क्यों न अपनी पहली कमाई से तुम्हें हिल स्टेशन घुमा लाऊँ।"

मेरी बात सुनकर वह हँस पड़ी।

"सही है न? शादी से पहले ही हनीमून हो जायेगा", मैंने उसकी ओर आँख मारते हुए कहा।

"धत्त...बेशर्म कहीं के", उसने धीरे से मुझे कोहनी मारी।

"क्यों? मैंने कुछ गलत कहा क्या?" मैंने फिर शरारत की।

वह मुस्कुराई और दूसरी तरफ़ देखने लगी।

"मैं चाहती हूँ कि वो दिन जल्दी से आये जब मैं अपने सारे ख़्वाबों को पूरा कर सकूँ। पता है, कभी-कभी तो मन करता है यहाँ से भाग जाऊँ और पूरी दुनिया घूमूँ" अदिति ने आसमान में देखते हुए कहा।

"अदिति, मैं तुम्हारे सारे सपने पूरे करूँगा", मैंने धीरे से उसका हाथ दबाते हुए कहा। उसने एक लम्बी-सी साँस ली।

हम वहीं एकान्त में बैठे एक-दूसरे के साथ अपने सपने बाँट रहे थे और वहाँ आसमान में सूरज अपनी पोटली बाँधे घर जाने की तैयारी में था।

***

त्योहार के अवसर पर कॉलेज चार दिन के लिए बन्द था। मैं जानता था कि यही मेरे लिए अच्छा मौक़ा है।

''अब मैं कुछ दिन तुमसे नहीं मिल पाऊँगा'', जैसे ही हम क्लास से बाहर निकले, मैंने अदिति को बताया।

''क्यों?'' वह चौंक पड़ी।

''कुछ ज़रूरी काम है।'' मैंने गम्भीर-सा चेहरा बनाते हुए कहा।

''ऐसा क्या ज़रूरी काम है?'' उसके चेहरे से उदासी झलक रही थी।

''अभी मैं तुम्हें कुछ नहीं बता सकता'', मैंने उसे अनदेखा करने की कोशिश की।

''क्या? लेकिन क्यों?'' वह परेशान थी।

''कुछ एमरजेन्सी है, यार। समझने की कोशिश करो। मैं वादा करता हूँ, वापस आकर तुम्हें सब बताऊँगा। बस, अभी के लिए इतना जान लो कि हम अगले एक हफ़्ते तक एक-दूसरे से नहीं मिल पायेंगे।'' मैं थोड़ा झुँझला गया।

उसने धीरे से अपना हाथ मेरे कन्धे पर रखा।

''नील, कुछ हुआ है क्या? तुमने आज तक कभी मुझसे इस तरह से बात नहीं की? मुझे बहुत डर लग रहा है, प्लीज बताओ न?'' उसकी आँखों में उदासी और आवाज़ में चिन्ता थी।

अदिति से इस तरह से बात करने के लिए मैं मन ही मन खुद को कोस रहा था।

''नहीं, ऐसी कोई ज़रूरी बात नहीं है। अभी मुझे जाना है... मैं तुमसे बाद में बात करता हूँ, ठीक है?'' मैं उसे अनदेखा करके जल्दी से वहाँ से निकल गया। मैं जानता था कि अगर मैंने गलती से भी उसकी ओर देख लिया तो वो मेरा झूठ पकड़ लेगी।

उस रात मैंने अदिति को फ़ोन भी नहीं किया। आधी रात को अचानक से मेरा फ़ोन बजा। यह अदिति का फ़ोन था। लेकिन मैंने कॉल रिसीव नहीं किया।

''अभी बिजी हूँ, बात नहीं कर सकता। एक हफ़्ते बाद मिलते हैं। हो सके तो तब तक मुझे फ़ोन मत करना'', मैंने उसे मैसेज किया।

उसे इस तरह अनदेखा करना मुझे बिल्कुल भी अच्छा नहीं लग रहा था। लेकिन मैं जानता था कि हर सपने की एक कीमत होती है।

"तुम नहीं चाहते हो तो मैं तुम्हें फ़ोन नहीं करूँगी। अपना ध्यान रखना... बाय", कुछ देर बाद अदिति का मैसेज आया।

मैं अन्दर ही अन्दर सिसक उठा। मुझे अपने किये पर बहुत पछतावा हो रहा था। लेकिन चाहते हुए भी मैं उसे कुछ नहीं बता सकता था।

सात दिन, पूरे सात दिन अदिति को देखे बिना रहना मेरे लिए मौत बराबर था। इस दौरान अदिति को मेरे बारे में कुछ ख़बर नहीं थी कि मैं कहाँ था, क्या कर रहा था। लेकिन गगन के जरिये मुझे उसकी पल-पल की ख़बर मिल रही थी। वह हर रोज़ गगन से मेरे बारे में पूछती। मुझे पता चला कि वो किस तरह क्लास में उदास बैठी रहती है और किसी से बात नहीं करती। क्लास के बाद सीधा हॉस्टल चली जाती। मानो उसने हँसना ही छोड़ दिया था। कमोबेश मेरा भी यही हाल था। ऐसा एक भी पल नहीं था जब मैं उसे याद नहीं करता था।

कॉलेज फिर चार दिन के लिए बन्द होने जा रहा था। मैंने सुबह ही अदिति को मैसेज भेजा और उसे क्लास के बाद हमारी रोज़ वाली जगह पर मिलने के लिए बुलाया।

शाम को, मैं पार्क में बैठा बैचेनी से उसके आने का इन्तज़ार कर रहा था। नज़रें पार्क के गेट पर टिकी थीं। दिल उसकी एक झलक पाने को तड़प रहा था। एक-एक सैकेण्ड एक-एक साल जैसा लग रहा था। फिर वह मुझे दूर से आती हुई दिखायी दी। मुझे देखते ही उसका चेहरा खिल उठा। मेरे भी दिल को सुकून मिला। वह दौड़कर आयी और मुझसे लिपट गयी।

"कहाँ चले गये थे तुम? पता है, मैंने तुम्हें कितना याद किया", कहते-कहते उसकी आँखें भर आयीं। मैंने हाथ पकड़कर उसे खुद से दूर कर दिया। वो हैरानी से मुझे देखने लगी।

"नील, क्या हो गया है तुम्हें? ऐसा क्यों कर रहे हो मेरे साथ? सब ठीक तो है न? मुझे बताओ, प्लीज..." उसकी आँखों से आँसू निकलने ही वाले थे।

"मुझे तुम्हें कुछ बताना है, कुछ बहुत ज़रूरी", मैं अभी भी गम्भीर होने का नाटक कर रहा था।

"क...क्या...?" उसकी आवाज़ लड़खड़ा रही थी।

मैं आगे बढ़ा और उसका हाथ थाम लिया।

"अदिति, जो कुछ मैं तुम्हें अभी बताने वाला हूँ, उसे सुनने के लिए तुम्हें अपना दिल कड़ा करना होगा। वादा करो कि तुम टूटोगी नहीं।"

"नील, पहेलियाँ बुझाना बन्द करो। प्लीज! बताओ मुझे कि हुआ क्या है? बोलो न, कुछ तो बोलो?" उसने मुझे झिंझोड़ते हुए पूछा।

"अदिति, मुझे समझ नहीं आ रहा कि तुम्हें कैसे बताऊँ।"

आँसू लुढ़कते हुए उसकी गालों तक आ गये थे।

"हम पहाड़ों पर घूमने जा रहे हैं!" मैंने एकदम से कहा।

अदिति एकटक मुझे घूरती रही।

"मैं... मैं कुछ समझी नहीं।"

मैंने उसके चहेरे को अपने हाथों में लिया और उसके माथे को चूम लिया।

"बेबी! अपना बैग पैक कर लो, हम कल माँउण्ट आबू जा रहे हैं!" मैंने उसे बताया और जेब से एक लिफ़ाफ़ा निकाल कर उसके हाथ में थमा दिया। वह अभी भी बिना पलकें झपकाये मेरी ओर देख रही थी। फिर उसने लिफ़ाफ़ा खोला।

"दस हज़ार रुपये का चैक? नील, ये क्या चल रहा है? बताओ मुझे।" उसे अभी भी कुछ समझ नहीं आ रहा था।

"अदिति, ये मेरी पहली कमाई है। और जैसा कि मैंने तुमसे वादा किया था, अब हम पहाड़ों पर घूमने जायेंगे। हमारी शादी से पहले वाला हनीमून, याद है न तुम्हें?" मैंने मुस्कुराते हुए कहा।

"लेकिन कैसे? ये चैक कहाँ से आया?" उसका दिल शंकाओं से भरा था।

मैंने उसका हाथ पकड़कर, उसे बैन्च पर बिठाया और पूरी बात बतायी।

"तुम्हें याद है न, उस शाम जब तुमने मुझे अपने पहाड़ों पर जाने वाले सपने के बारे में बताया था। मैंने उसी वक़्त फ़ैसला कर लिया था कि तुम्हारा वो सपना ज़रूर पूरा करूँगा। सब कुछ वैसा ही होगा जैसा तुम चाहती थी. .. खुला आसमान, ऊँचे पहाड़, बहते हुए झरने, ढलता हुआ सूरज, मैं और

सिर्फ़ तुम। जब मुझे कॉलेज में होने वाली चार दिन की छुट्टी के बारे में पता चला तभी मैंने ये योजना बना ली थी। लेकिन पैसे का इन्तजाम करना बाकी था। इसके लिए मैंने राजू की मदद ली। उसने मुझे शहर में खुली एक नयी कॉफी शॉप के बारे में बताया, जिन्हें पार्ट टाइम काम करने के लिए कुछ लड़कों की ज़रूरत थी। मैं तुरन्त वहाँ गया और इण्टरव्यू दिया। मुझे चुन लिया गया। अच्छी बात यह थी कि मुझे मेरी ज़रूरत के मुताबिक नौकरी मिल गयी और खर्चे का जुगाड़ भी हो गया। पहले दो दिन तो कैफे की सैटिंग करने में ही निकल गये। यहाँ तक कि मैंने रात को भी वहाँ काम किया। तीसरे दिन, रात को कैफे का मालिक और उसकी टीम हॉल में बैठे चर्चा कर रहे थे और अपने कैफे के लिए नाम ढूँढ रहे थे। इत्तेफाक से उस वक़्त मैं भी वहीं खड़ा था। तभी तपाक से मेरे मुँह से एक नाम निकला 'मिराज'। सभी को ये नाम बहुत पसन्द आया। कैफे के मालिक ने तभी मुझे उसकी पब्लिसिटी टीम में शामिल होने का ऑफर दिया। अगले पाँच दिन तक मैंने दिन-रात जी-जान लगाकर काम किया। जिससे ख़ुश होकर कैफे के मालिक ने मुझे तय रकम से दुगुना भुगतान किया। और ये है मेरी पहली कमाई", कहते हुए मैंने चैक उसकी हथेली पर रख दिया। "इसके अलावा मेरे पास कुछ और सेविंग्स भी है।"

"लेकिन, तुमने ये बात मुझे पहले क्यों नहीं बतायी?" वह अभी भी गुस्से में थी।

"अरे बाबा, मैं तुम्हें सरप्राइज देना चाहता था, सिर्फ़ इसलिए। तुम्हें अन्दाज़ा भी नहीं कि ये सात दिन मेरे लिए कितने मुश्किल भरे थे। हर पल तुम्हें याद करता था और रात को फ़ोन पर तुम्हारी तस्वीर से बातें किया करता था।"

"तुमने ये सब मेरे लिए किया!!!" उसकी आँखें फिर से भर आयीं।

"तुम्हारे लिए तो मैं कुछ भी कर सकता हूँ, कुछ भी।" मैंने उसकी आँखों में देखते हुए जवाब दिया।

वो कसकर मुझसे लिपट गयी।

"पता है, तुमने तो मुझे डरा ही दिया था। एक पल के लिए मुझे लगा कि शायद मैंने तुम्हें खो दिया है" उसने अपने आँसू पोंछते हुए कहा।

"ऐसा कभी नहीं होगा। मैं हमेशा तुम्हारे साथ हूँ... और वादा करता हूँ, मरते दम तक तुम्हारे साथ रहूँगा।" मैंने उसे विश्वास दिलाया। कुछ पल एक-दूसरे से लिपटे हम यूँ ही खड़े रहे। शायद अपने आपको और एक-दूसरे को विश्वास दिलाने की कोशिश में कि हम अभी भी साथ हैं।

"अब यहीं खड़ी रहोगी या जाकर सामान भी पैक करोगी? कल चलना नहीं है क्या?"

"ठीक है।" उसके होंठों पर वही प्यारी-सी मुस्कुराहट लौट आयी थी।

उसके बाद मैं अदिति को उसके हॉस्टल छोड़ने गया।

"वहाँ ज़्यादा ठण्ड होगी क्या? गर्म कपड़े भी रखने पड़ेंगे?" जैसे ही हम हॉस्टल के गेट तक पहुँचे, अदिति ने सवाल किया।

"अरे, टेंशन क्यों लेती हो, मैं हूँ न। बहुत गर्मी है मुझमें।" मैंने उसे छेड़ा।

"बकवास बन्द करो, बेशर्म कहीं के!!" कहते हुए वह शरमा कर हॉस्टल की ओर भाग गयी। मैं वहीं खड़ा उसकी मासूमियत पर हँसता रहा। कुछ देर बाद मैं भी अपने हॉस्टल लौट आया।

***

अगली सुबह, मैं हॉस्टल के बाहर खड़ा उसका इन्तज़ार कर रहा था। रात को बहुत तेज़ बारिश हुई थी, इसीलिए सुबह का मौसम भी ठण्डा और सुहावना बना हुआ था। वो मटमैले रंग का कुरता और ब्लू जींस पहने, एक हाथ में हैण्ड बैग और दूसरे हाथ से एक ट्रॉली बैग खींचते हुए बाहर आयी।

हम एक-दूसरे को देखकर मुस्कुराये।

"सब अच्छे से हो गया पैक?" मैंने पूछा।

"हाँ! सब हो गया!" उसकी आवाज़ की खनक बता रही थी कि वो इस टूर को लेकर कितनी उत्साहित थी।

मैंने पहले से ही बस की टिकट बुक करवा रखी थी। हमने एक ऑटो लिया और बस स्टैण्ड की ओर चल पड़े। ऑटो से बस स्टैण्ड पहुँचने के दौरान, वह पूरे रास्ते किसी छोटे बच्चे की तरह ख़ुशी से चहकती रही।

"नील, हम हर रोज़ शाम को अलाव जलाया करेंगे, ठीक है?" उसने

अपनी सीट से उछलते हुए कहा। ''और हाँ, हम पहाड़ियों के पीछे ढलते सूरज को भी देखेंगे'' उसके चेहरे की हँसी थमने का नाम नहीं ले रही थी। और उसे इस तरह से देखकर मैं भी बहुत ख़ुश था।

''हम हर रोज़ सुबह-शाम घूमने जाया करेंगे। बहुत मज़ा आयेगा!! और अगर हमारे पास पैसे बचे तो हम वहाँ से कुछ राजस्थानी सामान भी ख़रीदेंगे, है न?'' उसने आगे पूछा।

''हाँ, बेबी। तुम्हारा जो मन करे, वही करना।'' मैंने जवाब दिया।

बस स्टैण्ड पहुँचे तो देखा बस चलने को तैयार थी। मैंने जल्दी से ऑटो का भाड़ा दिया और बस में जाकर बैठ गये। जयपुर से माउण्ट आबू करीब 500 किलोमीटर दूर था। ठीक सात बजे कण्डक्टर ने सीटी बजायी और बस चल पड़ी। अदिति के सपनों का सफ़र शुरू हो चुका था। वह बहुत ख़ुश थी।

बस हाइवे से होते हुए तेज़ी से आगे बढ़ी। यह एक वीडियो कोच थी। कण्डक्टर ने एक रोमांटिक हिन्दी मूवी चला दी। हालाँकि अदिति फ़िल्मों के पीछे पूरी तरह से पागल थी, लेकिन आज उसका ध्यान कहीं ओर ही था... उसकी नज़रें खिड़की के बाहर लगी थी। शायद वो इस सफ़र का हर पल जीना चाहती थी... महसूस करना चाहती थी।

इन्टरवल के बाद की फ़िल्म बहुत बोरिंग थी... कुछ लोग सो गये थे, कुछ जम्हाइयाँ ले रहे थे और कुछ अपने मोबाइल पर गेम खेलने में व्यस्त थे। लेकिन अदिति की आँखों में न तो नींद थी और न ही किसी तरह की कोई थकावट। तभी एक आदमी, जो अपनी पत्नी के साथ आगे की सीट पर बैठा था, ने अंताक्षरी खेलने का सुझाव दिया। सब लोग उसकी बात से सहमत हो गये। और, इस तरह गाने-बजाने के बीच सफ़र चलता गया। अंताक्षरी में एक मज़ेदार मोड़ तब आया, जब एक साठ-पैंसठ साल की बूढ़ी औरत ने अपने पति के लिए गाना गाना शुरू किया। गाना मोहम्मद रफी का था। उसकी आवाज़ भी बहुत अच्छी थी... सब लोग तालियाँ बजा-बजाकर उसका होंसला बढ़ा रहे थे।

''किसी दिन हम भी इनकी तरह ही बूढ़े हो जायेंगे, है न।'' अदिति ने मासूमियत भरा सवाल किया।

"लेकिन हमारा प्यार कभी कम नहीं होगा। उस वक़्त भी हम एक-दूसरे को इतना ही प्यार करते रहेंगे। और देख लेना, जब हमारे बच्चे बड़े हो जायेंगे और मैं रिटायर हो जाऊँगा उसके बाद मैं हमारे लिए एक और हनीमून प्लान करूँगा, क्या कहती हो??" मैंने अदिति की ओर देखते हुए कहा।

सुनकर वह ज़ोर-ज़ोर से हँसने लगी।

"क्यों? क्या हुआ? मेरा आइडिया पसन्द नहीं आया क्या?" मैंने पूछा।

"नहीं, ऐसा नहीं है। तुम्हारा आइडिया तो अच्छा है, लेकिन वादा करो कि हम सिर्फ़ माउण्ट आबू ही आयेंगे?"

"क्यों? कहीं और क्यों नहीं?"

"क्योंकि माउण्ट आबू हमारा पहला ट्रिप है और यह मेरे लिए बहुत ख़ास रहेगा। यह हमेशा मुझे तुम्हारे प्यार की याद दिलाता रहेगा। और जब हम बूढ़े हो जायेंगे, हमें कम दिखायी देने लगेगा, हमारी याद्दाश्त भी कम हो जायेगी, तब मैं तुम्हारे साथ वापस इसी जगह पर आऊँगी और उन सारी यादों को फिर से जिऊँगी, जो हम अगले तीन दिन में करने वाले हैं", उसने खनकती हुई आवाज़ में कहा।

"तो फिर तय रहा, हम माउण्ट आबू ही आयेंगे।"

बस में बैठे-बैठे हम अपनी बातों से ही अपने सपनों के महल खड़े कर रहे थे, इस बात से बेख़बर कि ज़िन्दगी के अगले मोड़ पर क्या होने वाला है। हमारी बस एक जगह पैट्रोल पम्प पर तेल भरवाने के लिए रुकी। हम भी बैठे-बैठे थक चुके थे, इसीलिए नीचे उतर कर इधर-उधर घूमने लगे। अदिति बिल्कुल छोटे बच्चों की तरह चहक रही थी। बारिश की वजह से सड़क गीली हो चुकी थी, चारों ओर हवा में गीली मिट्टी की महक थी। अदिति की ख़ुशी उसके चेहरे पर दिखायी दे रही थी और उसकी ख़ुशी से ज़्यादा मेरे लिए कुछ मायने नहीं रखता था।

कुछ मिनट बाद बस चल पड़ी। जल्द ही हम दुग्धेश्वर महादेव मन्दिर पहुँच गये। ड्राइवर ने बस रोक दी, ताकि जिन लोगों का दर्शन करने जाने का मन हो, हो आयें। सारे लोग नीचे उतर आये। हम भी उनके साथ ही थे। हमने मन्दिर के बाहर अपने जूते-चप्पल उतारे और अन्दर चले गये। अदिति और मैं हाथ जोड़कर भगवान शिव की मूर्ति के आगे खड़े हो गये

और प्रार्थना करने लगे। मैंने भगवान से उन सबके लिए प्रार्थना की जो मेरे बहुत करीब थे—मेरे माता-पिता, रणदीप और अदिति।

मैंने अपनी बगल में खड़ी अदिति की ओर देखा। जब वो हाथ जोड़कर भगवान से प्रार्थना कर रही थी, उसके होंठों पर एक प्यारी-सी मुस्कान थी। मैं वहीं खड़ा उसे देखता रहा।

कुछ देर बाद, अदिति ने अपनी आँखें खोलीं और मेरी ओर देखा। मुझे अपनी ओर देखते देख वह मुस्कुराने लगी।

वो दिन मेरी ज़िन्दगी के सबसे यादगार दिन थे। उन चार दिनों में चौबीसों घण्टे हम एक दूसरे के साथ थे, लेकिन एक दूसरे के करीब रहने की चाहत थी कि हर पल बढती ही जाती। कहने को वहाँ पहाड़ थे, झरने थे, जंगल थे... और वो सब चीज़ें जिन्हें देखने हम वहाँ गये थे, एक वो शय जो हमारी रूह को सुकून पहुँचा रही थी, वो थी—हम दोनों का साथ होना। बाकी चीज़ों के होने न होने का मानो कोई मतलब ही न हो। उस वक़्त हमें एहसास हुआ कि एक-दूसरे के बगैर हम दोनो ही अधूरे थे।

11

हमारे ट्रिप से लौटने के एक सप्ताह बाद, एक सुबह मैं गहरी नींद में सोया हुआ था, कि अचानक रणदीप की आवाज़ से मेरी आँख खुली।

"गुड मार्निंग, हैप्पी बर्थ डे!!" मैंने अधखुली आँखों से रणदीप की ओर देखा। वह मेरे बिस्तर के पास खड़ा मुस्कुरा रहा था। लेकिन ये वो पहले वाली मुस्कान नहीं थी, जो हमेशा उसके चेहरे पर हुआ करती थी। इस मुस्कान के पीछे एक दर्द था, एक खालीपन और वो दीवानगी जिसने उसकी आबाद ज़िन्दगी को कब का बंजर बना दिया था। राजू ने मुझे बताया था कि इन दिनों वह बहुत ज़्यादा शराब पीने लगा था। अब वह ज़्यादातर अपने फ़ॉर्म हाउस पर ही रहता, बे-रोक टोक शराब पीता और नशे में धुत होकर वहीं सो जाता। न अपने घर वालों और न दोस्तों के समझाने का उस पर कोई असर था। रिया का भूत उसके सिर से उतरने का नाम नहीं ले रहा था। अभी तक मैंने उसे रिया के बारे में कुछ नहीं बताया था। बताता भी तो क्या? ये कि रिया उससे नहीं, बल्कि मुझसे प्यार करती है? शायद वह कभी यह बर्दाश्त नहीं कर पाता।

अपनी ऐसी हालत के बावजूद भी, वह मुझे जन्मदिन विश करने यहाँ आया था। हालाँकि आज मेरा मूड बहुत ख़राब था क्योंकि इस ख़ास दिन पर अदिति मेरे साथ नहीं थी, वह अपनी बीमार दादी को देखने अपने घर कोटा गयी हुई थी। रणदीप भी इस बात को जानता था। "थैंक्स, भाई।" मैं खड़ा होकर उससे गले मिला।

"चलो, अब जल्दी से तैयार हो जाओ। हमें जाना है।" उसने कहा।

"नहीं, यार!! कहीं भी जाने का मूड नहीं है, प्लीज..." मैंने गुजारिश की।

"अरे, घर चलना है। माँ ने बुलाया है तुझे। तुम्हारे जन्मदिन पर उन्होंने स्पेशल नाश्ता बनाया है। मज़ा आ जायेगा।" उसने झूठी हँसी हँसते हुए कहा।

रणदीप को इस तरह से देखकर कहीं न कहीं मैं ख़ुद को उसका दोषी मान रहा था। एक तरफ़ वो और उसका परिवार था, जो मुझे अपने ही परिवार का हिस्सा मानते थे और दूसरी तरफ़ मैं, जो चाह कर भी उसके लिए कुछ नहीं कर पाया।

मैं खड़ा हुआ और नहा-धोकर तैयार हो गया। राजू हॉस्टल के बाहर हमारा इन्तज़ार कर रहा था।

"हैप्पी बर्थ डे, नील भैया!" जैसे ही हम गाड़ी में बैठे, राजू ने कहा।

"थैंक यू, राजू!" मैंने मुस्कुराकर जवाब दिया और हम रणदीप के घर की ओर चल पड़े।

मुझे देखते ही रणदीप की मम्मी ख़ुश हो गयी। मैंने आगे बढ़कर उनके पैर छुए। उन्होंने मुझे गले से लगाकर जन्मदिन की ढेर सारी शुभकामनाएँ दी।

"आओ, बैठो" उन्होंने खाने की मेज़ की ओर इशारा करते हुए कहा। "तो, बर्थ डे ब्वॉय, आज क्या स्पेशल कर रहे हो?"

"दरअसल, मॉम, आज हमारा यह बर्थ-डे-ब्वाय अपनी गर्लफ्रेंड को याद कर रहा है। एक बार मैंने आपको अदिति के बारे में बताया था, याद है न? वह अपने घर गयी हुई है और हमारे इस मजनूँ का उसके बिना दिल नहीं लग रहा।" रणदीप ने चुटकी ली।

"लेकिन तुम तो शाम को नील के लिए पार्टी रखने वाले थे न? कल शाम ही तो बताया था तुमने।" रणदीप की मम्मी ने पूछा।

रणदीप ने अपने माथे पर हाथ मारा।

उसकी मम्मी ने अपने दोनों हाथ एकदम से मुँह पर रख लिए।

"आई एम सो सॉरी!! यह सरप्राइज था क्या?"

"हाँ, मेरी प्यारी माँ, यह सरप्राइज होता। लेकिन अब नहीं है। तुमने सारा गुड़ गोबर जो कर दिया!!" रणदीप ने उदास होने का नाटक किया।

मैं कभी रणदीप की ओर देख रहा था, तो कभी उसकी मम्मी की ओर।

"ऐसे क्या देख रहे हो मुझे? सोचा था तुम्हारे लिए सरप्राइज पार्टी रखूँगा, लेकिन मॉम ने मेरे सारे किये-कराये पर पानी फेर दिया। अब कोई

सरप्राइज नहीं है, शाम को फ़ॉर्महाउस पर तुम्हारी बर्थ डे पार्टी है, आ जाना'', रणदीप ने कहा।

मैं समझ नहीं पा रहा था कि रणदीप किस मिट्टी का बना है। अपने दर्द पर पर्दा डालकर वह मुझे ख़ुशी देने में लगा था। उस हँसते हुए चेहरे के पीछे दबी सिसकियों को मैं सुन सकता था।

''रणदीप, तुम....'' मैं कहने ही वाला था कि उसने बीच में ही टोक दिया।

''तुम इस बारे में कुछ नहीं कहोगे। वैसे भी, तुम्हारी पूरी क्लास को पहले ही न्यौता जा चुका है और पार्टी की सारी तैयारियाँ भी हो चुकी हैं। तुम बस शाम को तैयार रहना, राजू तुम्हें लेने हॉस्टल आ जायेगा'', उसने अपना आख़िरी फ़ैसला सुना दिया।

मैं वहीं चुप हो गया और नाश्ता करने लगा। उससे कोई भी जिरह करना बेमानी था। रणदीप मुझे हॉस्टल तक छोड़ने आया।

''जाओ और जी भर के सोना। क्योंकि रात को पार्टी बहुत देर तक चलने वाली है'', जैसे ही मैं गाड़ी से उतरा, उसने कहा।

मैंने 'हाँ' में सिर हिलाया और अन्दर चला गया।

दिन में, मैं कैम्पस के पीछे बने मन्दिर में गया। मैंने भगवान के आगे हाथ जोड़े और प्रार्थना की, न अपने लिए, न अपने परिवार के लिए और न ही अदिति के लिए... इस बार सिर्फ़ और सिर्फ़ रणदीप के लिए। मेरी सारी कोशिशें फेल होने के बाद, अब शायद यही एक चीज़ थी जो मैं उसके लिए कर सकता था।

उसके बाद, वापस अपने कमरे में आकर अपने बिस्तर पर लेट गया और पूरा दिन उसी के बारे में सोचता रहा। आख़िर क्यों मेरे दोस्त की हँसती-खेलती ज़िन्दगी एक मज़ाक बनकर रह गयी थी? आख़िर क्यों रिया रणदीप के प्यार को नहीं समझी? आख़िर क्यों मैं रिया को नहीं समझा? आगे क्या होगा? कैसे होगा? सवालों की लिस्ट लम्बी थी और दिन छोटा। और यूँ ही क्यों, कैसे, किन्तु और परन्तु के जाल में उलझे शाम हो गयी।

***

शाम को राजू मुझे लेने के लिए आया और हम रणदीप के फ़ॉर्महाउस पहुँच गये। जैसे ही मैं हॉल में दाख़िल हुआ, सबने तालियों से मेरा स्वागत किया। मेरे सभी दोस्त और क्लासमेट वहाँ मौजूद थे। रणदीप आया और मुझे गले से लगा लिया।

"हैप्पी बर्थ डे, भाई! भगवान तुम्हें ज़िन्दगी की सारी खुशियाँ दे", उसने बधाई देते हुए कहा।

"थैंक यू, रणदीप। कोई किसी के लिए इतना नहीं करता, जो तुमने मेरे लिए किया है। सच कहूँ तो तुम मेरे लिए भाई से भी बढ़कर हो।" मैं अपने जज़्बात रोक नहीं पाया। मैंने हॉल में चारों ओर नज़र दौड़ायी और तभी अचानक मेरी नज़र कोने में खड़ी रिया पर पड़ी। वो मेरी ओर देखकर मुस्कुराई। मुझे लगा कि वो पिछली सारी बातें भूल चुकी होगी, इसीलिए जवाब में मैंने भी मुस्कुरा दिया।

रणदीप ने मेरे लिए एक बहुत बड़ा केक मँगवाया था। मैंने मोमबतियाँ बुझाई, केक काटा और केक का पहला टुकड़ा उसे ही खिलाया। रणदीप की मेरी ज़िन्दगी में क्या एहमियत थी, मुझे किसी को बताने की ज़रूरत नहीं थी।

जैसे डी.जे. पर म्यूजिक शुरू हुआ, पूरा हाल लाल-नीले रंग की रोशनी से जगमगाने लगा। सब म्यूजिक की धुन पर डांस करने लगे।

सब शराब पी रहे थे और नाच रहे थे। माहौल जम चुका था। मैं भी ख़ुश था और पार्टी का मज़ा ले रहा था। सब अच्छे से चल रहा था, लेकिन अचानक पता नहीं क्या हुआ... धरती घूमी या फिर मेरा सिर घूमा, एकदम से आँखों के आगे अँधेरा छा गया और मैं धड़ाम से सोफे पर जा गिरा। मुझे चक्कर आ रहे थे, मेरे चारों तरफ़ हर चीज़ गोल-गोल घूम रही थी। मैंने ज़ोर से सिर को झटका दिया, लेकिन सँभलना मुश्किल था। मैंने ज़ोर लगाकर आवाज़ लगायी, "रणदीप! मेरे भाई, कहाँ हो तुम। मुझे तुम्हारी ज़रूरत है। राजू! प्लीज, मेरी मदद करो। अदिति, कहाँ हो तुम?" लेकिन किसी ने कोई जवाब नहीं दिया या फिर शायद मेरे मुँह से शब्द ही नहीं निकले। शायद सब कुछ मेरे ज़ेहन में था। मुझे अपने पास किसी के हँसने की आवाज़ सुनायी दी... किसी लड़की की आवाज़। तभी एकदम से मुझे बाथरूम जाने की इच्छा हुई। मैंने खड़ा होने की कोशिश की, लेकिन लड़खड़ा कर वापस

सोफे पर जा गिरा। मेरा खुद पर कोई कन्ट्रोल नहीं था। मैंने फिर से ज़ोर लगाया। *'सीधे खड़े हो जाओ, नील! सीधे खड़े हो जाओ। तुम कर सकते हो'* मैं खुद से बड़बड़ाया। मेरी टाँगें लड़खड़ा रही थीं, हाथ काँप रहे थे और सिर घूम रहा था। किसी तरह गिरता-पड़ता मैं वॉशरूम की ओर चल पड़ा। मैं सीधा नहीं चल पा रहा था। किसी तरह दीवार का सहारा लेकर आगे बढ़ने की कोशिश कर रहा था। फिर से डगमगा कर गिरने ही वाला था कि किसी ने पीछे से आकर मुझे थाम लिया। उसके सहारे मैं थोड़ा और आगे बढ़ा। जैसे ही वॉशरूम के दरवाज़े पर पहुँचे, उसने अपना हाथ हटा लिया।

"जाओ, नील" मैंने एक आवाज़ सुनी। यह किसी लड़की की आवाज़ थी। मैं अन्दर गया, किसी तरह से गिरता-पड़ता बाथरूम करके बाहर आ गया। अभी दो ही क़दम चला था कि धड़ाम से फ़र्श पर जा गिरा। मेरा सिर बहुत ज़ोर से दीवार से टकराया... बदहवासी कुछ इस क़दर मुझ पर हावी थी, कि मुझे दर्द का एहसास भी न हुआ। तभी मेरे आस-पास कुछ हलचल-सी हुई।

"नील!! नील, उठो। चलो, उठो और चलो मेरे साथ।" वो पुकार रही थी। मैंने आँखें मलते हुए उसे देखने की कोशिश की, लेकिन कुछ भी साफ़ नहीं था।

"अदिति!! अदिति, ये तुम हो? तुम वापस आ गयी? मेरे लिए?" मैं बड़बड़ाया।

"हाँ, नील। मैं यहीं हूँ... तुम्हारे पास। तुम्हें वापस लेने आयी हूँ, चलो", अदिति ने कहा।

उसने मेरी बाँह उठायी और अपने कन्धे पर रख ली। फिर उसने मुझे मेरी कमर से पकड़ कर फ़र्श से खड़ा किया। मेरी टाँगें अभी भी लड़खड़ा रही थीं।

"अदिति, माई लव! पता है, मैंने तुम्हें कितना याद किया! कहाँ चली गयी थी तुम? आने में इतनी देर क्यों लगा दी?"

"आई एम सॉरी! लेकिन अब मैं आ गयी हूँ। वादा करती हूँ, अब मैं तुम्हें छोड़कर कभी नहीं जाऊँगी। चलो, तुम्हारे कमरे में चलते हैं, ठीक है?" कहते हुए उसने मेरा चेहरा छुआ।

"अदिति, मेरी तबीयत ठीक नहीं लग रही। मुझे पता नहीं क्या हो गया है?" मैं बहुत ही थका-सा महसूस कर रहा था, मानो शरीर में जान ही न हो।

"नील, घबराओ मत। तुम जल्दी ही ठीक हो जाओगे। तुमने बस थोड़ी ज़्यादा पी ली है, और कुछ नहीं।" उसने समझाने की कोशिश की।

हम एक बार फिर से हॉल में से गुज़रे। सब अभी भी मस्ती में नाच रहे थे। चारों ओर म्यूज़िक का शोर था।

अदिति मुझे कमरे में ले गयी और मुझे बिस्तर पर लिटा दिया। फिर उसने दरवाज़ा बन्द किया और मेरे पास आकर बैठ गयी और मेरे बालों को सहलाने लगी।

मैंने छत की ओर देखा... सब अभी भी गोल-गोल घूम रहा था। मेरा सिर दर्द से फटा जा रहा था। मैंने दोबारा अदिति की ओर देखा। उसका चेहरा साफ़ दिखायी नहीं दिया। सब कुछ धुँधला-धुँधला-सा था। वह बिल्कुल अलग सी लेकिन सुन्दर लग रही थी। उसकी आँखें काजल से भरी थीं और होंठों पर सुर्ख़ लाल रंग की लिपस्टिक थी।

"अदिति, मैंने तुम्हें बहुत याद किया। आई लव यू..." कहते हुए मैंने हाथ से उसके चेहरे पर बिखरे बालों को एक तरफ़ कर दिया।

वह मेरे उपर झुकी और अपना हाथ मेरे चेहरे पर रख दिया।

"आई लव यू टू, नील" कहते हुए वो अपने होंठों को मेरे होंठों के पास लायी। उसके परफ्यूम की ख़ुशबू मेरी साँसों को महका रही थी। मैंने उसको चूमा और फिर उसने मुझे। पता नहीं कितनी ही देर तक हम एक दूसरे को चूमते रहे। हम दोनों के ही शरीर मानो किसी आग में जल रहे थे। मैं होश में आ रहा था या फिर होश गँवा रहा था... ख़बर नहीं थी। कपड़ों के बन्धन खुल चुके थे। साँसें गर्म थीं और धड़कनें तेज़। हाथों के साथ-साथ जज़्बात भी फिसल रहे थे। उसके नाखून मेरी चमड़ी में धँस रहे थे। दर्द था, लेकिन सुकून भरा। उसकी आहें मानो मुझे उसके भीतर उतरने के लिए उकसा रही थी। मेरे शरीर में भी मानो एक बिजली-सी दौड़ रही थी। हम प्यार करते रहे... कब तक, कितनी देर तक याद नहीं, या फिर शायद रात भर।

"आई लव यू, नील!! तुम सिर्फ़ मेरे हो... सिर्फ़ मेरे", मैंने उसे सोने से पहले कहते हुए सुना।

अगली सुबह, सूरज की किरणें जालीदार पर्दों से होती हुई धीमे से कमरे में दाख़िल हुईं और मेरे चेहरे पर पड़ी। मेरी नींद खुल गयी। मैं उठ कर अपनी आँखें मसलने लगा। सिर अभी भी बहुत भारी था, जैसे कोई बहुत ज़ोर-ज़ोर से हथौड़े मार रहा हो। दर्द से निजात पाने के लिए मैंने दोनों हाथों से सिर को दबाया। कुछ पल के लिए तो मुझे याद ही नहीं आया कि मैं कहाँ हूँ। खिड़की के बाहर झाँक कर देखा, तो धीरे-धीरे सब समझ आने लगा। अदिति के बारे में याद आया, जो पिछली रात मेरे साथ ही थी... याद आया कि किस तरह से हम एक-दूसरे को चूम रहे थे... याद आया कि किस तरह हम दुनिया से बेख़बर अपने प्यार में खोये हुए थे। मैंने सिर घुमाकर उस तरफ़ देखा, जहाँ अदिति सोई हुई थी। उसकी पीठ मेरी तरफ़ थी। मैं उसकी ओर झुका और उसे चूमने के लिए जैसे ही अपना मुँह उसके गाल की ओर बढ़ाया, मेरे पैरों तले से ज़मीन खिसक गयी। मुझे अपनी आँखों पर यक़ीन नहीं हो रहा था... दिल की धड़कन जैसे रुकने को थी। मेरी बगल में, जो अर्धनग्न हालत में चादर में लिपटी पड़ी थी, वो अदिति नहीं, बल्कि रिया थी। मेरे होश उड़ हो गये, गला सूखने लगा। मैं पलटा और बैड के साथ लगे मेज़ पर से पानी का गिलास उठाया और एक ही घूँट में पी गया। मैंने अपना हाथ माथे पर रखा और आँखें बन्द कर लीं। पिछली रात की सारी तस्वीरें धीरे-धीरे करके मेरे ज़ेहन में घूमने लगीं। रिया ने मुझे एक ड्रिंक पीने को दी थी। मेरे मना करने के बावजूद भी उसने मुझे शराब पीने के लिए मजबूर किया। जब मैं नशे की हालत में था, तो यह रिया ही थी जो मुझे वॉशरूम से कमरे में लेकर आयी। उसके बाद जो हुआ, याद करके मेरी रूह काँप गयी।

इसका मतलब, रिया और मैं...? हे भगवान! उसने मेरी ड्रिंक में कुछ मिला दिया, ताकि हम ये सब...? नहीं, नहीं... ऐसा नहीं हो सकता... हे भगवान, ये मुझसे क्या हो गया? अब मैं क्या करूँगा? अगर अदिति को इस बारे में पता चला, तो वो क्या सोचेगी? और अगर रणदीप को... रणदीप? रणदीप कहाँ है? कहीं वो यहीं तो नहीं?

हज़ारों तरह के ख़याल मेरे दिमाग़ में घूमने लगे। घबराहट से मेरे हाथ-पैर फूलने लगे। मैंने जल्दी से अपना मोबाइल जेब से निकाला। रणदीप का मैसेज आया हुआ था। मैंने इसे पढ़ा–

'मैं रणदीप भैया को घर वापस लेकर जा रहा हूँ। उन्होंने बहुत ज़्यादा पी रखी है–राजू।'

ये मैसेज रात को 11:45 पर आया था। यह मेरे बेसुध होने से पहले की बात थी। इसका मतलब रणदीप अभी यहाँ नहीं है और कल रात मेरे और रिया के बीच में जो कुछ हुआ, उसे इस बारे में कुछ नहीं पता।

मैं जल्दी से बिस्तर से खड़ा हुआ, कपड़े पहने, वॉशरूम में गया और चेहरे पर पानी के छींटे मारे। मैंने अपना चेहरा आईने में देखा, आँखें लाल और सूजी हुई थीं। मैंने अपनी गर्दन घुमायी तो मेरी आँखें खड़ी की खड़ी रह गयीं। गर्दन के ठीक नीचे किसी के काटने का निशान था, जिसे लोग लव बाईट कहते हैं। मैं बदहवास-सा होकर ज़ोर से फ़र्श पर गिरा और ज़ोर से अपने बालों को नोचने लगा। ये मुझसे क्या हो गया?

मैं खुद से नज़रें नहीं मिला पा रहा था। समझ नहीं आ रहा था कि क्या करूँ, कहाँ जाऊँ। मुझमें रणदीप और अदिति का सामना करने की हिम्मत नहीं थी। किसी तरह से मैंने अपने आप को शान्त किया, गहरी साँस ली और चेहरे पर पानी के कुछ छींटे मारे। बाहर आकर देखा तो रिया अभी भी गहरी नींद में थी। उसके कपड़े नीचे फ़र्श पर यहाँ-वहाँ बिखरे पड़े थे। मैंने एक नज़र उसकी ओर देखा और फिर जल्दी से कमरे से बाहर आ गया।

हॉल में चुप्पी छायी थी। कुछ लोग अभी भी वहीं पर थे। कुछ काऊच पर पड़े थे... तो कुछ ज़मीन पर ही लेटे खर्राटे मार रहे थे। फ़र्श पर यहाँ-वहाँ गिलास और बोतलें बिखरी पड़ी थीं। सब कुछ एकदम शान्त। मैंने एक नज़र मुड़ कर हॉल में देखा और फिर भागता हुआ बाहर आ गया।

बाहर निकलते ही सूरज की तेज़ किरणें मेरी आँखों पर पड़ीं। मेरी आँखें नहीं खुल रही थीं। सिर अभी भी चकरा रहा था। जितनी जल्दी हो सके, मैं उस जगह से दूर भागना चाहता था। रह-रहकर पिछली रात की तस्वीरें मेरी आँखों के आगे घूम रही थीं। मैं चीख़ना चाहता था, चिल्लाना

चाहता था, लेकिन गले से आवाज़ ही नहीं निकल रही थी... ऐसा लग रहा था जैसे मेरे गले में कुछ फँस गया हो। मैं भागना चाह रहा था लेकिन मेरी टाँगें मेरा साथ नहीं दे रही थीं। सब कुछ एक बुरे सपने की तरह लग रहा था। बुरे-बुरे ख़याल अन्दर ही अन्दर मुझे तोड़ रहे थे।

तभी एक ऑटो ने पीछे से हॉर्न दिया और मेरा ध्यान टूटा।

"कहाँ जाना है?" ऑटो ड्राइवर ने ऑटो धीरे करते हुए पूछा।

"हूहह..." मैंने कोशिश तो की लेकिन हलक से एक शब्द न निकला।

"अरे चलना है क्या, भाई?" उसने अजीब तरीके से मुझे देखते हुए फिर से पूछा।

"हाँ, बॉयज... बॉयज हॉस्टल, यूनिवर्सिटी ऑफ जयपुर।" मैंने हकलाते हुए कहा।

"सौ रुपये लूँगा।" ऑटो ड्राइवर ने रौब से कहा।

वह सामान्य किराये से दुगुना माँग रहा था। लेकिन उस वक़्त मैं कुछ भी सही या गलत समझने की हालत में नहीं था। कैसे भी करके मुझे वहाँ से निकलना था। किसी तरह से मैंने खुद को ऑटो में धकेला और पिछली सीट पर बैठ गया।

जैसे ही ऑटो के साइड वाले शीशे पर मेरी नज़र गयी, मैंने देखा कि रणदीप मुझे घूर रहा है। मैं एकदम से चौंक गया और पीछे पलट कर देखा। अब वहाँ कोई नहीं था।

"क्या हुआ?" मुझे घबराया हुआ देखकर ड्राइवर ने पूछा। तुम ठीक तो हो न?"

"नहीं, नहीं... मेरा मतलब हाँ... हाँ... मैं बिल्कुल ठीक हूँ।" मैंने झूठ बोला और चुपचाप बाहर सड़क की ओर देखने लगा।

कुछ मिनट बाद, मैं हॉस्टल के सामने था।

मैं भागता हुआ अपने कमरे में गया और दरवाज़ा अन्दर से लॉक करके बिस्तर पर लेट गया।

ये मैंने क्या कर दिया? उस इनसान को धोखा दिया जिसे मैं अपनी जान से भी प्यार करता हूँ...और उसको भी जिसे मैं अपना सबसे अच्छा दोस्त और भाई मानता हूँ, जो मेरे अपनों से भी ज़्यादा मेरा अपना है।

मैंने अपना मोबाइल निकाला। काँपती हुई उँगलियों से अदिति का नम्बर लगाया। अभी रिंग जाने ही वाली थी, कि मैंने फ़ोन काट दिया। नहीं नहीं, फ़ोन पर शायद वह मेरी बात नहीं समझेगी और न ही मैं उसे पूरी बात समझा पाऊँगा। मुझे उसके वापस आने का इन्तज़ार करना होगा। उससे मिलकर बताऊँगा तो वो सब समझ जायेगी और मुझे माफ़ भी कर देगी। दूसरी तरफ़, दिमाग़ में बार-बार रणदीप का ख़याल आ रहा था। मुझमें इतनी हिम्मत नहीं थी कि पिछली रात जो भी हुआ, उसे बता पाऊँ। मैं कल्पना भी नहीं कर सकता था कि सच जानने के बाद उसकी क्या प्रतिक्रिया होगी।

मैं डरा हुआ था...बहुत डरा हुआ। मैंने ज़ोर से अपनी आँखें भींच लीं। तकिया उठाकर आँखों पर रख लिया। ऐसे ही लेटे-लेटे कुछ देर बाद मेरी आँख लग गयी।

जब जागा, तो दोपहर हो चुकी थी। मैंने मोबाइल देखा, पाँच मिस्ड कॉल आयी हुई थी, जिसमें से तीन गगन की और दो रणदीप की। मैं घबरा गया। *'कहीं रिया ने रणदीप को सब बता तो नहीं दिया? नहीं, वो ऐसा नहीं कर सकती? और फिर वो रणदीप को बताएगी भी क्यों? वो तो रणदीप से सीधे मुँह बात तक नहीं करती।'*

लेकिन मैं रणदीप से बात करके कोई ख़तरा मोल नहीं लेना चाहता था। इसलिए उस वक़्त मुझे उसे फ़ोन न करना ही बेहतर लगा। मैंने गगन को फ़ोन मिलाया।

''अरे, कहाँ हो तुम? सुबह से तुम्हें फ़ोन कर रहा हूँ, लेकिन तुम कोई जवाब ही नहीं दे रहे'', फ़ोन उठाते ही वह चिल्लाया।

''सॉरी, यार। मैं सोया हुआ था। कल रात की पार्टी की वजह से सिर में बहुत दर्द था। बस अभी, कुछ मिनट पहले ही सोकर उठा हूँ'', मैंने बताया।

''तुम अभी भी फ़ॉर्महाउस पर ही हो क्या? मैं तो कल रात जल्दी ही चला गया था। जाने से पहले तुम्हें ढूँढ़ा भी, लेकिन तुम कहीं दिखायी नहीं दिये'', उसने आगे पूछा।

''नहीं, मैं अपने रूम में हूँ ... आज सुबह ही वापस आया'', मैंने बताया।

''चलो, फिर खाने के लिए कहीं बाहर चलते हैं।''

"ठीक है, तुम कहाँ हो अभी?" मैंने पूछा।

"अभी तो मैं बाहर हूँ। एक घण्टे में तुम्हें वहीं मिलता हूँ।"

"ठीक है", कहकर मैंने फ़ोन रख दिया।

मैं बिस्तर से उठा और नहाने के लिए चला गया। मैंने सोच लिया था कि मैं रणदीप से तब तक बात नहीं करूँगा, जब तक कि गगन को सब कुछ बता न दूँ। क्योंकि इस वक़्त गगन ही एक ऐसा इंसान था जिस पर मैं भरोसा कर सकता था।

एक घण्टे बाद, गगन और मैं तय जगह पर मिले।

"क्या हुआ? चेहरे पर बारह क्यों बजे हुए हैं?" गगन ने कुर्सी पर बैठते ही पूछा।

"क्या?" मैं एकदम से घबरा गया।

"कुछ तो ज़रूर हुआ है? तुम्हारे चेहरे से साफ़ पता चल रहा है कि तुम परेशान हो। बताओ, क्या बात है?" गगन ने मेरी आँखों में छिपा डर भाँप लिया था।

"कुछ ठीक नहीं है, यार। समझ नहीं आ रहा कहाँ से बताना शुरू करूँ।" मैंने कहना शुरू किया।

गगन ध्यान से मेरी बात सुन रहा था। और तभी वेटर खाना लेकर आया और मैं वहीं चुप हो गया। मैं गगन की ओर झुका और दोनों हाथों से अपना चेहरा ढक लिया।

"मुझसे एक बहुत बड़ी भूल हो गयी। कल पार्टी में रिया और उसके दोस्तों ने मेरे ड्रिंक में कुछ मिला दिया और फिर पता नहीं कैसे...??" कहते-कहते मेरी जुबान लड़खड़ाने लगी। शरीर पसीने से तर-बतर हो गया।

"फिर क्या, नील?" उसने घबराते हुए पूछा।

मैंने उसे पिछली रात की पूरी कहानी बता दी कि किस तरह से रिया ने पहले मेरे ड्रिंक में कुछ मिलाकर मुझे बेसुध किया और फिर मुझे कमरे में ले जाकर अदिति होने का नाटक किया और मेरे प्यार के साथ खिलवाड़ किया। सच सुनते ही गगन का चेहरा सफ़ेद पड़ गया।

"लेकिन...लेकिन रिया ने तुम्हारे साथ ऐसी हरकत क्यों की? ये सब करके उसे क्या मिला?" उसने हैरानी से पूछा।

“क्योंकि वो मुझसे प्यार करती है”, मैंने एक और खुलासा किया।

“क्या? रिया और तुमसे प्यार?” उसका मुँह खुला-का-खुला रह गया। मानो उसे मेरी बात पर यक़ीन नहीं हो पा रहा था।

उसके बाद मैंने उसे रिया और मेरी दोस्ती और उसके बाद हुए झगड़े वाली कहानी भी शुरू से अन्त तक कह डाली।

गगन गम्भीरता से मुझे सुन रहा था।

“इसके बाद क्या हुआ?” उसने पूछा।

“उस झगड़े के बाद कल ही हमारी बात हुई। इस बारे में मैंने न तो अदिति को कुछ बताया और न ही रणदीप को। मुझे लगा कि धीरे-धीरे सब ठीक हो जायेगा और वह वक़्त के साथ सब कुछ भूल जायेगी। लेकिन मुझे नहीं पता था कि वह अपनी ज़िद के चलते इस हद तक नीचे गिर जायेगी। मैंने कभी सपने में भी नहीं सोचा था कि वो मेरे साथ ऐसी घटिया हरकत करेगी। गगन, अब तुम ही बताओ, मैं क्या करूँ?”

“कल रात के बाद से उसने तुम्हें कोई फ़ोन किया? इस बारे में और कोई जानता है क्या?” उसने आगे पूछा।

“नहीं, उसका कोई फ़ोन नहीं आया। और न ही इस बारे में किसी को कुछ ख़बर है। क्योंकि सुबह जैसे ही मैंने उसे बेड पर मेरी बगल में सोये देखा तो मैं तुरन्त ही वहाँ से चला आया। और रणदीप को राजू रात को ही घर ले गया था इसलिए उसे भी कुछ मालूम नहीं है।”

“तो, फिर शान्त रहो। घबराओ मत। और रणदीप को गलती से भी यह बात बताने की भूल मत करना। वह तो पहले ही दीवाना हुआ घूम रहा है। यह बात जानकर पता नहीं क्या कर बैठे। और रही बात अदिति की, तो मैं यही सलाह दूँगा कि जब भी वो वापस आये, उसे सब कुछ सच सच बता देना। मुझे यक़ीन है वह तुम्हारी हालत ज़रूर समझेगी। बाकी, मुझे नहीं लगता कि तुम्हें किसी और को कुछ बताने की ज़रूरत है।” गगन ने मुझे दिलासा देने की कोशिश की।

“लेकिन, अगर रणदीप को पता चल गया तो?” मेरा डर अभी भी मुझ पर हावी था।

“बेवकूफ़ों वाली बातें मत करो। जब तुम उसे बताओगे ही नहीं, तो

उसे पता कैसे चलेगा? और अगर तुम रिया से डर रहे हो, तो वह ख़ुद तो रणदीप को जाकर सब बताने से रही। तुम बेकार में डर रहे हो'' कहते हुए उसने मेरे कन्धे पर हाथ रखा।

''तुम बहुत थक चुके हो, इसीलिए अभी कुछ मत सोचो और आराम करो। अभी बात हाथ से नहीं निकली है... हम कुछ न कुछ ज़रूर कर लेंगे। चलो, अभी हॉस्टल चलते हैं'', गगन ने खड़ा होते हुए कहा।

कैफे से बाहर आते वक़्त मुझे एहसास नहीं था कि गगन की कही बात कितनी गलत है... बात तो कब की हाथ से निकल चुकी थी।

शाम को मैंने रणदीप को फ़ोन किया।

''क्या यार? कहाँ थे अब तक? सुबह से कितने फ़ोन कर चुका हूँ, लेकिन एक बार भी नहीं उठाया, अगर बात करने का टाइम नहीं था तो कम से कम एक मैसेज ही कर देते'', रणदीप ने भभकते हुए कहा।

''सॉरी, यार। दरअसल, कल रात की पार्टी के बाद बहुत थक गया था। आज पूरा दिन सोता ही रहा। अभी उठा हूँ, तुम्हारी इतनी सारी मिस्कड कॉल देखी, तो तुरन्त फ़ोन किया'', मैंने फिर से झूठ बोला।

''लगता है तुम्हें पार्टी बहुत पसन्द आयी?'' रणदीप ने हँसते हुए पूछा।

मैंने कोई जवाब नहीं दिया।

''रणदीप, भाई... मैं तुमसे बाद में बात करता हूँ। अभी मुझे गगन के साथ लाइब्रेरी जाना है।'' मैंने एक ओर झूठ बोला।

''ठीक है, पढ़ाकू महाराज। जब टाइम मिले, घर आ जाना। अकेले बैठे-बैठे बोर हो जाता हूँ, तुम साथ होगे तो अच्छा लगेगा।''

''ठीक है, मैं आ जाऊँगा। अच्छा, अब चलता हूँ। बाय...'' कहकर मैंने फ़ोन रख दिया। मन भारी-भारी सा हो रहा था।

मैं बिस्तर पर लेट गया और गहरी साँस ली। अदिति को फ़ोन करने का बहुत मन हो रहा था। मैं उसे देखना चाहता था, मिलना चाहता था और उसे सब कुछ बताना चाहता था। लेकिन मजबूर था, क्योंकि उसके वापस आने में अभी चार दिन बाकी थे।

अचानक, मेरे दिमाग़ में एक और ख़याल आया, कि रिया को फ़ोन करूँ। उससे पूछूँ कि उसने मेरे साथ ऐसा क्यों किया? मेरे साथ विश्वासघात

करके उसे क्या मिला? क्या हमारी दोस्ती कोई मायने नहीं रखती थी? क्या ऐसी नीच हरकत करते वक़्त उसे ज़रा भी शर्म नहीं आयी?

लेकिन फिर मन बदल गया। उससे बात करके मैं अपना मूड और ख़राब नहीं करना चाहता था। फिर उठकर हॉस्टल से बाहर आ गया। देर रात तक यूँ ही अकेला सड़कों पर भटकता रहा। रात को देर से वापस आया और बिना खाना खाये ही सो गया।

12

जब अगली सुबह उठा, तो पहली बात दिमाग़ में यही आयी कि क्लास में रिया का सामना करना पड़ेगा। वह मेरी नज़रों से गिर चुकी थी। मैं उसकी शक्ल तक देखना नहीं चाहता था। काफ़ी देर तक मैं यूँ ही बिस्तर पर लेटा सोचता रहा। सामने लगी घड़ी पर नज़र गयी तो 8:35 हो चुके थे। मैं जल्दी से उठा और फटाफट नहा-धोकर डिपार्टमेन्ट की ओर भागा।

रिया आख़िर के दूसरे बेन्च पर बैठी थी। जैसे ही मैं, गगन के साथ क्लास में दाख़िल हुआ, तो मेरी नज़र उस पर पड़ी। मुझे देखते ही वो ऐसे मुस्कुराई जैसे कि कुछ हुआ ही न हो। उसे देखते ही मेरा ख़ून खौलने लगा। मैंने ग़ुस्से से उसकी ओर देखा। गगन ने मेरे कन्धे पर हाथ रखा और शान्त रहने का इशारा किया।

"नील, अपना मूड ख़राब मत करो। चलो, बैठो।" उसने समझाया।

मेरा पढ़ाई में बिल्कुल भी ध्यान नहीं था। उस रात की घटना याद करते ही मेरा कलेजा जलने लगता। मन कर रहा था कि अभी जाऊँ और रिया को खींच कर थप्पड़ जड़ दूँ।

ब्रेक टाइम में गगन मुझे कैंटीन ले गया।

"गगन, मुझे एक बार उससे बात करनी ही होगी!! मैं उसे इस तरह से जाने नहीं दे सकता।" मैंने ज़िद की।

"ठीक है, जाओ फिर...लेकिन तुम उससे कहोगे क्या? यही कि उसने तुम्हारे साथ जबरदस्ती की? वह कभी इस बात को नहीं मानेगी और न ही तुम्हारे पास इस बात का कोई सबूत है।" उसने समझाया।

अपनी मजबूरी पर मुझे बहुत गुस्सा आ रहा था। मैंने मुट्ठी भींच कर

ज़ोर से मेज़ पर दे मारी।

ठीक उसी वक़्त रिया अपने कुछ दोस्तों के साथ कैंटीन में दाख़िल हुई। मैंने नफ़रत भरी नज़रों से उसकी ओर देखा। जवाब में मुस्कुराती हुई वह मेरे पास आ गयी।

''हाय, नील'', उसने कुछ ज़्यादा ही मीठी आवाज़ में कहा।

मैंने एक लम्बी साँस भरते हुए खुद को शान्त रखने की कोशिश की।

''क्या चाहिए?'' मैंने अपना मुँह घुमा लिया। मुझे उसके चेहरे से घिन्न आ रही थी।

''ओह नील, मुझे जो चाहिए वो तुम अच्छे से जानते हो। मुझे नहीं लगता कि मुझे तुम्हें कुछ याद दिलाने की ज़रूरत है। वैसे, मैं तो बस ये पूछने आयी थी कि तुम्हें कैसा लग रहा है? पार्टी में मज़ा तो बहुत आया होगा न तुम्हें? मैं दावे से कहती हूँ कि यह तुम्हारा अभी तक का सबसे अच्छा जन्मदिन रहा होगा।'' उसके कटाक्ष ने सीधे मेरे दिल पर वार किया।

''मेरा मूड ख़राब मत करो और दफ़ा हो जाओ यहाँ से। कहीं मैं गुस्से में कुछ ऐसा न कर दूँ कि तुम्हें बाद में पछताना पडे...'' मैंने धमकी भरे लहज़े में कहा। मैं सबके सामने तमाशा नहीं करना चाहता था इसलिए खुद को नॉर्मल रखने की हर सम्भव कोशिश का रहा था।

''ओहो, डार्लिंग, नाराज़ क्यों होते हो... वैसे भी इतना गुस्सा तुम्हें सूट नहीं करता। और हाँ, एक बात और, मैं यहाँ से जाने के लिए नहीं आयी हूँ।'' उसकी बेशर्मी अभी भी जारी थी।

इतनी नफ़रत मुझे ज़िन्दगी में कभी किसी से नहीं हुई, जितनी उस वक़्त रिया से हो रही थी। मेरी आँखों से आग बरस रही थी।

उसने कोने में पड़ी एक कुर्सी सरकाई। अपने सैन्डिल निकाले और उस पर चढ़ गयी। मुझे कुछ समझ नहीं आ रहा था कि वो क्या करने जा रही है। देखते ही देखते वो मेज़ पर जा खड़ी हुई।

''दोस्तो!!'' सबका ध्यान अपनी तरफ़ खींचने के लिए उसने ताली बजाई और ज़ोर से बोलने लगी।

कैंटीन में मौजूद सब लोग जहाँ-तहाँ खड़े हो गये और मेज़ पर खड़ी रिया की ओर देखने लगे। उसकी आवाज़ सुन कर बाहर गलियारे में खड़े

लोग भी अन्दर आ गये और तमाशा देखने लगे। मैंने देखा कि कुछ लोग तो फ़ोन करके अपने दोस्तों को कैंटीन में बुला रहे थे।

जैसे ही उसने दोबारा से ताली बजाई, मैं दहशत भरी नज़रों से उसकी ओर देखने लगा। किसी अनहोनी की आशंका से मैं थर-थर काँप रहा था।

"दोस्तो, प्लीज ध्यान दें!!" उसने ऊँची आवाज़ में कहा।

मुझे अपनी आँखों पर यक़ीन नहीं हो रहा था। गगन भी आँखें फाड़े रिया की ओर देख रहा था। हम दोनों को अन्दाज़ा भी नहीं था कि रिया इस हद तक जा सकती है।

"दोस्तो, मैं जानती हूँ, आप सभी को बहुत हैरानी हो रही होगी कि यह लड़की कैंटीन में मेज़ पर खड़ी होकर क्या कर रही है? आप में से कुछ को लगता होगा कि मैं पागल हो गयी हूँ। तो, अब आप खुद ही सोच कर बताइये, क्या मैं आपको पागल लगती हूँ?" कहते हुए वह खुद ही अपनी बात पर हँस दी।

"हाँ, मैं हूँ पागल। मैं प्यार में पागल हूँ...यस, मुझे प्यार हो गया है...रिया चोपड़ा को प्यार हो गया है" वह ज़ोर-ज़ोर से चिल्ला रही थी।

सब लोग हैरानी से एक-दूसरे को देखने लगे। कानाफूसी शुरू हो चुकी थी। तब तक वहाँ अच्छी-ख़ासी भीड़ जमा हो चुकी थी।

"जी हाँ, आप ने जो भी सुना, वो सच है। आख़िरकार, मुझे मेरे सपनों का राजकुमार मिल ही गया!!" उसने कहना जारी रखा। "वो लड़की, जिस पर यूनिवर्सिटी के सारे लड़के मरते हैं, जो सब लड़कों के दिलों की चाहत है और जिससे बात करना तक हर किसी को नसीब नहीं...आज वही लड़की अपना दिल किसी को दे बैठी है।" रिया की आवाज़ पूरी कैंटीन में गूँज रही थी।

मैं ख़ामोश खड़ा सब देख रहा था।

"आज तक बहुत से लड़कों ने मुझे प्रपोज किया, लेकिन मैंने कभी किसी को भाव नहीं दिया। जानते हो क्यों? क्योंकि वो सब एक जैसे थे–सबको मेरी ख़ूबसूरती से प्यार था, मुझसे नहीं। कभी किसी ने मेरे चेहरे और शरीर की ख़ूबसूरती के परे मेरे दिल में झाँक कर नहीं देखा। लेकिन यह लड़का बाकी सब से बिल्कुल अलग है। जब जब मुझे उसकी

सबसे ज़्यादा ज़रूरत पड़ी, वह मेरे साथ खड़ा रहा। बस थोड़ा-सा शर्मीला है। उसने कभी महसूस नहीं होने दिया कि वो भी मुझसे प्यार करता है।'' वह रुकी और गहरी साँस ली।

''लेकिन अभी एक दिन पहले उसने साबित कर दिया कि एक-दूसरे के लिए हमारा प्यार कितना सच्चा और कितना मज़बूत है। और क्योंकि मैं उसे बहुत प्यार करती हूँ, इसलिए मैंने सबके सामने उससे अपने प्यार का इज़हार करने का फ़ैसला किया है। मुझे यक़ीन है आप सब भी उस ख़ुशनसीब इनसान का नाम जानने को बेताब होंगे'', कहकर रिया मेज़ से नीचे उतर आयी।

उसने अपने सैन्डिल पहने और मेरी ओर बढ़ने लगी। सब मुँह बाए उसकी तरफ़ देख रहे थे।

रिया मेरे सामने आकर खड़ी हो गयी। फिर एक पल बाद, वह भीड़ की ओर मुड़ी।

''दोस्तो, उसका नाम है... नील गुप्ता!!'' सबके मुँह खुले के खुले रह गये। फिर वह मेरी ओर मुड़ी।

''आई लव यू, नील। मैं तुम्हें बहुत प्यार करती हूँ, अपनी ज़िन्दगी से भी ज़्यादा। मैं ये भी जानती हूँ कि तुम भी मुझे बहुत प्यार करते हो, लेकिन कहने से डरते हो। लेकिन आज...आज मैं तुम्हारे मुँह से वो तीन मैजिकल शब्द सुनकर ही रहूँगी, जिसके लिए मैं जाने कब से इन्तज़ार कर रही हूँ।'' उसने मेरी आँखों में देखते हुए कहा।

मेरी हालत ये थी कि *'काटो तो ख़ून नहीं'*

मैंने नज़र घुमाई, सब टकटकी लगाये मेरे बोलने का इन्तज़ार कर रहे थे। मैंने उम्मीद भी नहीं की थी कि रिया ऐसा कुछ भी कर सकती है। उसने लोगों के सामने मेरा तमाशा बना दिया था। और मैं चुपचाप खड़ा, ये सब देख रहा था। मेरी सहनशीलता जवाब दे चुकी थी।

मैं थोड़ा आगे बढ़ा और एक ज़ोर का थप्पड़ उसके गाल पर जड़ दिया। सब दंग रह गये। सब कुछ इतनी जल्दबाजी में हुआ कि किसी को सोचने-समझने का मौक़ा ही नहीं मिला। ''रिया, तुम इतनी घटिया निकलोगी, मैंने कभी सोचा भी नहीं था। तुम निहायत ही बेशर्म और मतलबी

लड़की हो!!'' मैं गुस्से से चिल्लाया। उसके चेहरे का रंग उड़ गया था। वह सुबक-सुबक कर रोने लगी।

''मैंने तुम्हें दोस्त माना, लेकिन तुम मेरी दोस्ती के क़ाबिल थी ही नहीं। तुम्हारे बारे में मेरी जो सोच थी, वो बिल्कुल सही थी कि तुम एक अमीर बाप की बिगड़ी हुई बेटी हो!! हाँ, यह मेरी गलती थी जो तुम्हें एक अच्छी लड़की समझ बैठा, जबकि सच तो ये है कि तुम्हारे जैसी नीच और गिरी हुई लड़की मैंने अपनी ज़िन्दगी में कभी नहीं देखी, जो अपनी बात मनवाने के लिए किसी भी हद तक नीचे गिर सकती है। मुझे शर्म आती है खुद पर कि मैंने तुम जैसी लड़की को अपनी दोस्त माना। तुम्हें क्या पता कि दोस्ती के मायने क्या होते हैं? तुम्हें तो अपने आप के सिवा कुछ भी दिखायी नहीं देता। बुरा लग रहा है मुझे अपने दोस्त रणदीप के बारे में सोच कर, कि वो तुम जैसी मतलब परस्त और घटिया लड़की के प्यार में पागल है। तुम किसी के प्यार के क़ाबिल नहीं।'' मैं गुस्से में बोलता जा रहा था।

''मैंने तुम्हें पहले भी बताया था और अब फिर से बता रहा हूँ, कि मैं तुमसे प्यार नहीं करता और न ही कभी करूँगा। मेरी ज़िन्दगी में सिर्फ़ एक ही लड़की है...अदिति और उसकी जगह कोई नहीं ले सकता, समझी? तुम चाह कर भी कभी अदिति जैसी नहीं बन सकती। वह तुम्हारी तरह खुदगर्ज नहीं है। उसका प्यार निस्वार्थ है...यही वजह है कि मैं उसे अपनी जान से भी ज़्यादा प्यार करता हूँ, और तुमने मेरे साथ जो भी किया है, उसके लिए मैं तुम्हें कभी माफ़ नहीं करूँगा। तुमने मेरे साथ विश्वासघात किया है, मुझे धोखा दिया है। तुम तो मेरी माफ़ी के भी लायक नहीं। नफ़रत करता हूँ मैं तुमसे। चली जाओ यहाँ से, इससे पहले कि मेरे हाथों से कुछ गलत हो जाये!!'' मैं ज़ोर से चिल्लाया।

''और तुम लोग'' मैंने चारों तरफ़ देखा। ''तमाशा ख़त्म हो चुका है। जाओ और अपना काम करो'', कहकर मैं तूफ़ान की तेज़ी से कैंटीन से बाहर आ गया।

***

अगले दिन अदिति वापस आने वाली थी। मैं बेसब्री से उसका इन्तज़ार कर

रहा था। मैं जल्द से जल्द उसे सब कुछ बता देना चाहता था। *'बस चौबीस घण्टे और, फिर वो मेरे पास होगी'* मैंने मन ही मन सोचा। कैंटीन वाली घटना के बाद मैं फ़ैसला कर चुका था कि मैं रणदीप को भी शुरुआत से लेकर आख़िर तक सारी सच्चाई बता दूँगा। उसे पता होना चाहिए कि जिस लड़की से वो बेइन्तहा प्यार करता है, उसका असली चेहरा क्या है। उसे पता होना चाहिए कि जिस लड़की के लिए वो अपनी ज़िन्दगी बर्बाद कर रहा है वो लड़की उसके प्यार के काबिल ही नहीं है।

मैं बिस्तर पर लेटा छत की ओर टकटकी लगाये ख़यालों में गुम था। तभी रणदीप से बात करने का मन हुआ। मैंने फ़ोन उठाकर उसका नम्बर लगाया।

घण्टी बजती रही, लेकिन किसी ने फ़ोन नहीं उठाया। फिर मैंने राजू का नम्बर मिलाया।

"हैलो?" राजू ने फ़ोन उठाया।

"हैलो, राजू? रणदीप कहाँ है? वो ठीक तो है न? मैंने उसे फ़ोन किया था, लेकिन वो उठा ही नहीं रहा।"

"नील भैया, वो गहरी नींद में सोये हुए हैं। शाम को घर आये तो उन्होंने बहुत पी हुई थी। आते ही सो गये।" उसने बताया।

"ओह!" मैंने थोड़ा दुखी मन से कहा।

"क्या हुआ, नील भैया? कोई ज़रूरी काम था क्या?" राजू ने पूछा।

"नहीं, नहीं... ऐसा कुछ ख़ास नहीं। मै उससे कल मिल लूँगा।"

"ठीक है, नील भैया" कहकर राजू ने फ़ोन काट दिया। मैंने फ़ोन बिस्तर पर पटका और फिर से सोच में डूब गया।

बस एक रात और, फिर कल से सब ठीक हो जायेगा, मैंने ख़ुद को भरोसा दिलाया। पिछले कुछ दिनों से मेरी ज़िन्दगी अजीबो-गरीब मोड़ ले रही थी। *'कल मैं सब कुछ ठीक कर दूँगा'* मैं ख़ुद से ही बड़बड़ाया। लेकिन ज़िन्दगी कब क्या मोड़ ले ले कोई नहीं जान सकता। इस सच से अनजान मैं अपने ही विचारों का ताना-बाना बुनने में लगा था। इसी बीच मुझे नींद आ गयी।

अगली सुबह फ़ोन की आवाज़ से मेरी नींद टूटी। यह गगन का कॉल

था। अधखुली आँखों से मैंने घड़ी की ओर देखा तो सुबह के 6 बजे थे।

"अबे, क्या है बे?" मैंने फ़ोन उठाया और नींद में ही बड़बड़ाने लगा। "ऐसी क्या आफत आ गयी जो इतनी सुबह-सुबह फ़ोन कर रहे हो?"

"नील, उठो!!" उसने फुसफुसाते हुए कहा। उसकी आवाज़ से लग रहा था कि सब कुछ ठीक नहीं है। "नील, तुम जल्दी से गर्ल्स हॉस्टल की तरफ़ आ जाओ... यहाँ कुछ हो गया है।"

"हुआ क्या है?" मैं अभी भी नींद में ही था।

"बस जल्दी से यहाँ पहुँचो!! रिया ने... प्लीज, जल्दी आओ मैं फ़ोन पर नहीं बता सकता", कहते ही गगन ने फ़ोन रख दिया।

"हैल...हैलो? गगन?" लेकिन तब तक फ़ोन कट चुका था।

मैंने जल्दी से कपड़े पहने और दौड़ता हुआ हॉस्टल से बाहर आ गया। दिमाग़ में तरह-तरह की शंकाएँ उठ रही थीं।

'ओह! अब इस लड़की ने क्या कर लिया? आख़िर, चाहती क्या है ये मुझसे? हे भगवान!! प्लीज, सब ठीक रखना...' सोचता हुआ मैं गर्ल्स हॉस्टल की तरफ़ दौड़ा जा रहा था। इसी बीच गगन का फिर से फ़ोन आ गया।

"गगन, मैं रास्ते में हूँ, बस पहुँचने ही वाला हूँ", मैंने हाँफते हुए कहा।

वहाँ पहुँचा तो देखा लोगों की भीड़ जमा थी। अफरा-तफरी मची हुई थी सब गम्भीर दिखायी दे रहे थे और कुछ फ़ोन पर बात कर रहे थे। भीड़ की वजह से मुझे कुछ दिखायी नहीं दिया। मैं भीड़ के बीच से होता हुआ आगे बढ़ने लगा। जैसे-जैसे मैं आगे जा रहा था, मेरी धड़कन तेज़ होती जा रही थी।

जैसे ही वहाँ पहुँचा, तो आँखों के सामने का जो दृश्य था, उसे देखकर मेरी साँसें ठहर गयीं...नसों में मानो ख़ून सूख गया। मेरी आँखों के आगे अँधेरा छा गया। मेरा पूरा शरीर जैसे पत्थर बना गया। रिया की लाश मेरे सामने ज़मीन पर पड़ी थी। उसका सिर फटा हुआ था और खुले बाल ऊपर से लेकर नीचे तक ख़ून से सने थे।

एकदम से मेरा शरीर ठण्डा पड़ने लगा। एकबारगी मुझे अपनी आँखों पर यक़ीन नहीं हुआ।

"नील!!" किसी ने मेरे कन्धे पर हाथ रखा और मैं घबरा कर पीछे मुड़ा। गगन मेरे सामने खड़ा था।

"गगन...क्या...क्या?!" मेरे हलक से आवाज़ नहीं निकली।

"इधर आओ मेरे साथ", गगन ने मेरा हाथ पकड़ते हुए कहा।

"लेकिन...रिया...ये सब कैसे?!" मैंने फिर से बोलने की कोशिश की।

"अभी चलो यहाँ से। तुम्हारा यहाँ रहना ठीक नहीं है।" गगन खींचते हुए मुझे भीड़ से दूर ले गया।

मैं बौखलाया-सा उसके साथ-साथ चलता रहा। कुछ समझ नहीं आ रहा था। मेरे सोचने-समझने की शक्ति जा चुकी थी। गगन मुझे वहाँ से थोड़ा दूर एक सुनसान-सी जगह पर ले गया।

"गगन, ये सब क्या हो गया?" मैं बमुश्किल बोल पाया।

"रिया ने हॉस्टल की छत से छलाँग लगा कर आत्महत्या कर ली। करीब पन्द्रह मिनट पहले जब मैंने तुम्हें फ़ोन किया था, मुझे भी तभी पता चला", गगन ने बताया। डर के मारे उसका भी चेहरा पीला पड़ चुका था।

मैं धड़ाम से वहीं ज़मीन पर बैठ गया।

"नील, बात यही ख़त्म नहीं हुई, एक और बहुत बड़ी प्रॉब्लम है", उसने आगे कहा।

मैं हैरान-परेशान सा उसकी ओर देखने लगा।

"रिया ने अपने पीछे एक सुसाइड नोट छोड़ा है। और वो पुलिस को मिल चुका है। इसमें उसने लिखा है कि तुमने उसे धोखा दिया है और उसके प्यार का मज़ाक़ उड़ाया है। और उसने ये भी लिखा है कि तुम दोनों काफ़ी समय से एक साथ थे और तुमने सारी ज़िन्दगी उसका साथ निभाने का वादा किया था। साथ में यह भी कि तुम्हारे जन्मदिन वाली रात तुम दोनों एकसाथ एक ही कमरे में थे। लेकिन बाद में तुम अपने वादे से मुकर गये। उसने लिखा कि वो तुमसे बहुत प्यार करती है और ऐसी ज़िन्दगी नहीं जीना चाहती जिसमें तुम और तुम्हारा प्यार न हो।" इससे पहले कि मैं सँभल पाता गगन ने एक और बम फोड़ दिया।

मुझे समझ नहीं आ रहा था कि क्या कहूँ। एक ही झटके में मेरी ...ा ताश के पत्तों की तरह ढह गयी थी। कहाँ तो सोचा था कि आज

अदिति के आते ही मैं उसे सारी बात बता दूँगा और सब ठीक हो जायेगा और कहाँ ये सब हो गया। तभी मुझे रणदीप का ख़याल आया। मेरे शरीर में सनसनी सी दौड़ गयी।

"रण...रणदीप...रणदीप कहाँ है??" मेरी आवाज़ लड़खड़ा रही थी।

"पता नहीं। मुझे लगता है, अभी उसे कुछ भी बताना ठीक नहीं होगा।"

"मुझे...मुझे अभी उसे फ़ोन करना होगा", बड़बड़ाते हुए मैं अपनी जेब में फ़ोन टटोलने लगा।

गगन ने मुझे पकड़ा और ज़ोर से झिंझोड़ा।

"नील!! क्या हो गया है तुम्हें? क्या कर रहे हो? तुम रणदीप को फ़ोन करना चाहते हो? और, तुम उससे कहोगे क्या? ये कि जिस लड़की को वह अपनी जान से भी ज़्यादा प्यार करता है, जिसके पीछे वह दीवाना हुआ घूम रहा है, उस लड़की ने तुम्हारी वजह से अपनी जान दे दी? तुम्हारा दिमाग़ तो ख़राब नहीं हो गया?" गगन गुस्से में चिल्लाया।

"तो फिर क्या करूँ?.. क्या करूँ मैं?" बिलखते हुए मैंने अपना चेहरा हाथों से ढक लिया।

"नील! नील, यहाँ मेरी तरफ़ देखो! देखो मेरी तरफ़!" गगन ने मेरा सिर ऊपर करते हुए कहा।" अब मेरी बात ध्यान से सुनो। देखो, पुलिस के हाथ सबूत लग चुका है। वो किसी भी वक़्त यहाँ पहुँचती होगी। अगर उन्होंने तुम्हें देख लिया, तो तुम्हें पकड़ कर सीधा जेल में डाल देंगे। मेरी बात मानो, तुम अभी यहाँ से चले जाओ। कहीं दूर भाग जाओ...जाओ।" उसने कहा।

"लेकिन..." मैंने बोलने की कोशिश की, मगर गगन ने बीच में ही टोक दिया।

"कोई लेकिन-वेकिन नहीं। दिमाग़ से काम लो। इस वक़्त तुम्हारी ज़िन्दगी ख़तरे में है। सिर्फ़ हम दोनों जानते हैं कि तुम बेकसूर हो, लेकिन बाकी सब ऐसा नहीं सोचते। इसलिए कुछ दिनों के लिए यहाँ से कहीं दूर चले जाओ... जब तक कि मामला ठण्डा नहीं हो जाता। तुम सुन रहे हो न??" उसने फिर से मुझे झिंझोड़ा।

"अदिति...अदिति वापस आने वाली होगी...मुझे उसे मिलकर सब सच बताना होगा!!"

"तुम उसकी चिन्ता मत करो, अदिति को मैं सँभाल लूँगा। और उसे सारी बात समझा दूँगा। अभी तुम्हारा यहाँ रहना मुनासिब नहीं है, समझने की कोशिश करो।"

"लेकिन, मैं कहाँ जाऊँगा? मैं तो यहाँ कॉलेज से बाहर किसी को जानता भी नहीं", मैंने पूछा।

गगन ने एक पल के लिए सोचा।

"मेरा एक दोस्त है, तुम उसके घर जाकर रह सकते हो। मैं उससे बात कर लूँगा। मुझे यक़ीन है वो मना नहीं करेगा। जब तक मामला ठण्डा नहीं हो जाता, तुम वहीं रहना", उसने समझाया।

गगन ने नम्बर डायल किया और अपने दोस्त से बात करने थोड़ा साइड में चला गया। करीब दो मिनट बाद वो वापस आया।

"मेरी बात हो गयी और वो मान गया है। मैं अभी तुम्हें उसके घर ले चलता हूँ। जब तक मैं न कहूँ, तुम वहाँ से बाहर मत निकलना। और अदिति की चिन्ता मत करना। वो मेरी बहन जैसी है...मैं उसका पूरा ध्यान रखूँगा। चलो, जल्दी करो। हमारे पास ज़्यादा वक़्त नहीं है।" उसकी आँखों में डर था।

हम जल्दी से कैम्पस से बाहर आ गये। एक ऑटो लिया और करीब बीस मिनट बाद हम उसके दोस्त के घर पर थे। उस लड़के का नाम राहुल था और वह गगन के बड़े भाई का क्लासमेट रह चुका था।

"तुम जब तक चाहो यहाँ रह सकते हो", राहुल ने मुझसे कहा।

"थैंक्स, भाई। हम तुम्हें ज़्यादा परेशान नहीं करेंगे। जैसे ही कैंपस का माहौल ठीक होगा, मैं नील को यहाँ से ले जाऊँगा", गगन ने कहा।

"अरे, ऐसे परायों जैसी बातें क्यों कर रहे हो। नील के यहाँ रहने से मुझे कोई दिक़्क़त नहीं है। तुम्हारा दोस्त, आज से मेरा भी दोस्त हुआ", कहते हुए राहुल मुस्कुरा दिया।

इसके बाद फिर गगन मुझे एक तरफ़ ले गया।

"नील, मेरे सिवा किसी का फ़ोन मत उठाना, ठीक है? और प्लीज,

जल्दबाजी में कुछ गड़बड़ मत कर देना। अपना ध्यान रखना। वहाँ जो भी होगा, मैं तुम्हें बताता रहूँगा'', उसने समझाया।

मैंने हामी में सिर हिला दिया।

''गगन?'' मैंने कहा।

''हाँ?''

''अदिति का ध्यान रखना, प्लीज। उसे कुछ नहीं होना चाहिए'', मैंने हाथ जोड़ते हुए कहा।

''मैं वादा करता हूँ, उसे कुछ नहीं होगा'' गगन ने मेरे कन्धे पर हाथ रखते हुए दिलासा दिया।

''थैंक यू।''

''अब मुझे जाना चाहिए। अपना ध्यान रखना। मैं शाम को फ़ोन करूँगा।'' कहते हुए वो सीढ़ियाँ उतरने लगा।

मैं बाहर बालकनी में खड़ा उसे ऑटो में बैठकर जाते हुए देखता रहा।

''आओ, अन्दर चलते हैं'', राहुल ने कहा। मैं उसके पीछे-पीछे चला गया। यह दो कमरों वाला छोटा-सा अपार्टमेन्ट था।

ड्राइंग रूम में एक कुर्सी पड़ी थी, मैं जाकर वहीं बैठ गया।

''मैं तुम्हारे लिए पानी लाता हूँ'', उसने कहा। मैं हल्का-सा मुस्कुराया।

प्यास के मारे मेरा गला सूख रहा था.. इसलिए मैं एक ही घूँट में ही सारा पानी गटक गया।

''अभी मुझे खाना बनाना है, अगर तुम चाहो तो दूसरे कमरे में जाकर आराम कर सकते हो।''

''ठीक है'', कहकर मैं उठा और दूसरे कमरे में चला गया। उस छोटे से कमरे में फर्नीचर के नाम कर सिर्फ़ एक बैड और एक छोटा-सा टेबल रखा था। मैं बिस्तर पर लेट गया और अपने मोबाइल की ओर देखने लगा। मोबाइल की स्क्रीन पर अदिति की तस्वीर लगी थी। मेरी आँखों से आँसू बहने लगे।

''अदिति, कहाँ हो तुम? मैं पूरी दुनिया से अकेला नहीं लड़ पाऊँगा। प्लीज आ जाओ'', मैं अदिति की तस्वीर से बातें कर रहा था।

मैंने आँखें बन्द कर लीं। ज़हन में रिया की आवाज़ गूँजने लगी, जब उसने कहा था कि वो किसी भी कीमत पर मुझे पाकर रहेगी... आँखों के

आगे घूमने लगा ख़ून से लथपथ रिया का चेहरा... मैंने ज़ोर से अपनी आँखें भींच लीं, इस कोशिश में कि इस दर्दनाक हादसे को अपने ज़ेहन से निकाल पाऊँ। लेकिन मेरी हर कोशिश नाकाम साबित हो रही थी।

मुझे याद आने लगा रणदीप का उतरा हुआ चेहरा और खोई सी उसकी आँखें। रिया को लेकर उसकी दीवानगी, वो पागलपन जब उसने अपना हाथ काटकर ख़ून से दीवार पर रिया का नाम लिख दिया था, सोचकर मेरे रोंगटे खड़े हो गये। मैं चाहकर भी इन यादों से पीछा नहीं छुड़ा पा रहा था। मैं रणदीप को सब कुछ बताना चाहता था, बावजूद इसके कि गगन ने मुझे ऐसा करने से मना किया था। मुझे इस बात की कोई परवाह नहीं थी कि दूसरे लोग मेरे बारे में क्या सोच रहे होंगे, लेकिन रणदीप मुझे गलत न समझे यह मेरे लिए ज़रूरी था।

मैंने रणदीप का नम्बर लगाया।

''तुम कहाँ हो?'' फ़ोन उठाते ही रणदीप ने पूछा।

''रणदीप, मेरे भाई... प्लीज, मुझे तुमसे बात करनी है। तुमने जो सुना, वो सच नहीं है... मैं तुम्हें सारी सच्चाई बताना चाहता हूँ।''

''कहाँ हो तुम?'' उसने फिर से दोहराया। उसकी आवाज़ सख़्त थी।

''भाई, मैं कैम्पस में नहीं हूँ और मैं नहीं बता सकता कि इस वक़्त मैं कहाँ हूँ। पुलिस मेरे पीछे लगी है। और मैं तुम्हें सारी सच्चाई बताये बिना जेल नहीं जाना चाहता। प्लीज, एक बार मेरी बात सुन लो। मेरा यक़ीन करो... मैं बेकसूर हूँ।'' मैं गिड़गिड़ाया।

''मुझे तुम पर पूरा यक़ीन है।'' उसने सपाट आवाज़ में कहा।

''तुम सच कह रहे हो?'' सुनकर मेरे दिल को थोड़ा सूकुन मिला।

''हाँ। लेकिन मैं चाहता हूँ कि तुम मुझे पूरी बात बताओ। मैं सच जानना चाहता हूँ'', रणदीप ने आगे कहा।

''मैंने भी तुम्हें इसीलिए फ़ोन किया है। मुझे यक़ीन था तुम मुझे अपनी बात कहने का एक मौक़ा ज़रूर दोगे।''

''नहीं, फ़ोन पर नहीं। मैं तुमसे मिलना चाहता हूँ... अकेले में। तुम शाम को छह बजे फैस्ट ग्राउण्ड के पीछे आ जाना।''

''ठीक हैं, मैं वहाँ पहुँच जाऊँगा।''

मैंने फ़ोन रखा और राहत की साँस ली। रणदीप ने मेरा भरोसा कायम रखा। मुझे पहले से ही यक़ीन था कि वह बिना पूरी बात जाने मेरे बारे में कोई फ़ैसला नहीं लेगा। मेरे लिए वह हमेशा से ही एक भाई से बढ़कर रहा था और आज भी वह बिना किसी शिकायत के मुझसे मिलने को तैयार हो गया।

राहुल और मैंने लंच किया और फिर मैं थोड़ी देर के लिए सो गया। फिर मैं शाम ढलने का इन्तज़ार करने लगा।

13

अँधेरा हो चला था और ग्राउण्ड के पीछे वाला हिस्सा बिल्कुल सुनसान था। मैं वहाँ पहुँचा तो देखा रणदीप पहले से ही वहाँ था। उसकी पीठ मेरी तरफ़ थी। उसकी नज़रें सामने मंच पर टिकी थीं... वही जगह जहाँ फैशन शो हुआ था। वो इतना खोया हुआ था कि उसे मेरे आने का एहसास तक न हुआ।

"रणदीप", मैंने उसके कन्धे पर धीरे से हाथ रखा।

वह झटके से मुड़ा। हमारी नज़रें मिलीं। उसके चेहरे पर एक अजीब-सी शान्ति थी। लेकिन उसकी आँखें...जैसे ही मैंने उसकी आँखों में देखा, मुझे उनमें वो सब दिखायी दिया जो उसके चेहरे से पता लगाना मुश्किल था। उसकी आँखें एकदम लाल थीं मानो उनमें ख़ून उतर आया हो। आँसू उसके गालों पर आकर सूख चुके थे। उस एक पल में मुझे एहसास हुआ कि मैं कितना गलत था।

"रणदीप, प्लीज... एक बार मेरी बात सुन लो", जैसे ही मैंने बोलने के लिए मुँह खोला, एक ज़ोरदार मुक्का मेरे चेहरे पर पड़ा। मैं लड़खड़ाता हुआ ज़मीन पर जा गिरा। दर्द की एक तेज़ लहर उठी, मैंने हाथ लगाकर देखा तो मेरे नाक से ख़ून बह रहा था। इससे पहले कि मैं सँभल पाता, उसने मेरे पेट में ज़ोर से लात मारी। मेरे मुँह से एकदम ख़ून की उल्टी निकली। दर्द के मारे मैंने अपना पेट पकड़ लिया। और तभी उसने पूरा ज़ोर लगाकर एक और लात दे मारी। मेरी साँस फूलने लगी। मैं ज़ोर से खाँसा... मुँह से थूक के साथ ख़ून भी निकलने लगा। मैं औंधे मुँह ज़मीन पर था और वह मेरे ऊपर। उसने पीछे से मेरा सिर पकड़कर मिट्टी में दबाया हुआ था। मैं साँस नहीं ले पा रहा था।

"मैंने तुम्हें अपने भाई की तरह समझा और तुमने मेरी ही पीठ में छुरा घोंप दिया।" उसकी आवाज़ में दर्द था... अपनी सबसे प्यारी चीज़ को खो देने का दर्द। उसने अपने पैर से मुझे पलटा और ज़ोर की लात मेरे मुँह पर दे मारी। फिर उसने मेरा कॉलर पकड़ कर मुझे खड़ा किया।

"रणदीप... मैंने... मैंने.... कुछ नहीं..." मैंने बोलने की कोशिश की।

उसने एक और घूँसा मेरी ठोड़ी पर मारा। मैं वापस ज़मीन पर जा गिरा। मैंने बहुत ज़ोर लगाया और वापस खड़ा होने की कोशिश की।

"मैंने तुम्हें अपने परिवार के सदस्य की तरह रखा, तुम्हें घर लाया, तुम्हें पहचान दी, इज़्ज़त दी, मेरी मम्मी ने तुम्हें सगे बेटे की तरह प्यार दिया और तुमने इस तरह से मेरा एहसान चुकाया?" कहते हुए उसने ज़ोर से लात मेरी छाती पर मारी। उसकी आँखों से आँसू बह रहे थे।

"कमीने! मतलबी इन्सान!" वह ज़ोर से चिल्लाया। उस सन्नाटे में उसकी आवाज़ गूँज रही थी।

"तुमने उस लड़की के लिए मुझे धोखा दिया जिसे मैं अपनी जान से भी ज़्यादा प्यार करता था? हरामजादे, मैं तुम्हें नहीं छोड़ूँगा!!" कहते हुए उसने ज़ोर से मेरा सिर ज़मीन पर पटका। देखते ही देखते वहाँ रेत पर ख़ून का तालाब बन गया। मेरा सिर फट चुका था। बेहोशी मुझ पर हावी होने लगी थी। तभी रणदीप फिर से मेरे पास आया। मैं अपनी आँखें नहीं खोल पा रहा था।

"मैं...मैं...मैं कसम... मैंने कुछ नहीं... किया" मैं बड़बड़ाया। मैंने साँस लेने की कोशिश की। "मार...मार दो मुझे... अगर मुझे मारकर तुम्हें शान्ति मिलती है तो... रण... रणदीप... लेकिन... लेकिन... मैं अपनी मम्मी की कसम खाता हूँ... अदिति की खसम खाता हूँ... मैंने कुछ नहीं किया... मैं बेकसूर हूँ।"

लेकिन मेरी किसी भी बात का उस पर कोई असर नहीं था।

"तुमने मेरी रिया को मार डाला... मुझसे मेरी ज़िन्दगी छीन ली। दिल तो कर रहा है अभी के अभी तुम्हें जान से मार दूँ। लेकिन नहीं, मैं ऐसा नहीं करूँगा। तुमने मुझसे मेरा प्यार छीना है और अब मैं तुमसे तुम्हारा प्यार छीन लूँगा। जिस तरह से आज मैं तड़प रहा हूँ, ठीक वैसे ही मैं तुम्हें भी तड़पा-तड़पा कर मारूँगा। मैं तुम्हारी ज़िन्दगी नरक से भी बदतर बना

दूँगा। तुम मौत की भीख माँगोगे, लेकिन मौत भी तुम्हें आसानी से नसीब नहीं होगी। तुम्हें जीना होगा, लेकिन मर मर के। तड़प, सिसक, आँसू और दर्द जैसे शब्द.... तुम्हारी हालत के सामने छोटे दिखायी देंगे।'' वह लगातार चिल्लाता रहा और मुझे मारता रहा।

मैं ख़ून से लथपथ और दर्द से तड़पता हुआ औंधे मुँह वहीं मैदान में पड़ा रहा। रणदीप वहाँ से चला और थोड़ी दूर जाकर रुक गया। और तभी, मुझे उसकी चीख़ सुनायी दी... वह चीख़-चीख़कर रिया का नाम पुकार रहा था। धीरे-धीरे उसकी चीख़ें सिसकियों में बदल गयीं। वह घुटनों के बल ज़मीन पर बैठ गया और बिलख-बिलख कर रोने लगा। थोड़ी देर बाद, कुछ पुलिस वाले आये और मुझे जीप में डालकर ले गये।

***

दर्द इतना ज़्यादा था कि मैं अपनी आँखें भी नहीं खोल पा रहा था। किसी तरह से ज़ोर लगाकर मैंने आँखें खोलने की कोशिश की। सब कुछ धुँधला-धुँधला-सा दिखायी दे रहा था। मैंने देखा कि कुछ लोग सामने खड़े बातें कर रहे हैं। मुझे सिर्फ़ उनके होंठ हिलते ही दिखायी दिये और तभी मेरी आँखें फिर से बन्द हो गयीं, चारों तरफ़ अँधेरा छा गया।

मुझे अपना नाम सुनाई दिया। कोई बार-बार मेरा नाम पुकार रहा था। आवाज़ बहुत धीमी, लेकिन जानी-पहचानी थी। मैं उसे देखना चाहता था, लेकिन अपनी आँखें नहीं खोल पा रहा था। मुझे लगा जैसे रणदीप मेरा गला दबा रहा है। अदिति मुझे छोड़कर जा रही है। मैं रणदीप की गिरफ़्त से छूटने की नाकाम कोशिश कर रहा हूँ। मैं छटपटा रहा था। वो आवाज़ अभी भी मेरा नाम पुकार रही थी। मैंने अपनी पूरी ताकत लगाकर एकदम से आँखें खोलीं। यह एक बुरा सपना था। धीरे-धीरे आस-पास की धुँधली तस्वीर साफ़ होने लगी। मैं अस्पताल में था। मेरे नाक, मुँह और बाजू हर जगह पाइप लगे थे। माथे और कमर पर पट्टियाँ बँधीं थीं। मुझे फिर से अपना नाम सुनायी दिया। यह गगन था, जो मेरे बिस्तर के पास एक स्टूल पर बैठा था।

"नील? तुम सुन रहे हो न?" उसने धीरे से पूछा।

मैंने धीरे से सिर हिलाकर इशारा किया। मुझे हिलने-डुलने में बहुत परेशानी हो रही थी।

"तुम्हें कॉलेज से निकाल दिया गया है। और पुलिस के पास तुम्हारे ख़िलाफ़ अरेस्ट वारन्ट है।" गगन धीरे-धीरे बताने लगा।

मैं लाचार था। चाहकर भी कुछ नहीं कर सकता था। रिया ने मुझे जीते जी मार दिया था। जितना दर्द जख़्मों का था उससे कहीं ज़्यादा अपनी लाचारी का भी था।

"आ... गगन... मैंने कुछ नहीं किया", मैं सिर्फ़ इतना ही कह पाया। मुझे बोलने में तकलीफ़ हो रही थी।

"नील, तुम्हें कुछ कहने की ज़रूरत नहीं है। मुझे तुम पर पूरा भरोसा है। मैं जानता हूँ, तुम जानबूझकर किसी को चोट नहीं पहुँचा सकते। लेकिन रणदीप ये बात नहीं समझ रहा... वह पूरी तरह से पागल हो चुका है। वह जानवर बन चुका है। उसने बताया, कल रात वह नशे में तुम्हारे कमरे में घुस गया और तुम्हारा पूरा कमरा तहस-नहस कर दिया। यहाँ तक कि तुम्हारे रूममेट का सामान भी नहीं छोड़ा।"

"और अदिति? वो कहाँ है?" टाँकों की वजह से मेरा मुँह पूरा नहीं खुल पा रहा था।

सुनते ही गगन ख़ामोश हो गया। उसने सिर झुका लिया। फिर कुछ मिनट बाद बोला। "वो यहाँ आयी थी, मगर तुम होश में नहीं थे। पूरा वक़्त वह रोती रही। जाने से पहले, उसने मुझे तुम्हें कहने के लिए बोला है कि वह तुम्हें कभी माफ़ नहीं करेगी", बताते हुए वह मुझसे नज़रें नहीं मिला पा रहा था।

"क्या तुमने उसे सच नहीं बताया?" मैंने पूछा।

"नील, मैंने उसे समझाने की बहुत कोशिश की, लेकिन वो मेरी कोई बात सुनने को तैयार नहीं थी। पूरा कॉलेज तुम्हारे और अदिति के बारे में उल-जुलूल बातें कर रहा है। सारे सबूत तुम्हारे ख़िलाफ़ हैं।"

अदिति की हालत के बारे में सुनकर मुझसे बर्दाश्त नहीं हुआ। मैंने अपनी नज़रें घुमा लीं। आँसू की बूँदें आँख से निकलकर गालों पर आ गयीं।

अगले दिन मेरे माँ-बाबा अस्पताल में आये। मेरे मना करने के बावजूद

भी गगन ने फ़ोन करके उन्हें इत्तला कर दिया था। मेरी उम्मीद के विपरीत उन्हें पूरे मामले की पहले से जानकारी थी। शायद यूनिवर्सिटी प्रशासन या पुलिस ने फ़ोन करके पहले ही बता दिया था। बाबा मेरे बिस्तर के पास खड़े थे। उनके चेहरे पर कोई भाव नहीं था। माँ पास में स्टूल पर बैठी साड़ी का पल्लू मुँह मे दबाये सिसक रही थी। माँ की सिसकियों की आवाज़ मुझे अन्दर तक चीर रही थी। न तो मेरे पास कहने को कुछ था और न ही उनके पास।

"बाबा, मैं बेकसूर हूँ" डबडबाई आँखों से मैंने कहा।

"कूसूरवार तो हम हैं बेटा, जो तुम्हारे जैसे पूत को जन्म दिया", बाबा ने भरे गले से जवाब दिया और कमरे से बाहर निकल गये।

मेरे अन्दर एकदम से कुछ टूटा, लेकिन उसकी कोई आवाज़ नहीं हुई। जबकि बाहर माँ की सिसकियों की आवाज़ और ज़्यादा तेज़ हो गयी। हम दोनो ही रोते रहे, बहुत देर तक...। हम दोंनो ही मजबूर थे, लाचार थे। ये आख़िरी बार था जब मैंने अपने माँ-बाबा को देखा। उसके बाद न तो कभी उन्होंने मेरी सुध ली और न ही कभी मैं वापस अपने घर जा पाया। शायद बाबा नहीं चाहते थे कि मेरी बदनामी का साया मेरे भाई बहनों पर पड़े।

तीन दिन बाद मुझे अस्पताल से डिस्चार्ज कर दिया गया। जख़्म अभी भरे नहीं थे, ख़ासकर वो जो मेरे दिल और आत्मा पर लगे थे। शरीर पर कुछ पट्टियाँ अभी भी बाकी थीं और मैं लँगड़ा कर बमुश्किल चल पा रहा था। गगन मुझे लेने के लिए आया था, उसके साथ दो कांस्टेबल भी थे जिनके पास मेरे ख़िलाफ़ अरेस्ट वारन्ट था। हम एम्बुलैन्स से हॉस्टल पहुँचे। गगन ने एम्बुलेन्स से उतरने में मेरी मदद की। दूसरे लड़के खिड़कियों और बालकनी में खड़े मुझे देख रहे थे। मुझे देखते ही वो आपस में कानाफूसी करने लगे। गगन ने कन्धे से मुझे सहारा दिया और मैं लँगड़ाता हुआ आगे बढ़ने लगा। जैसे ही मैंने सीढ़ियाँ चढ़ने की कोशिश की, एकदम से बहुत तेज़ दर्द हुआ।

"सँभालकर, नील", गगन की आवाज़ में मेरे लिए चिन्ता थी।

मैं बहुत धीरे-धीरे चल पा रहा था। सिर से लेकर पैर तक मेरा पूरा बदन टूट रहा था।

कमरे में पहुँचा, तो मैंने देखा कि मेरी दूसरी तरफ़ वाली जगह खाली थी। मेरा ज़्यादातर सामान बर्बाद हो चुका था। बेडशीट उठा दी गयी थी, स्टडी टेबल भी खाली था और अलमारी खुली पड़ी थी जिसमें से सारा सामान गायब था।

''तुम्हारे रूममेट ने यह कमरा छोड़ दिया है। उसने कमरा बदलने के लिए वार्डन से बात की थी। अब वह उपर किसी कमरे में रहता है'', बताते हुए गगन ने सावधानी से मुझे बेड पर बिठा दिया।

मैं कुछ नहीं बोला। बस ख़ामोश बैठा इधर-उधर देखता रहा।

सब बर्बाद हो चुका था...कुछ बाकी नहीं था...न दोस्त और न प्यार.. मैं जेल में रहूँ या बाहर, इससे मुझे कोई फ़र्क नहीं पड़ता था। न तो मेरा दोस्त, मेरा भाई—रणदीप मेरी बात सुनने को तैयार था और न ही मेरे प्यार अदिति, को मुझ पर यक़ीन था। मैंने अपनी आँखें बन्द कर लीं। मेरे दिल में भरा दर्द आँसुओं की शक्ल लेकर आँखों से रिसने लगा।

करीब आधे घण्टे बाद, मुझे जेल ले जाने के लिए पुलिस की जीप आ गयी।

वो जेल जहाँ मुझे रखा गया, किसी कालकोठरी से कम नहीं था... अन्धकारमय और बदबूदार। जहाँ कुछ भी देखना मुश्किल था। कमरा नहीं मानो पिंजरा था, जहाँ इनसानों को रखा जाता था। *'कहीं मैं किसी हॉलीवुड फ़िल्म का हिस्सा तो नहीं हूँ'*, मैंने अपने आप से मज़ाक़ करने की कोशिश की। सिवाय एक लोहे के बैन्च के वहाँ और कुछ भी नहीं था। जब तक जाँच पूरी न हो जाये, मुझे यहीं रहना था। हालाँकि मेरे रिहा होने की उम्मीद न के बराबर थी। क्योंकि न तो मेरे पास गवाह था और न ही कोई अच्छा वकील। जबकि मेरे ख़िलाफ़ लड़ने के लिए शहर का सबसे महँगा वकील किया गया था।

गगन हर रोज़ जेल में मुझसे मिलने आता और कॉलेज, अदिति और रणदीप के बारे में सारी जानकारी देता। रणदीप पूरे जी-जान से मुझे गुनहगार साबित करने में लगा था, जिसके लिए वह पैसा पानी की तरह बहा रहा था। वह मुझे सख़्त से सख़्त सजा दिलवाना चाहता था।

''गगन, मेरे यार...प्लीज! कैसे भी करके एक बार मुझे अदिति से

मिलवा दो। मुझे उसे देखना है...उससे बात करनी है'', एक शाम जब गगन मुझसे मिलने आया तो मैं उसके सामने गिड़गिड़ाया।

''मैं उससे बात करके देखूँगा। लेकिन पिछले कई दिनों से वह कॉलेज नहीं आ रही। क्लास में कोई उससे ढंग से बात नहीं करता। वह भी चुप ही रहती है, सिर्फ़ मैं ही हूँ जिससे वो कभी-कभार बात करती है'', उसने बताया।

''गगन, प्लीज...बस अब तुम ही मेरी आख़िरी उम्मीद हो। प्लीज, उससे कहो कि एक बार आकर मुझसे मिल ले...मेरे लिए नहीं, तो हमारे प्यार के लिए ही सही...सिर्फ़ एक बार। मैं सब कुछ सहन कर सकता हूँ, लेकिन उसकी नफ़रत नहीं। उसे लगता है कि मैंने उसको धोखा दिया है, उसका विश्वास तोड़ा है। मुझे उसे सारी सच्चाई बतानी है। प्लीज गगन...'' कहते हुए मैंने अपने हाथ जोड़ दिये।

''मैं वादा करता हूँ, कल मैं कैसे भी करके उसे तुम्हारे पास ज़रूर लेकर आऊँगा'', उसने भरोसा दिलाया।

''थैंक्स यार'' अदिति से मिलने के बारे में सोचने भर से ही मेरे चेहरे पर हल्की-सी मुस्कान आ गयी।

***

अगले दिन, गगन ने अपना वादा पूरा किया।

ऐसा लग रहा था जैसे अदिति को देखे सदियाँ बीत गयी हों। उसने सफ़ेद सलवार-कमीज पहना था और उसके बाल बेतरतीब ढंग से बँधे थे। गगन उसके पीछे था। वह बीमार-सी नज़र आ रही थी। उसके चेहरे की चमक कहीं खो सी गयी थी और आँखों के नीचे काले घेरे बन आये थे। वह आयी और सलाखों पर हाथ रखकर खड़ी हो गयी। हमने एक नज़र एक-दूसरे को देखा।

''तुम दोनों बात करो, मैं बाहर रुकता हूँ'', कहकर गगन बाहर चला गया।

''लगता है ठीक से सो नहीं रही हो'' मैंने सीधा उसकी आँखों में झाँकते हुए पूछा। वह अभी भी नीचे ज़मीन की तरफ़ देख रही थी।

''तुम कैसी हो?''

"मैं ठीक हूँ। तुम कैसे हो?" उसकी आवाज़ टूट रही थी।

"मैं भी एकदम मस्त?, मज़े में!" कहते हुए मैं बिना किसी बात के ठहाका लगाकर हँस दिया।

अदिति ने मुस्कुराने की एक नाकाम सी कोशिश की। दो बड़े-बड़े आँसू उसकी पलकों के कोनों पर ठहरे थे।

मैंने सलाखों के बीच में से हाथ बढ़ाकर उसके हाथों को पकड़ लिया। उसके हाथ काँप रहे थे। ये एक वो पल था जब वो अपने आप को नहीं रोक पायी और उसकी रूलायी छूट गयी।

मैंने धीरे से उसका हाथ दबाया, "मैंने कुछ नहीं किया, अदिति। मैं अपने प्यार की कसम खाकर कहता हूँ, मेरा यक़ीन करो।"

"नील, तुम उम्मीद भी कैसे कर सकते हो कि मैं तुम्हारा यक़ीन करूँगी, जबकि सारे सबूत तुम्हारे ख़िलाफ़ हैं। तुमने मुझे धोखा दिया है, मेरे विश्वास को तोड़ा है, मेरी भावनओं का मज़ाक़ बनाया है।" उसके आँसू रुकने का नाम नहीं ले रहे थे।

"अदिति, प्लीज! मुझे एकबार अपनी बात कहने का मौक़ा दो। लोग मेरे बारे में क्या सोंचते हैं मुझे कोई फ़र्क़ नहीं पड़ता, लेकिन तुम क्या सोचती हो इस बात से बहुत फ़र्क़ पड़ता है। मैं अपनी पूरी ज़िन्दगी इन सलाखों के पीछे गुज़ार सकता हूँ, लेकिन तुम्हारा अपराधी बनकर नहीं जी सकता। तुम ही मेरी सबसे बड़ी ताकत हो और कमज़ोरी भी।"

अगले कुछ पल के लिए वह कुछ नहीं बोली। बस सुबक-सुबक कर रोती रही।

"ठीक है, वादा करो कि तुम मुझे सब कुछ सच सच बताओगे", उसने अपने आँसू पोंछते हुए कहा।

"मैं वादा करता हूँ। तुम्हें सच बताने के लिए ही तो मैंने तुम्हें यहाँ बुलाया है। वैसे भी, आज तक मैंने तुमसे कभी झूठ नहीं बोला और न ही कभी बोलूँगा," मैंने कहा।

अगले दस मिनट में मैंने उसे सब कुछ बता दिया...टेस्ट की तैयारी के दौरान हुई रिया और मेरी दोस्ती, उसका मुझे प्रपोज करना, मेरा इनकार, रिया की धमकी और मेरे जन्मदिन वाले दिन उसकी जालसाजी। मैंने कैंटीन

वाला वाक्य भी बताया जब गुस्से में मैंने सबके सामने रिया को थप्पड़ मार दिया था।

''यही सारी सच्चाई है, अदिति। इसमें से एक भी बात झूठ नहीं है। मेरा यक़ीन करो'', कहते हुए मैंने अपनी बात ख़त्म की।

''और वो रात, जब तुम रिया के साथ थे? उसके बारे में क्या कहना चाहोगे।'' इस बार अदिति की आवाज़ सख़्त थी।

''आई एम सॉरी, अदिति। लेकिन मैंने वो जानबूझकर नहीं किया। मैं होश में नहीं था। ऐसी हालत में तुम्हारा ही चेहरा मेरी आँखों के आगे घूम रहा था और मैं बार-बार तुम्हारा ही नाम पुकार रहा था। रिया ने इसी बात का फायदा उठाया। मुझसे... भूल...'' कहते-कहते मेरी आवाज़ लड़खड़ाने लगी।

''तो फिर तुमने शराब पी ही क्यों?'' उसने सवाल किया।

''उस एक रात ने मेरी पूरी ज़िन्दगी बर्बाद कर दी...मैं तुम्हें कैसे समझाऊँ? मैंने जानबूझकर शराब नहीं पी... उन लोगों ने जबरदस्ती पिला दी। वो पहले से ही प्लान बनाकर आये थे। और मैं उनके झाँसे में आ गया।'' मैंने मायूसी से कहा।

उसने मेरी ओर देखा।

''मुझे अब चलना चाहिए'', उसने कहा।

मेरा दिल डूबने लगा। मेरी आख़िरी उम्मीद भी दम तोड़ रही थी।

''अदिति!'' मैंने धीरे से कहा। उसने नज़रें उठाकर मेरी ओर देखा।

''आई लव यूँ! मैं सिर्फ़ तुमसे ही प्यार करता हूँ और हमेशा करता रहूँगा...मरते दम तक।''

''बाय, नील। अपना ध्यान रखना'' कहकर वह वापस जाने के लिए मुड़ी।

''अदिति, सुनो!'' मैंने पीछे से आवाज़ लगायी। लेकिन वह रुकी नहीं और चलती गयी।

''हो सके, तो कल फिर आना, प्लीज... मैं तुम्हारा इन्तज़ार करूँगा'', मैं पीछे से चिल्लाया।

वह जा रही थी और मैं बेबस खड़ा देखता रहा, तब तक जब तक वह आँखों से ओझल नहीं हो गयी।

अगले दिन, हर रोज़ की तरह शाम को गगन फिर आया। लेकिन अदिति उसके साथ नहीं थी।

''कोर्ट ने तुम्हारे केस की सुनवाई अगले सप्ताह के लिए स्थगित कर दी है'', उसने बताया।

''जैसे कि इन सात दिन में कुछ बदल जायेगा। उन्हें जो कहना-करना था, कहते और ख़त्म करते इस क़िस्से को। कम से कम इस बिल से तो छुटकारा मिलता...दम घुटने लगा है अब यहाँ।''

गगन ख़ामोश सुनता रहा।

''अदिति नहीं आयी?'' मैंने पूछा।

''नहीं, जब मैंने उससे पूछा कि वो मेरे साथ चलना चाहती है? तो उसने मना कर दिया। उसने कहा कि उसे सोचने के लिए थोड़ा वक़्त चाहिए।'' उसने बताया।

''तुमने खाना खाया? यहाँ तुम्हें खाना तो ठीक देते है न?'' गगन ने पूछा।

''अगर पत्थर से भी सख़्त ब्रेड और पानी जैसी चाय को ठीक कहा जाता है, तो हाँ!'' मैंने हल्के से मुस्कुराते हुए कहा।

''इन कमीनों की तो...'' गगन कहते-कहते वहीं रुक गया।

''चलो छोड़ो। अच्छा, ये बताओ कि तुम्हारा कॉलेज कैसा चल रहा है?'' मैंने बात बदलने की कोशिश की।

''कुछ ख़ास नहीं। अब वहाँ पहले जैसा कुछ नहीं रहा। अफवाहों का बाज़ार गर्म रहता है और हर रोज़ एक नयी मनगढ़ंत कहानी सुनने को मिल जाती है। साले सब दोगले हैं। मन करता है, ऐसे लोगों का सिर फोड़ दूँ'', गगन ने दाँत भींचते हुए कहा।

''तो, अब तक कितनों का सिर फोड़ा'', मैंने मज़ाक़ किया।

थोड़ी देर बाद गगन चला गया।

मैं सारी रात नहीं सो पाया...कभी बेन्च पर सोने की कोशिश करता, तो कभी नीचे फ़र्श पर। ठण्ड बहुत ज़्यादा थी और मुझे ओढ़ने के लिए कम्बल तो छोड़ो, एक चादर तक नहीं दी गयी थी। इसलिए, मैं नीचे दीवार से सट

कर लेट गया और अपने हाथों और टाँगों को जितना हो सकता था, छाती के साथ चिपका लिया।

अचानक से मेरी नज़र मेरी कलाई पर बन्धी घड़ी पर गयी। 5:50 हो चुके थे। मेरे जाने का वक़्त हो गया था, लेकिन नील की ज़िन्दगी के बारे में बहुत कुछ जानना अभी भी बाकी था।

"नील, आज के लिए हमें बात को यहीं पर रोकना पड़ेगा। जेलर किसी भी वक़्त आता ही होगा।"

"क्या तुम कल आओगे?" नील ने पूछा। उसकी आवाज़ में अचानक से एक स्थिरता आ गयी थी। ऐसा लग रहा था जैसे वो नहीं चाहता था कि मैं जाऊँ। एक ही पल में उसकी आँखों की चमक गायब हो गयी। शायद उसकी कहानी का वो पल जिसमें वो जी रहा था, बीच में ही छूट गया था।

"ये भी कोई पूछने की बात है। मैं खुद तुम्हारी कहानी जानने को बेताब हूँ। मेरा बस चले तो तुम्हें यहाँ से साथ लेकर ही जाऊँ।"

मेरी बात सुनकर नील मुस्कुरा दिया।

"मैं इन्तज़ार करूँगा..." उसने कहा।

मैंने नील से हाथ मिलाया और बैरक से बाहर आ गया।

विजीटर बुक में साइन करने ऑफ़िस में दाख़िल हुआ तो देखा, जेलर वहीं बैठा था। मुझसे रहा नहीं गया और मैं बोल पड़ा, "सर, नील ने कुछ भी गलत नहीं किया। उसे जेल में नहीं होना चाहिए। वह बहुत अच्छा, नेक और साफ़ दिल का लड़का है। वह कभी किसी के साथ गलत नहीं कर सकता।"

"भाईसाब, हमारा काम है कोर्ट के फ़ैसलों का पालन करना... क्या सही है और क्या गलत... यह कोर्ट तय करती है, हम नहीं" शायद जेलर को मेरा यूँ बोलना पसन्द नहीं आया था।

"लेकिन सर, आप उसकी मदद तो कर सकते हैं। उसने कुछ नहीं किया, वह निर्दोष है। तो आप उसे जेल में कैसे रख सकते हैं?"

"देखो, मिस्टर, जो भी तुम्हारा नाम है... प्लीज, मुझे नसीहत देने की ज़रूरत नहीं। मुझे अपना काम बख़ूबी आता है। और रही बात नील की,

कोर्ट कभी भावनाओं में बह कर फ़ैसला नहीं करता... उसको सबूत चाहिए जो तुम्हारे दोस्त के पास नहीं है।"

"आई एम सॉरी सर, लेकिन सबूत होगा भी तो कैसे? कोर्ट और पुलिस तो अमीर लोगों के हाथों की कठपुतली है, जो अपने पैसे और ताकत के दम पर किसी को भी ख़रीद सकते हैं" भावनाओं के आवेश में आकर मेरी आवाज़ कुछ ज़्यादा ही तेज़ हो गयी थी।

"बस बहुत हुई बकवास, अब चुपचाप खिसक जाओ यहाँ से। नहीं तो, तुम्हें जेल की सलाखों के पीछे डालने में मुझे ज़रा भी देर नहीं लगेगी। फिर वहीं अपने दोस्त के साथ बैठना और रोज़ उसकी कहानी सुनना, समझे?" जेलर गुस्से से चिल्लाया।

गुस्सा तो मुझे भी बहुत आया, लेकिन लाचार था...कुछ कर नहीं सकता था। इसलिए चुपचाप वहाँ से चले आना ही मुझे बेहतर लगा। लेकिन अपने देश की क़ानून व्यवस्था को देखकर मेरा मन बहुत दुखी हुआ। ऐसा क़ानून, जहाँ एक गुनहगार छाती चौड़ी कर खुलेआम बाहर घूमता है और एक बेक़सूर जेल की चारदिवारी में सड़-सड़कर मरता है। एक ऐसा क़ानून जहाँ एक सीधे-सादे और निर्दोष व्यक्ति को सबूतों के अभाव में अपराधी बना दिया जाता है। ऐसा क़ानून जो दो प्यार करने वालों को हमेशा-हमेशा के लिए एक-दूसरे से जुदा कर देता है।

"नहीं, ऐसा नहीं होना चाहिए। यह कहानी यहाँ ख़त्म नहीं हो सकती ...यह गलत है", मैं मन ही मन बड़बड़ाया।

घर पहुँचा तो बीवी ने देखते ही मुँह बना लिया। दरअसल, उस दिन वह मुझसे बहुत नाराज़ थी, क्योंकि मैं उसे बताये बिना ही घर से चला गया था। और ऊपर से उस दिन रविवार था और मैं उसे कहीं बाहर घुमाने भी नहीं लेकर गया। लेकिन जब मैंने उसे नील और अदिति के बेपनाह प्यार के बारे में बताया, तो उसकी आँखों से आँसू छलक आये।

"क्या तुम उनकी मदद के लिए कुछ नहीं कर सकते?" उसने पूछा।

"मैं अपनी तरफ़ से पूरी कोशिश करूँगा", मैंने उसका दिल रखने के लिए कह तो दिया, लेकिन मैं खुद नहीं जानता था कि मुझे क्या करना है।

***

अगले दिन, ख़ुशकिस्मती से वो जेलर वहाँ नहीं था। बैरक में गया तो पता चला कि नील खाना खाने गया है और उसे आने में थोड़ी देर लगेगी।

मैं बैरक के बाहर उसका इन्तज़ार करने लगा।

''गुड मार्निंग राजीव, कैसे हो?'' नील ने देखते ही पूछा। आज उसकी आँखों में एक चमक थी।

''मैं अच्छा हूँ। तुम कैसे हो? वैसे हँसते हुए काफ़ी अच्छे लगते हो तुम'', मैं कहने से खुद को नहीं रोक पाया।

''थैंक्स, तुमसे मिले सिर्फ़ दो दिन ही हुए हैं लेकिन पता नहीं क्यों, यूँ लगता है जैसे पता नहीं कब से तुम्हें जानता हूँ।''

''मुझे भी। वैसे नाश्ता। कैसा था?''

''जैसा हर रोज़ होता है...अब तो आदत सी पड़ गयी है'' उसने बहुत ही मासूमियत से कहा।

''अच्छा नील, उसके बाद क्या हुआ? क्या अदिति फिर से तुमसे मिलने आयी?'' मैंने पूछा। मैं पूरी कहानी जानने के लिए उतावला हुआ जा रहा था।

नील ने बताना शुरू किया।

हाँ, दो दिन बाद वो फिर से वापस आयी। ''तुम खाना क्यों नहीं खा रहे हो?'' आते ही उसने सवाल किया।

जैसे ही मेरे कानों में आवाज़ पड़ी, मैं उछलकर खड़ा हो गया। मुझे अपनी आँखों पर यक़ीन नहीं हो रहा था...अदिति मेरे सामने खड़ी थी। गगन भी उसके साथ था।

''गगन ने बताया कि तुम दो दिन से खाना नहीं खा रहे। क्यों कर रहे हो ऐसा?'' उसकी बेबसी चेहरे से झलक रही थी।

''अरे, तुम भी किसकी बात पर यक़ीन करती हो...ये तो कुछ भी बकता है।'' मैंने मुस्कुराने की कोशिश करते हुए कहा।'' देखो, मैं कहीं से कमज़ोर दिखता हूँ? एकदम भला-चंगा हूँ, तन्दुरुस्त हूँ।''

उसने सलाखों के बीच से हाथ बढ़ाया और मेरे चेहरे को छुआ।

''मुझे तुम पर पूरा भरोसा है, नील। मैं तुम्हारे साथ हूँ'' उसने धीरे से कहा।

''थैंक गॉड!! अब मुझे और कुछ नहीं चाहिए। अब चाहे मुझे पूरी ज़िन्दगी जेल की चारदीवारी में ही क्यों न बितानी पड़े, मुझे कोई फ़र्क़ नहीं पड़ता'' मैं हद से ज़्यादा ख़ुश था।

"सुनो, मैंने फ़ैसला किया है, मैं रणदीप से मिलूँगी और उससे बात करूँगी। उस वक़्त वह गुस्से में था, शायद इसलिए उसने तुम्हारी बात नहीं सुनी। क्या पता, मेरी बात मान जाये" अदिति ने बताया।

"नहीं, अदिति। रणदीप अब वो पहले वाला रणदीप नहीं रहा...वो बदल चुका है। रिया के लिए उसका जुनून, अब मेरे लिए बेपनाह नफ़रत में बदल चुका है, मैंने उसकी आँखों में देखा है। वह किसी की नहीं सुनेगा। मैं नहीं चाहता कि तुम इस पचड़े में पड़ो..." मैंने उसे समझाने की कोशिश की।

"नील, मैं तुम्हें यहाँ ऐसे घुट-घुटकर मरने के लिए नहीं छोड़ सकती। मुझे रणदीप से बात करनी ही होगी... उसका सच जानना बहुत ज़रूरी है। इस वक़्त वही एक ऐसा इन्सान है जो हमारी मदद कर सकता है। बशर्ते, हम उसे अपनी बात का यक़ीन दिलवा पाएँ।"

"मेरी बात सुनो, अदिति"

"नहीं, नील। पहले तुम मेरी बात सुनो। हमने वादा किया था कि हम हर सुख-दुख में एक-दूसरे के साथ रहेंगे। यह हमारे प्यार के इम्तिहान का वक़्त है। तुम्हें नहीं पता मैं तुम्हारे बिना कैसे जी रही हूँ...हर दिन मौत से भी बढ़कर है। मुझे तुम्हारी ज़रूरत है, नील। मैं ये एक कोशिश तो करके ही रहूँगी।" वह अपनी बात पर अडिग थी।

"ठीक है, जैसी तुम्हारी मर्जी। लेकिन वादा करो कि तुम अपना ध्यान रखोगी", मैं अभी भी उसके फ़ैसले से सन्तुष्ट नहीं था।

"तुम चिन्ता मत करो। मैं तुम्हें जल्दी ही यहाँ से बाहर निकाल लूँगी। फिर हम साथ में ही रहेंगे", उसने कहा।

मैंने उसके हाथों को चूमा।

"अब हमें चलना चाहिए। मिलने का समय ख़त्म होने वाला है" गगन ने अपनी घड़ी देखते हुए कहा।

"अपना ध्यान रखना। आई लव यूँ" अदिति ने जाते हुए कहा।

15

अगले दो दिन तक अदिति रणदीप को फ़ोन करती रही, लेकिन जब उसने फ़ोन नहीं उठाया, तो वह उससे मिलने उसके घर चली गयी।

लेकिन वह घर पर नहीं था। वहाँ जाकर उसे पता चला कि रणदीप अपने फ़ार्म-हाउस पर है। अदिति ने जब रणदीप की मम्मी को असलियत बताने की कोशिश की तो वे अदिति पर भड़क पड़ी। उन्होंने अदिति को बहुत भला-बुरा कहा। बाकियों की तरह वे भी मुझे ही दोषी मान रहे थे। उन्हें लगता था कि मेरे धोखे की वजह से ही रणदीप का ये हाल हुआ है। *ज़िन्दगी में कई बार इनसान गलत नहीं होता, बल्कि उसका सही या गलत उन हालातों पर निर्भर करता है जिनसे वह गुज़रा है या गुज़र रहा है।* मेरे साथ भी तो ऐसा ही था, बेकसूर होने के बावजूद भी वो लोग जो मेरे अपनों से ज़्यादा मुझे अपना मानते थे, मुझसे नफ़रत करने लगे थे।

ख़ैर, अदिति जब फ़ॉर्म-हाऊस पहुँची तो उस वक़्त रणदीप हॉल में बैठा शराब पी रहा था। वह नशे में था। ''आ गयी भीख माँगने, उस कमीने ने तुम्हें यहाँ भेजा है न?'' रणदीप अदिति को देखते ही चिल्ला या। राजू उसके पास ही खड़ा था।

''नहीं, नील ने मुझे नहीं भेजा। उल्टा, उसने तो मुझे यहाँ आने के लिए मना किया था'', अदिति ने जवाब दिया।

''फिर तो तुम्हें उसकी बात माननी चाहिए थी'', रणदीप ने सामने पड़े शराब, के गिलास में से घूँट भरते हुए कहा।

''नील बेकसूर है, रणदीप। तुम सच्चाई नहीं जानते। रिया ने नोट

में झूठ लिखा है। उसने कुछ नहीं किया'', अदिति ने रणदीप को समझाने की कोशिश की।

अचानक, रणदीप ने गुस्से से सामने मेज़ पर पड़ी शराब की बोतल उठायी और अदिति की ओर फैंक कर मारी। बोतल अदिति के कान के पास से होती हुई, पीछे दीवार से जा टकरायी और चूर-चूर हो गयी। डर के मारे अदिति ने अपने कान बन्द कर लिए। उसके हाथ-पैर काँप रहे थे।

''तुम्हारी हिम्मत भी कैसे हुई, अपनी गन्दी जुबान से रिया का नाम लेने की!!'' वह गुर्राया।

''रण...रणदीप, प्लीज! बस एक बार मेरी बात सुन लो'', अदिति की आवाज़ लड़खड़ा रही थी।

''इससे पहले कि मैं कुछ कर दूँ, चली जाओ यहाँ से। मुझे कुछ नहीं सुनना'', रणदीप फिर से गरजा।

''प्लीज, रणदीप...''

''सुना नहीं तुमने, चली जाओ यहाँ से!!''

अदिति आँखों में आँसू लिए चुपचाप वहाँ से चली आयी।

***

अदिति हर रोज़ रणदीप से मिलने उसके घर जाती, लेकिन वो हर बार उसकी बात सुनने से मना कर देता। वह उस पर चिल्लाता, गालियाँ निकालता, उसकी बेइज़्ज़ती करता, लेकिन अदिति ने उम्मीद नहीं छोड़ी। हर रोज़ शाम को वह जेल में मुझसे मिलने आती।

''अदिति, तुम्हें वहाँ जाने की ज़रूरत नहीं है'', मैंने एक बार फिर उसे समझाने की कोशिश की। अदिति का मायूस चेहरा उसकी लाचारगी बयाँ कर रहा था।

''लेकिन नील, मैं तुम्हें यहाँ ऐसे तड़पते हुए नहीं देख सकती। तुम ही बताओ, मैं करूँ तो क्या करूँ?'' कहते हुए वह जेल की सलाखों के साथ नीचे फ़र्श पर बैठ गयी और रोने लगी।

उसे इस तरह से टूटता देख मुझे बहुत बुरा लग रहा था। ''प्लीज अदिति, भगवान के लिए चुप हो जाओ'', सलाखों के पार मैं भी उसके

सामने फ़र्श पर बैठ गया।

"अदिति, देखो मेरी तरफ़!" मैंने उसका चेहरा हाथों में भर लिया। फिर अपनी हथेली से उसके आँसू पोंछे और उसके माथे को चूमा।

"तुम ही तो मेरी सबसे बड़ी ताकत हो। अगर तुम इस तरह से हौंसला खो दोगी तो मेरा क्या होगा?"

"वह...वह मेरी बात ही नहीं सुन रहा है, नील। अब मैं क्या करूँ? तुम्हारे जाने के बाद, वहाँ बाहर सब कुछ बदल गया है। सब दोस्त पराये हो गये हैं। मैं बिल्कुल अकेली हो चुकी हूँ, टूट चुकी हूँ, बिखर चुकी हूँ", अदिति ने बिलखते हुए कहा।

मैंने उसके हाथों को अपने हाथों में लिया।

"तुम्हें खुद को मजबूत बनाना होगा, अदिति। यह हम दोनों के लिए, हमारे प्यार के लिए इम्तिहान की घड़ी है। हमारा प्यार इतना कमज़ोर नहीं कि ज़िन्दगी का एक छोटा-सा झटका भी न सह पाये", मैंने उसे हौंसला देने की कोशिश की।

"अदिति, समय हो गया है। हमें जाना होगा", गगन ने अदिति के कन्धे पर हाथ रखते हुए कहा।

"मैं कहीं नहीं जाऊँगी... मुझे यहीं रहना है", कहते हुए उसने गगन का हाथ झटक दिया। उसकी ऐसी हालत देखकर मैं भी अन्दर ही अन्दर रो रहा था। लेकिन लाचार था, इतना लाचार कि खुलकर रो भी नहीं सकता था। मैं नहीं चाहता था कि अदिति मुझे टूटता हुआ देखे।

"अदिति, तुम गगन के साथ जाओ। हम कल फिर से मिलेंगे, ठीक है?" मैंने उसे समझाया।

"नहीं नील, मुझे नहीं जाना। मुझे यहीं, तुम्हारे पास रहना है", वह अपनी ज़िद पर अड़ी थी।

मैंने गगन की ओर देखा और आँखों से इशारा किया। वह अदिति के पास गया और उसे प्यार से खड़ा किया।

"चलो, अदिति। बहुत देर हो चुकी है। हमें जाना ही होगा।"

अदिति ने हाथ छुड़ाने की बहुत कोशिश की, लेकिन गगन ने उसे कसकर पकड़ा हुआ था।

"प्लीज, गगन, मुझे यहीं रहने दो। नील, प्लीज...गगन को बोलो न कि मुझे छोड़ दे। मैं तुम्हारे बिना नहीं रह सकती, प्लीज।" वह गिड़गिड़ा रही थी।

गगन उसे ले जा रहा था और मैं लाचार नज़रों से उसे जाते हुए देख रहा था। उसके जाने के बाद मैं फूट-फूटकर रोया। दर्द था अपनी बेबसी का, अदिति की लाचारी का...और हर उस पल का जिसमें कसमसाती हुई मेरी अदिति घुट-घुट कर जीने को मजबूर थी।

अगले दिन, जब गगन और अदिति मुझसे मिलने आये, तो मैंने देखा कि वह कुछ लँगड़ा कर चल रही थी।

"अदिति, तुम्हारे पैर को क्या हुआ?" मैंने पूछा।

उसने मुझसे नज़रें चुराने की कोशिश की।

"कुछ नहीं, बस हल्की-सी मोच है। तुम बताओ, तुमने खाना खाया?" उसने जल्दी से बात बदलते हुए कहा।

"मुझे पता है यह मोच नहीं है, तुम झूठ बोल रही हो... तुम ज़रूर मुझसे कुछ छिपा रही हो", मैंने उसका चेहरा हाथ से अपनी ओर करते हुए पूछा।

"नहीं, नील। ये सिर्फ़ हल्की-सी मोच है, और कुछ नहीं", उसने ज़ोर देकर कहा। मैंने गगन की ओर देखा। उसने इशारे से 'न' में सिर हिला दिया।

"अदिति, मुझे बहुत प्यास लगी है। गलियारे के आख़िर में एक घड़ा रखा है, क्या तुम वहाँ से मेरे लिए पानी ला दोगी?" कहते हुए मैंने एक लुटिया उसकी ओर बढ़ा दी।

"यह सब क्या है, गगन? वो मुझसे क्या छिपा रही है?" अदिति के जाते ही मैंने गगन से पूछा।

"इन दिनों वह हर रोज़ हमारे हॉस्टल के पीछे पहाड़ी पर बने शिव मन्दिर में जाती है। मन्दिर करीब तीन किलोमीटर पड़ता है। मैंने उसे कहा भी था कि मैं उसे वहाँ ले जाया करूँगा, लेकिन उसने मना कर दिया। उसने भगवान से तुम्हारी रिहाई के लिए मन्नत माँगी है, इसीलिए हर रोज़ सुबह नंगे पैर ही मन्दिर जाती है। पथरीला रास्ता है, शायद इसी वजह से पैर में छाले पड़ गये हैं और वो ठीक से चल भी नहीं पा रही", गगन ने बताया।

तभी अदिति मेरे लिए पानी लेकर आ गयी। चलने के दौरान, वह अपनी लँगड़ाहट छुपाने की पूरी कोशिश कर रही थी। मेरी आँखें भर आयीं।

मैं नीचे फ़र्श पर बैठ गया और उसके पैरों को देखने लगा। उसके पैर सूज गये थे और नीचे तलवे सूजन की वजह से लाल हुए पड़े थे।

अदिति और मैं दोनों ही ख़ामोश थे। लेकिन दोनों ही एक-दूसरे के दिलों में चलते जज्बातों के तूफ़ान को महसूस कर सकते थे।

***

जैसे ही अदिति रणदीप के कमरे में दाखिल हुई, वह ज़ोर-ज़ोर से खाँसने लगी। पूरा कमरा धुएँ से भरा था। चारों ओर शराब और सिगरेट की बदबू फैली थी, जिसमें साँस लेना भी मुश्किल था। उसने अपने नाक और मुँह को हाथों से ढक लिया। रणदीप अपने दोस्तों के साथ बैठा शराब पी रहा था। सब के सब नशे में धुत थे और किसी बात पर ज़ोर-ज़ोर से हँस रहे थे। खाली बोतलें और गिलास फ़र्श पर जहाँ-तहाँ बिखरे पड़े थे।

"अरे! देखो...देखो, कौन आया है!" रणदीप ने जैसे ही दरवाज़े पर अदिति को देखा, ज़ोर से चिल्लाया। उसके दोस्त अदिति को देखकर सीटियाँ बजाने लगे।

अदिति ने घबरा कर अपना दुपट्टा ठीक किया। वह बहुत डरी हुई थी।

"आओ, माई डार्लिंग, अन्दर आओ" रणदीप ने कहा।

"रणदीप...बाहर...आओ, मैं...मैं तुमसे बात करना चाहती हूँ", अदिति ने हकलाते हुए कहा। इस तरह का माहौल उसने कभी नहीं देखा था।

"क्यों? यहाँ क्या प्रॉब्लम है? जो भी बात करनी है, यहीं करो... लेकिन थोड़ा मेरे पास आकर", कहकर रणदीप ठहाका लगाकर हँस दिया।

रणदीप के बाकी दोस्त भी अदिति के साथ बदतमीजी करने लगे। उनमें से कुछ तो भद्दे-भद्दे कमेन्ट कर रहे थे।

"डरो मत, अदिति। ये सब मेरे दोस्त हैं। और फिर तुम्हें तो इन सब की आदत होगी न? मुझे यक़ीन है, तुमने और तुम्हारे आशिक ने बहुत-सी रातें एक साथ... "

"रणदीप!!!" अदिति चिल्लाई, लेकिन उसकी आवाज़ दबी-दबी सी थी।

और तभी, रणदीप बिजली की तेज़ी से अपनी कुर्सी से उछला, अदिति की ओर आया और एक ज़ोरदार थप्पड़ उसके चेहरे पर जड़ दिया।

"आहहह!!" अदिति दर्द से चिल्लाई। फिर रणदीप ने उसे बालों से पकड़ा और घसीटता हुआ कमरे के अन्दर ले आया और उसे ज़मीन पर पटक दिया।

अदिति उसकी गिरफ़्त से निकलने के लिए छटपटाती रही।

"किसी को मेरे साथ ऊँची आवाज़ में बात करने का हक़ नहीं है!! ये हक़ सिर्फ़ एक ही लड़की के पास था और वो अब इस दुनिया में नहीं है।" रणदीप उस पर ज़ोर से चिल्लाया।

फिर उसने मेज़ से शराब की बोतल उठायी और अदिति की ओर गया।

"चलो, पीओ इसे", उसने बोतल अदिति के मुँह से लगाते हुए कहा। अदिति ने नफ़रत से अपना चेहरा घुमा लिया। रणदीप ने ज़ोर से उसे पकड़ लिया।

"रणदीप...क्या...क्या...छोड़ो...मुझे...रणदीप मुझे दर्द हो रहा है... प्लीज, छोड़ो मुझे!!" अदिति रोने लगी।

उसने एक हाथ से अदिति का मुँह पकड़ा और दूसरे हाथ से व्हिस्की की बोतल उसके मुँह में उड़ेल दी। अदिति ज़ोर-ज़ोर से खाँसने लगी और सारी शराब उल्टी के साथ बाहर निकाल दी। रणदीप के दोस्त ठहाके लगा लगाकर हँस रहे थे, मानो कोई तमाशा चल रहा हो। लाचार और बेबस अदिति बिलख-बिलखकर रोने लगी।

"रणदीप, मैं हाथ जोड़कर तुमसे भीख माँगती हूँ, प्लीज, नील को जेल से बाहर निकाल दो। मेरा यक़ीन करो, वो बेकसूर है उसने कुछ नहीं किया। उसे फँसाया गया है। उसने रिया को नहीं मारा... वो सब झूठ है...प्लीज, भगवान के लिए नील को बचा लो..." अदिति ने रणदीप के पैर पकड़ लिए।

रणदीप जानवरों की तरह ललचाई नज़रों से उसे देखने लगा। फिर उसने अपना हाथ बढ़ाया और अदिति के गालों पर लुढ़कते आँसूओं को पोंछने लगा। अदिति ने झटके से अपना चेहरा पीछे कर लिया। रणदीप ने जोर से उसे बालों से पकड़ा और अपने हाथों से उसके चेहरे और गर्दन के पास सहलाने लगा। शर्मिन्दगी और घबराहट के मारे अदिति पसीने-पसीने हो रही थी।

"रणदीप...क्या...क्या कर रहे हो, तुम" उसने हकलाते हुए कहा। खुद

को रणदीप से बचाने के लिए वह पीछे की ओर घिसटने लगी।

"अरे, डर क्यों रही हो। तुम्हारे लिए ये कोई नयी चीज़ थोड़े न है। क्यों सती-सावित्री होने का ढ़ोंग कर रही हो।" रणदीप ने जबरदस्ती उसे अपनी ओर खींच लिया।

"रण...रणदीप...प्लीज..." अदिति हाथ जोड़े उसके सामने गिड़गिड़ा रही थी। उसकी पकड़ से छूटने के लिए छटपटा रही थी, लेकिन रणदीप की ताकत के सामने बेबस थी।

रणदीप अदिति के करीब आने लगा। उसके मुँह से शराब और सिगरेट की बदबू आ रही थी। जैसे ही वो अपना चेहरा अदिति के करीब लाया, अदिति ने नफरत से अपना मुँह फेर लिया। रणदीप ने खींचकर उसका चेहरा अपनी ओर किया और उसे कमर से जकड़ लिया। फिर वो अपने होंठों को उसके होंठों के नज़दीक लाने लगा।

"मैं तो बस तुम्हें प्यार करना चाहता हूँ..." उसने अदिति के कान में कहा। अदिति उसके चंगुल से छूटने के लिए अपनी पूरी ताकत लगा कर जद्दोजहद कर रही थी, लेकिन रणदीप पर हैवानियत सवार थी। वह उसके होंठो से बस कुछ इंच की दूरी पर था।

"रणदीप...नहीं!!" अदिति ज़ोर से चिल्लाई। अचानक से उसका हाथ हवा में लहराया और एक ज़ोरदार थप्पड़ रणदीप की गाल पर पड़ा। फिर उसने पैरों से धक्का देकर रणदीप को दूर गिरा दिया। अदिति डर के मारे थर-थर काँप रही थी।

रणदीप की आँखें गुस्से से लाल हो गयी। वह उठा और अदिति की ओर बढ़ा। उसने अदिति को बालों से पकड़ा और ज़ोर से उसे दीवार के साथ पटक दिया। उसका सिर दीवार से जा लगा और उसके मुँह से ज़ोर से चीख़ निकली। उसका दुपट्टा फ़र्श पर जा गिरा। वह वहीं फ़र्श पर पड़ी कराहने लगी। आँखों में वहशियत लिए रणदीप फिर से उसकी तरफ़ गया और उसके मुँह को कसकर अपने हाथों से जकड़ लिया।

"तुम चाहती हो न कि वो हरामजादा जेल से बाहर आ जाये? बहुत चाहती हो न उसे?"

"हाँ...हाँ..." अदिति ठीक से बोल भी नहीं पा रही थी।

"बहुत जल्दी है न तुम्हें उसे जेल से बाहर निकालने की?" रणदीप की आँखों में दरिन्दगी तैर रही थी।

"मतलब...तुम्हारा मतलब क्या है?" अदिति ने खाँसते हुए कहा। सिगरेट के धुँए की वजह से उसे साँस लेने में परेशानी हो रही थी।

"ठीक है, मैं उसे जेल से बाहर निकाल दूँगा", रणदीप ने अपनी पकड़ ढीली करते हुए कहा।

अदिति की आँखें खुली की खुली रह गयी। उसे रणदीप की बात पर यक़ीन नहीं हो पा रहा था।

"तुम सच कह रहो हो? तुम...तुम उसे जेल से बाहर निकाल दोगे...? सच्ची? रणदीप...मैं बता नहीं..." अदिति ने कहने की कोशिश की।

"लेकिन, सिर्फ़ एक शर्त पर", रणदीप ने उसे बीच में ही टोका।

"क्या...कैसी शर्त?"

"मैं जो कहूँगा, तुम्हें वही करना होगा"

अदिति ने हैरानी से रणदीप की ओर देखा। उसके दिमाग़ में बुरे-बुरे ख़याल आने लगे।

"तुम्हें मुझसे शादी करनी होगी", रणदीप ने थोड़ा रुक कर कहा।

अदिति के पैरों तले से जैसे ज़मीन खिसक गयी।

"क्या??" उसने चौंकते हुए पूछा।

रणदीप मुस्कुराया। "उसने मुझसे मेरा प्यार छीन है, मैं भी उसका प्यार छीन लूँगा। तब जाकर उसे पता चलेगा कि किसी अपने को खोने का दर्द क्या होता है। मैं तो जीते जी मर ही चुका हूँ, लेकिन उसे भी जीने नहीं दूँगा... इतना दर्द भर दूँगा उसकी ज़िन्दगी में कि वह मौत की भीख माँगेगा।" बदले की आग ने उसे पागल कर दिया था।

"नहीं, तुम...तुम ऐसा नहीं कर सकते...रणदीप। प्लीज!" अदिति उसके सामने गिड़गिड़ा रही थी, इस उम्मीद से कि शायद रणदीप का दिल पसीज जाये।

"प्लीज, रणदीप, प्लीज...रिया के साथ जो हुआ, उसके लिए मैं तुमसे माफ़ी माँगती हूँ। मैं तुम्हारा दर्द समझती हूँ...मुझे पता है तुम पर क्या गुज़र रही है।"

"नहीं, तुम नहीं जानती!! मेरा दर्द कोई नहीं समझ सकता...कोई

भी नहीं'' वह गुस्से से चिल्लाया और एक ज़ोर का घूँसा दीवार पर मारा।

''मेरा यक़ीन करो...नील ने कुछ नहीं किया...वह तुम्हारे दर्द को अच्छी तरह से समझता है...लेकिन वह...'' अदिति सुबकते हुए बोल रही थी।

''नहीं, वह कुछ नहीं समझता!'' वह दोबारा से चिल्लाया। ''अगर वो समझता होता तो मेरी रिया को कभी मुझसे छीनता नहीं। लेकिन अब... अब मैं उसे बताऊँगा कि दर्द क्या होता है।''

''नहीं रणदीप...हमारे साथ ऐसा मत करो... प्लीज, मैं तुम्हारे आगे हाथ जोड़ती हूँ।'' रणदीप उसे वहीं बिलखता छोड़ अपने दोस्तों के पास जाकर बैठ गया।

''एक बार फिर सोच लो, डील मंजूर हो तो आ जाना'', उसने सिगरेट का कश भरते हुए कहा।

''तुम ऐसा क्यों कर रहे हो? क्या मिल जायेगा तुम्हें ये सब करके?'' कहती हुई वह वहीं ज़मीन पर गिर गयी।

''बदला...इससे अच्छा बदला कोई हो ही नहीं सकता।''

अदिति दीवार पर सिर पटक-पटक कर रोने लगी।

''देखना, मैं ही जीतूँगा'', रणदीप ने अपने दोस्तों की ओर देखते हुए कहा। ये वो नहीं, उसके अन्दर की नफ़रत और अंहकार बोल रहा था।

''तुम जो चाहती थी, मैं वो करने को तैयार हूँ। बस इसके लिए तुम्हें छोटी-सी कीमत चुकानी होगी। वैसे भी मुझे नहीं लगता कि मैं कुछ ज़्यादा माँग रहा हूँ...सोच लो? फ़ैसला तुम्हारे हाथों में है...वरना वो पूरी ज़िन्दगी जेल की सलाखों के पीछे सड़ता रहेगा। क्या तुम उसे इस तरह मौत से भी बदतर ज़िन्दगी जीते देख पाओगी? क्या तुम नहीं चाहती कि वो इन सारे इल्ज़ामों से बरी हो जाये? क्या तुम नहीं चाहती कि वो इज़्ज़त और सुकून की ज़िन्दगी जी पाये?'' रणदीप उसे भड़काने की हर मुमकिन कोशिश कर रहा था।

अदिति ख़ामोश हो गयी। उसने रोना बन्द किया और अपने बालों को समेटा।

''अरे, मैं इतना भी पत्थर दिल नहीं हूँ, जितना तुम समझती हो। बताओ दोस्तो, क्यों मैं हूँ?'' उसने अट्टहस किया।

''नहीं'', उसके दोस्तों ने भी उसका ही साथ दिया।

"क्या तुम अपने प्यार के लिए इतना भी नहीं कर सकती? बस यही है तुम्हारा प्यार?"

अदिति चुप रही।

"चलो, ठीक है। तुम्हारे लिए मैं इसे थोड़ा आसान कर देता हूँ। मैं तुम्हें सोचने के लिए दो दिन का वक़्त देता हूँ। तुम तय कर लो कि तुम उसे जेल से बाहर निकालना चाहती हो या फिर सारी उम्र उसे वहीं तड़प-तड़पकर मरते रहने देन चाहती हो। ये भी हो सकता है कि उसे फाँसी हो जाये। सोच लो...फ़ैसला तुम्हारे हाथ में है", उसने अपनी बात ख़त्म की।

'बस यही है तुम्हारा प्यार?' रणदीप का सवाल अदिति को अन्दर तक भेद गया। वह जानती थी कि उसे किसी के भी समाने अपने प्यार की सच्चाई साबित करने की ज़रूरत नहीं है। लेकिन यहाँ सवाल उसके प्यार के वजूद का था। वह पीछे नहीं हट सकती थी।

"ठीक है, मैं तुमसे शादी करूँगी", अदिति ने एकदम से कहा। उसकी आवाज़ गम्भीर थी।

रणदीप ने सीटी बजायी।

"अरे वाह! इतनी जल्दी फ़ैसला कर लिया। इसे कहते हैं, सच्चा प्यार", कहते हुए उसने अपने दोस्तों की तरफ़ आँख मारी।

"लेकिन पहले तुम्हें उसे जेल से छुड़वाना होगा", अदिति ने अपनी कमीज की बाँह से अपने आँसू पोंछते हुए कहा।

"ज़रूर। यह रणदीप ठकराल का वादा है।"

"तो फिर ठीक है, मैं तुमसे शादी करने को तैयार हूँ।"

रणदीप ने हैरानी से अदिति की ओर देखा।

"देखो...देखो! अपने प्रेमी को आज़ाद करवाने के लिए कैसे तड़प रही है! या फिर मुझसे शादी करने की कुछ ज़्यादा ही जल्दी है, हाँ?" कहते हुए रणदीप ठहाका लगाकर हँसने लगा।

"ठीक है, यह तय रहा। मैं तुम्हारे आशिक को जेल से रिहा करवा दूँगा और तुम मुझसे शादी करोगी।" रणदीप ने आख़िरी बार अपनी बात दोहरायी।

अदिति ने आँसू भरी आँखों से ख़ामोश सहमति दे दी। वह जानती

थी कि रणदीप से शादी करने के बाद उसकी ज़िन्दगी नरक से भी बदतर हो जायेगी। लेकिन इस वक़्त उसके लिए ये सब मायने नहीं रखता था उसे फ़िक्र थी तो सिर्फ़ नील की, उसकी ज़िन्दगी की और उसकी आज़ादी की। तो क्या हुआ अगर उसकी ज़िन्दगी दर्द से भरी होगी, तो क्या हुआ अगर नील उसके साथ नहीं होगा, तो क्या हुआ अगर उसके सारे सपने टूट जायेंगे...कम से कम नील तो सुकून से अपनी ज़िन्दगी जी पायेगा।

वह फ़ैसला कर चुकी थी...एक ऐसा फ़ैसला जिससे उसकी और नील की ज़िन्दगी हमेशा हमेशा के लिए बदलने वाली थी।

हालाँकि रणदीप के मम्मी और पापा उसके इस फ़ैसले के ख़िलाफ़ थे, लेकिन रणदीप कहाँ किसी की सुनने वाला था। दो दिन बाद, रणदीप और अदिति ने एक मन्दिर में शादी की। उन्होंने एक-दूसरे को वरमालाएँ पहनायीं। जब रणदीप अदिति की माँग में सिन्दूर भर रहा था तो कुछ सिन्दूर उसके चेहरे पर गिर गया। यह लाल सिन्दूर उसके आँसुओं के साथ कुछ इस तरह से मिल गया मानो उसकी आँखों से ख़ून बह रहा हो।

16

कई दिन बीत गये, अदिति मुझसे मिलने नहीं आयी। मुझे उसकी चिन्ता हो रही थी। मैंने गगन से भी कई बार पूछा, लेकिन उसे भी अदिति की कोई ख़बर नहीं थी।

फिर एक सुबह, मुझे बताया गया कि मेरे ऊपर लगे सारे इल्ज़ाम वापस ले लिए गये हैं और मुझे रिहा किया जा रहा है।

मुझे कुछ समझ नहीं आ रहा था कि ये सब क्या हो रहा है। गगन ने बताया कि शाम को अदिति ने मुझे मिलने के लिए बुलाया है, हालाँकि मेरी रिहाई की वजह के बारे में गगन को भी कोई जानकारी नहीं थी।

शाम को मैं अदिति से मिलने पहुँच गया। उसी जगह, जहाँ हम हमेशा मिला करते थे लाइब्रेरी के सामने। उसने लाल रंग की साड़ी पहनी थी और गले में मंगलसूत्र लटक रहा था। देखते ही मुझे झटका-सा लगा, मानो बिजली की नंगी तार से पैर छू गया हो।

"अदिति..." मैंने कहने के लिए मुँह तो खोला, लेकिन शब्द गले में ही घुटकर रह गये। लेकिन इससे पहले कि मैं कुछ और कह पाता, उसने पिछले कुछ दिनों में उसके साथ जो कुछ भी हुआ, सब कह डाला।

मेरा दिल बैठ गया। मैं गहरे सदमे में था। हालाँकि जेल से तो आज़ाद हो चुका था, लेकिन पैरों में अभी भी मजबूरियों की बेड़ियाँ बँधी थी। मैं अदिति की माँग में भरे सिन्दूर को देख रहा था, जो किसी और के नाम का था। समझ नहीं आ रहा था कि क्या करूँ, क्या कहूँ।

वो लड़की, जिससे मैं बेइन्तहा प्यार करता था, जो मेरे लिए जीने की एक वजह थी...आज खुद ज़िन्दा लाश की तरह मेरे सामने खड़ी थी। और

मैं... मैं कौन सा ज़िन्दा था। अदिति ने तो प्यार की परिभाषा को ही बदल दिया था। मेरी ज़िन्दगी बचाने के लिए उसने अपनी ज़िन्दगी, अपने प्यार और अपनी खुशियों की कुर्बानी दे दी। ज़िन्दगी मुझे किसी ऐसे मोड़ पर लाकर खड़ा कर देगी, मैंने सपने में भी नहीं सोचा था।

हम चुपचाप एक-दूसरे को ताक रहे थे।

''नील, मेरे पास और कोई रास्ता नहीं था'', उसने भर्राई-सी आवाज़ में कहा। ''मैं तुम्हें जेल में तड़पता हुआ नहीं देख सकती थी।''

वह ज़ोर से मुझसे लिपट गयी, शायद आख़िरी बार।

हम दोनों ही ख़ामोश थे... कहने, सुनने, बताने को हज़ार बातें थी, लेकिन शब्द ही नहीं थे। हमारी ख़ामोशी आपस में बतिया रही थी। वो दर्द, वो जख़्म, वो टीसें जो हमारे होंठ कभी एक-दूसरे से नहीं कह पाये।

***

बस उस दिन के बाद से हमारी ज़िन्दगी बिल्कुल बदल गयी। रणदीप ने जैसा कहा था, वैसा ही किया...या फिर शायद उससे भी कहीं ज़्यादा। हर रोज़ वह नशे में धुत होकर घर लौटता और अपना सारा गुस्सा अदिति पर उतारता। उसे गालियाँ निकालता, मार-पीट करता और अपने दोस्तों के सामने उसे बेइज़्ज़त करता। हर रात रणदीप और उसके दोस्तों की महफिल जमती, तो वह अदिति को वहीं अपने पास खड़ा रखता, सिर्फ़ उसे जलील करने के लिए। वह उससे अपने और अपने दोस्तों के लिए शराब के जाम बनवाता और उसे अपने हाथों से उन्हें पिलाने को मजबूर करता। वह और उसके दोस्त जी भर कर अदिति को गालियाँ निकालते, अपमानित करते और अश्लील बातें करते। अदिति के सामने ही दूसरी लड़कियों को घर पर लाया जाता। अदिति की तकलीफों का कोई ओर-छोर नहीं था और न ही रणदीप के वहशीपन का। अदिति को पूरी रात वहीं खड़ा रहकर उन्हें शराब पीते, गिलास तोड़ते, अश्लील इशारे करते और खुलेआम लड़कियों से सेक्स करते देखना पड़ता और आख़िर में जब सब चले जाते तो वह सबकी गन्दगी साफ़ करती। उसकी ज़िन्दगी नरक से भी बदतर हो चुकी थी। रणदीप सबके सामने उसे मारता-पीटता और बेइज़्ज़त करता। उसे रोकने

वाला वहाँ कोई नही था, उसके मम्मी-पापा भी नहीं क्योंकि उसने अदिति को घर से दूर अपने फ़ॉर्म-हाउस पर रखा था। बस एक राजू था, लेकिन रणदीप की तरह उसे भी यही लगता था कि सारे फसाद की जड़ मैं ही हूँ। मैंने ही रणदीप को धोखा दिया है।

लेकिन रणदीप ने अदिति को मुझसे मिलने से कभी नहीं रोका, क्योंकि वह चाहता था कि मैं हर रोज़ तिल-तिल कर मरती अदिति को देखूँ। उसे पता था कि मैं बेबस हूँ और अदिति को बचाने के लिए कुछ भी नहीं कर सकता। मेरे दर्द में ही उसका सुकून था। यही तो वो चाहता था, मुझे तड़पते हुए देखना...और मैं तड़प रहा था, रो रहा था, बिलख रहा था। मेरी इस आज़ादी से तो जेल की ज़िन्दगी कहीं बेहतर थी। पहली बार जब मैंने अदिति के चेहरे और गले पर चोट के निशान देखे तो मेरा ख़ून खौल उठा। वह मुझसे लिपट गयी और जी भर कर रोई। मैं उसी वक़्त रणदीप को सबक सिखाना चाहता था, लेकिन अदिति ने मुझे रोक दिया। मैं बेबस, कायरों की तरह उस लड़की को इतना दर्द सहते देख रहा था जिसे मैं अपनी जान से भी ज़्यादा प्यार करता था।

अदिति और रणदीप की शादी को दो महीने गुज़र चुके थे। इतने दिनों में यह पहली बार था जब वह शाम को मुझसे मिलने नहीं आयी। मैं काफ़ी देर तक वहीं बैठा उसका इन्तज़ार करता रहा। जब एक घण्टे से भी ज़्यादा समय गुज़र गया और वह नहीं आयी, तो मुझे चिन्ता हुई और मैंने उसका नम्बर मिलाया। लेकिन उसने फ़ोन नहीं उठाया। मैं आधे घण्टे तक लगातार उसे फ़ोन करता रहा, लेकिन उसने मेरा फ़ोन नहीं उठाया। मैं घबरा गया... दिल में बुरे-बुरे ख़याल आने लगे।

दूसरी ओर रणदीप के घर पर, अदिति फिर से रणदीप की दरिन्दगी का शिकार हो रही थी। उसे पता चल चुका था कि अदिति माँ बनाने वाली है। रणदीप ने अदिति के मुँह पर ज़ोरदार थप्पड़ मारा और वह दूर फ़र्श पर जा गिरी। उसका चेहरा शीशे के मेज़ के कोने से जा लगा। एकदम से उसकी आँखों के आगे अँधेरा छा गया। कुछ पल बाद होश आया और आँखें खुलीं, तो देखा नाक से ख़ून बह रहा था।

"साली धोखेबाज रंडी!!" रणदीप चिल्लाया और फिर से एक तमाचा

उसके मुँह पर दे मारा।" उस हरामजादे का पाप अपने पेट में लिए घूम रही है, शर्म नहीं आती तुझे?!!"

"रणदीप...प्लीज...भगवान के लिए इसे कुछ मत कहो, यह मेरा बच्चा है!!" अदिति रो रही थी।

"तुम्हारा बच्चा? शादी मुझसे करती हो और अय्याशी किसी और के साथ!!" वह ज़ोर से गरजा।

"ये भी बड़ा होकर अपने कमीने बाप जैसा ही बनेगा। किसी को धोखा देगा या किसी की जान लेगा। लेकिन मैं ये कभी नहीं होने दूँगा। मैं इसे पैदा होने से पहले ही मार दूँगा!!" कहकर उसने बेरहमी से अदिति के पेट में लात मारी। वह दर्द से कराह उठी।

"नहीं...रणदीप...प्लीज..मेरे बच्चे को मत मारो..प्लीज!! तुम जैसा कहोगे, मैं वैसा ही करूँगी...लेकिन प्लीज...मेरे बच्चे को मुझसे मत छीनो!!" अदिति उसके सामने हाथ जोड़ कर गिड़गिड़ा रही थी। रणदीप ने शराब की बोतल उठायी और ग़ुस्से में दीवार पर दे मारी। बोतल चकनाचूर हो गयी और काँच के टुकड़े फ़र्श पर यहाँ-वहाँ बिखर गये। रणदीप ने अदिति को बालों से पकड़ कर उठाया और उन काँच के टुकड़ों पर धकेल दिया। फिर वह अदिति को ख़ून से लथपथ, रोती-बिलखती छोड़कर अपने कमरे में चला गया।

रणदीप एक बहशी दरिन्दा बना चुका था। उसके दिल में भावनओं और रिश्तों की कोई जगह नहीं थी अगर कुछ बचा था, तो वो था बदला... नील से, अदिति से और अपनी ज़िन्दगी से। दर्द में वो भी था, रो वो भी रहा था लेकिन बस दिमाग़ में एक फितूर सवार था कि मैं तो बर्बाद हो ही चुका हूँ। अब किसी को नहीं बख़्शूँगा।

उस दिन के बाद, वह कभी मुझसे मिलने नहीं आयी। शायद वह नहीं चाहती थी कि इस दुनिया में आने वाली उस छोटी-सी जान, मेरे और अदिति के बच्चे, को फिर से रणदीप की हैवानियत का शिकार होना पड़े। वह डरी हुई थी, इस बात से कि कहीं जीने की वो उम्मीद जो हम दोनों के प्यार की निशानी भी थी, कहीं वो भी नफ़रत और बदले की भेंट न चढ़ जाये।

उस वक़्त, मुझे कोई अन्दाज़ा नहीं था कि मेरी ज़िन्दगी मेरे साथ क्या खेल खेलने वाली है। मैं अपनी आज़ादी के पास था...बहुत पास।

17

करीब आधी रात का वक़्त था। मैं अपने सिंगल रूम अपार्टमेन्ट की बालकनी में लेटा ज़िन्दगी के ताने-बाने को समझने की नाकाम कोशिश में लगा था। जेल से रिहा होने के बाद मैं वापस घर नहीं गया, सोचा कि माँ-बाबा के सपनों को जाने-अनजाने मैं कब का तोड़ चुका था, अब उन्हें क्या मुँह दिखाऊँगा। यूनिवर्सिटी जाने का कोई मतलब नहीं था...क्योंकि गगन और अदिति को छोड़कर बाकी सब की नज़रों में मैं अभी भी कसूरवार था। मैं जानता था कि अगर मैं दोबारा कॉलेज जाना शुरू कर दूँ, तो भी कभी एक सामान्य ज़िन्दगी नहीं जी पाऊँगा। इसीलिए मैं पास ही प्लाई बनाने की फैक्ट्री में एक छोटी-सी नौकरी करने लगा। हालाँकि तनख़्वाह ज़्यादा नहीं थी। उसमें से आधी तो कमरे के किराये में ही चली जाती और बाकी बची खाने-पीने और दूसरे खर्चों में। ज़िन्दगी आसान नहीं थी, लेकिन सुकून था कि कम से कम मैं लोगों के तानों और नफ़रत भरी नज़रों से तो दूर हूँ। गगन एक-दो हफ़्तों के बाद मुझसे ज़रूर मिलने आता। वही एक मात्र ज़रिया था जिससे मुझे अदिति के बारे में ख़बर मिलती रहती। उससे ही मुझे पता चला कि अदिति मेरे बच्चे की माँ बनने वाली है। यह जानकर मैं बहुत ख़ुश हुआ। इतना ख़ुश की मानों सारे जहाँ की खुशियाँ मेरे दामन में समा गयी हों। उस दिन कई महीनों बाद मैं फिर से मुस्कुराया था। मैं सिर्फ़ मुस्कुराया नहीं था, मैं हँसा था, खुलकर हँसा था। ये सोचकर कि क्या हुआ अगर मेरा और अदिति का प्यार पूरा नहीं हो पाया, अक्सर जो रिश्ते अधूरे रह जाते हैं वही प्यार की नयी ईबारत को लिखते हैं। और मेरे लिए वो ईबारत थी हमारा होने वाला बच्चा, जो हम दोनों के अधूरे प्यार को भी अमर बना देगा। मैं

अदिति से मिलना चाहता था लेकिन हालातों से मजबूर था।

उस वक़्त मैं बालकनी में फ़र्श पर लेटा, ऊपर आसमान में देख रहा था। आसमान घने अँधेरे की चादर में लिपटा था। न चाँद का अता-पता था और न ही सितारों का। वहाँ छाये अँधेरे और ख़ामोशी के अलावा अदिति की यादें भी मेरे उस पल का हिस्सा थी। मेरी ज़िन्दगी भी उस काले आसमान-सी ही तो थी, जिसके न तो आरम्भ का पता था और न ही अन्त का। बस जहाँ देखो, वहाँ अँधेरा...रोशनी की कोई किरण नहीं। दिन कठोर थे और रातें तन्हा। दोस्त साथ छोड़ गये थे, सपने मर चुके थे, कुछ बचा था तो वो था–खालीपन, वो खालीपन जो बार-बार घसीटकर मुझे अपने अतीत में ले जाता। वो हर एक लम्हा जो मैंने अदिति और रणदीप के साथ बिताया था मानो हर रात जीवन्त हो उठता। शुरुआत होती मेरे पहली बार यूनिवर्सिटी में आने के दिन से, फिर मेरा रणदीप की जान बचाना, रणदीप का मुझे भाई बना लेना, उसके परिवार का मुझे बेटे की तरह प्यार करना, अदिति को पहली बार देखना, उससे हुआ प्यार और फिर इजहार, रिया का आना और फिर सब कुछ बिखर जाना, मेरे सपनों का टूटना और मेरी रूह की सिसकियाँ। मैं हर रात एक ही ज़िन्दगी जीता और सुबह होते-होते फिर से मर जाता। हर रोज़ सोचता कि काश पहले दिन मेरा हॉस्टल में एडमिशन ही न हुआ होता, काश कि मैं रणदीप से न मिलता, काश मैंने टेस्ट में रिया की मदद ही न की होती...काश, कि ये काश ही न होता!

अचानक फ़ोन की घण्टी से मेरा ध्यान टूटा। मैंने फ़ोन उठाया और देखा। यह किसी अनजान नम्बर से था। *'आधी रात हो चुकी है और इस वक़्त कौन हो सकता है'*, मैंने मन ही मन सोचा। मैं फ़ोन उठाने में थोड़ा हिचकिचाया।

''हैल्लो''

दूसरी ओर से कोई जवाब नहीं आया।

''हैल्लो'', मैंने दोबारा कहा। दूसरी तरफ़ लाइन पर कोई नहीं था। मैं फ़ोन रखने ही वाला था कि तभी मुझे दूसरी तरफ़ से एक आवाज़ सुनायी दी। मैंने जल्दी से फ़ोन कान पर लगा लिया। एक आदमी ज़ोर-ज़ोर से चिल्ला रहा था और एक लड़की के रोने की मद्धम-सी आवाज़, मानो कहीं

दूर से आ रही हो। और फिर एकदम से रूह को कँपा देने वाली चीख़, दिल को दहला देने वाली कुछ आवाज़ें मानो कोई किसी को बैल्ट या बेंत जैसी किसी चीज़ से मार रहा हो।

"तुम मेरी बात नहीं मानोगी, हाँ?" दूसरी तरफ़ से आवाज़ आयी। रणदीप!!! मुझे आवाज़ पहचानने में ज़रा भी वक़्त न लगा। तभी एक थप्पड़ की आवाज़ आयी और फिर एक लड़की के रोने की। यह अदिति थी...मेरे दिल की धड़कन जैसे रुकने को थी।

"मैं जो कहूँगा, तुम्हें करना पड़ेगा। वरना, तुम्हें पता है न कि मैं क्या कर सकता हूँ?" रणदीप उसे धमका रहा था। तभी पीछे से कुछ लोगों के हँसने की आवाज़ आयी।

"प्लीज, रणदीप प्लीज!! मैंने तुम्हारा क्या बिगाड़ा है? तुम मेरे साथ ऐसा क्यों कर रहे हो?" अदिति की सिसकियों की आवाज़ साफ़ सुनायी दे रही थी।

फिर से एक के बाद एक बैल्ट से मारने की आवाज़ और अदिति की दर्द भरी चीख़ें। मेरे लिए सहन करना मुश्किल था। मैंने ज़ोर से मुट्ठी भींची और दीवार पर दे मारी।

"अच्छा, मेरा क्या बिगाड़ा है। तुमने और तुम्हारे उस यार ने मुझसे मेरा प्यार छीन लिया, मेरी ज़िन्दगी छीन ली और अभी भी पूछ रही हो कि क्या बिगाड़ा है।" रणदीप की तुतलाती हुई जुबान साफ़ बता रही थी कि उसने बहुत ज़्यादा पी रखी है।

"नील ने कुछ नहीं किया। वह तो तुम्हारी मदद करना चाहता था", अदिति ने रोते-रोते बताने की कोशिश की।

तभी एक और थप्पड़ की आवाज़ आयी।

"अच्छा, मेरी मदद करना चाहता था? और कैसे? रिया के साथ सो कर? मुझे धोखा देकर? साला कमीना, हरामखोर कहीं का!" उसके मुँह से एक के बाद एक गालियाँ बरस रही थी।

अदिति उसके सामने दया की भीख माँग रही थी।

"तुम्हारे पेट में भी तो उसी हरामी का पाप है। उसने अपनी चिकनी चुपड़ी बातों से मेरी भोली-भाली रिया को भी फुसला लिया होगा। वह

जानता था कि रिया कितने अमीर घर से है। इसीलिए उसने पहले उससे दोस्ती की और फिर अपने प्यार के जाल में फँसाया। तुम छोटे शहर के मिडल क्लास लोग होते ही एक जैसे हो—कमीने और मतलबी। सब गन्दी नाली के कीड़े, जो हम अमीर लोगों का ख़ून चूस-चूसकर ही ज़िन्दा रहते हो। उस कमीने की गन्दी नज़र भी रिया की दौलत पर ही थी, इसीलिए वो उसके करीब गया था, है न? बोलती क्यों नहीं? उसने तुम्हें तो बताया ही होगा, बोलो?'' रणदीप फिर से चिल्लाया और अदिति को ज़ोर से लात मारी। उसकी कराहने की आवाज़ मुझे फ़ोन पर साफ़ सुनायी पड़ रही थी।

''वह हरामखोर अपनी अय्याशी के लिए मेरी रिया का इस्तेमाल करता रहा और तुम सब जानते हुए भी उसका साथ देती रही। आज मेरी रिया मेरे साथ नहीं है और इसकी ज़िम्मेदार तुम हो... सिर्फ़ तुम। मैं तुम्हें छोड़ूँगा नहीं। अब मैं तुम्हें दिखाऊँगा कि किसी को इस्तेमाल करने का मतलब क्या होता है।''

''मुझे छोड़ दो, रणदीप। भगवान के लिए मेरी कोख में पल रहे बच्चे पर तो तरस खाओ, प्लीज मुझे जाने दो...'' अदिति की हिचकियाँ बन्धी थीं।

''हुँह... तुम्हें जाने दूँ। अब मैं जो कहूँगा, तुम्हें वहीं करना पड़ेगा, नहीं तो मैं तुम्हारे पेट में पल रही उस हरामी की औलाद को यहीं मार दूँगा'', उसने गुस्से में चिल्लाते हुए अदिति को धमकाया।

''प्लीज रणदीप, हमें बख़्श दो...'' अदिति ने कहा। उसकी आवाज़ दबने लगी थी, शायद वो थक चुकी थी।

''साली बदचलन!! अब मैं जो कहूँगा तुम वही करोगी। मेरे दोस्त वहाँ अन्दर कमरे में हैं। तुम उनके पास जाओगी और वो जो कुछ भी कहेंगे, तुम्हें करना पड़ेगा। समझी??'' वह ज़ोर से गरजा।

मेरा पूरा शरीर गुस्से की आग में जल रहा था। रणदीप इस हद तक गिर जायेगा, मैंने सपने में भी नहीं सोचा था। बदले की भावना ने रणदीप को शैतान बना दिया था।

रणदीप ने फिर से उसे किसी चीज़ से मारा। मुझे फिर से अदिति की दर्द भरी चीख़ सुनायी दी।

''अगर तुम अपने बच्चे को ज़िन्दा देखना चाहती हो तो जाओ मेरे

दोस्तों को ख़ुश कर दो। तुम कौन-सा ये पहली बार कर रही हो। इससे पहले पता नहीं किस-किस का बिस्तर गर्म किया होगा और अब यहाँ नौटंकी कर रही हो, जाओ।"

अदिति की चीख़ें चारों ओर गूँज रही थीं। वह बुरी तरह से सुबक रही थी, रो रही थी और रणदीप के सामने गिड़गिड़ा रही थी।

मेरा ख़ून खौल रहा था। सब्र का बाँध टूट चुका था। "बहुत हो चुका रणदीप का पागलपन। आज तो उसने सारी हदें ही पार कर दी। मैं उसे अदिति के साथ ऐसा नहीं करने दे सकता। मुझे उसे रोकना ही होगा।"

अगले कुछ मिनट में, मैं रणदीप के फ़ॉर्म-हाउस के रास्ते में था। दिल में गुस्से का गुबार भरा था। मुझे रणदीप के साथ मेरा रिश्ता, हम दोनों की दोस्ती और हमारे हालात, कुछ भी याद नहीं था। या फिर शायद हम दोनों के बीच कुछ बचा ही नहीं था। मुझे बस फ़िक्र थी तो अदिति और हमारे होने वाले बच्चे की। मैं कैसे भी करके उन्हें इस नरक से बाहर निकालना चाहता था।

मैं जैसे ही फ़ॉर्म-हाउस पहुँचा, बाहर ही मेरा सामना राजू से हुआ। वह मेन गेट के बाहर सीढ़ियों पर बैठा था। मुझे देखते ही वह एकदम से खड़ा हो गया। वो राजू जो कभी मुझे भइया-भइया कहता नहीं थकता था आज मुझे यूँ घूर रहा था मानो कच्चा चबा जायेगा। उसे अनदेखा कर मैं अन्दर जाने लगा। उसने मुझे पकड़ने की कोशिश की, लेकिन मैं उसे धक्का दे कर अन्दर हॉल की और भागा। जैसे ही अन्दर दाखिल हुआ, वहाँ का दृश्य देखकर मेरे पैरों तले की ज़मीन खिसक गयी। मैं अन्दर तक सिहर उठा। अदिति की आँखें सूजी हुई थी। उसके हाथ, पैर, मुँह सब जगह चोट के निशान थे। वह घुटनों के बल ज़मीन पर बैठी थी और रणदीप उसकी कनपटी पर रिवॉल्वर ताने खड़ा था।

मुझे देखते ही वो मेरी ओर पलटा।

"अरें! देखो, देखो कौन आया है!! तुम्हारा आशिक। अपनी प्रेमिका को बचाने आया है, है न??" रणदीप ने अट्टहस किया।

"रणदीप, पिस्तौल नीचे करो" मैंने सख़्त, आवाज़ में कहा। "तुम्हारी दुश्मनी मुझसे है, अदिति को क्यों मोहरा बना रहे हो।"

‘‘नील...नील...प्लीज, कुछ करो, ये हमारे बच्चे को मार डालेगा...हमें बचा लो’’, अदिति ने गुहार लगायी।

‘‘ये क्या करेगा?’’ रणदीप ने उसे बीच में टोका। उसने अभी भी रिवॉल्वर अदिति के सिर पर तानी हुई थी।

‘‘रणदीप, मैं आख़िरी बार कह रहा हूँ, अदिति को छोड़ दो, उसने तुम्हारा कुछ नहीं बिगाड़ा। तुम्हारा कसूरवार मैं हूँ, इसलिए जो सजा देनी है मुझे दो, लेकिन उसे छोड़ दो’’, मैंने उसकी आँखों में देखते हुए कहा।

‘‘ओह! तो तुम मुझे धमकी दे रहे हो?’’ वह ज़ोर-ज़ोर से हँसने लगा। उसकी हँसी की आवाज़ पूरे हॉल में गूँज रही थी।

‘‘देखो, देखो...एक बार खुद को!! कमीने हरामखोर कहीं के!! अब तुम मुझे धमकी दोगे? औकात क्या है तुम्हारी? भूल गये, किसने तुम्हें जेल से बाहर निकाला। यही तो डील थी, मेरी और तुम्हारी इस प्रेमिका के बीच। इसने शादी की है मुझसे। और अब मैं जो चाहूँ इसके साथ कर सकता हूँ। ये मेरी बात नहीं मानेगी, तो मैं इसके साथ कुछ भी करूँगा’’ कहते हुए रणदीप रिवॉल्वर को अदिति के माथे के थोड़ा और करीब ले गया। उसने अपनी उँगली ट्रिगर पर रख दी।

‘‘तुमने मेरे प्यार को मार डाला। अब हिसाब चुकाने की बारी मेरी है’’, रणदीप ने कहा।

अदिति डर के मारे थर थर काँप रही थी।

वह ट्रिगर दबाने ही वाला था। मैं रणदीप से कुछ क़दम की दूरी पर था।

‘‘रणदीप...नहहहहहहहहीं!!!’’ मैं दौड़ते हुए ज़ोर से चिल्लाया और हवा में छलाँग लगा दी। रणदीप ने ट्रिगर दबा दिया। गोली खिड़की के शीशे पर जा लगी और शीशा टुकड़े-टुकड़े हो गया। मेरे धक्के की वजह से उसका निशान चूक गया था। मैं जल्दी से उसके ऊपर कूदा और उसका दाँया हाथ जिसमें रिवॉल्वर था कसकर पकड़ लिया। फिर मैंने अदिति की ओर देखा। वो अभी भी घुटनों के बल बैठी थी। उसने अपनी आँखें बन्द कर रखी थीं। उसने अपना एक हाथ अपने कान पर, जबकि दूसरा उसने अपने पेट पर रखा हुआ था।

रणदीप ने एकदम से मेरे चेहरे पर वार किया और मैं लड़खड़ाकर

दूसरी ओर जा गिरा। वह उठा और मुझ पर पिस्तौल तान ली। और तभी, दूसरे कमरे से उसके दोस्त भागते हुए वहाँ आ गये।

"रणदीप, क्या हुआ? हमने अभी-अभी गोली की आवाज़ सुनी...तुम ठीक हो न?" उनमें से एक ने पूछा।

"तुम सब अपने-अपने घर जाओ। मैं आज इस क़िस्से को ख़त्म करके ही रहूँगा। मैं नहीं चाहता कि यहाँ हम तीनों के सिवा कोई हो। जाओ यहाँ से!!" रणदीप ने उनसे कहा।

"लेकिन...रणदीप...क्या...?" उनमें से एक ने कहना चाहा।

"मैंने कहा न, जाओ!!" रणदीप बीच में ही गरजा। तीनों लड़कों ने एक नज़र मुझे और फ़र्श पर पड़ी अदिति की ओर देखा। एक बार तो वो थोड़ा हिचकिचाए और फिर बिना कुछ कहे चुपचाप वहाँ से चले गये।

रणदीप ने रिवॉल्वर की नाल मेरी छाती पर टिका दी। हमारी नज़रें मिलीं...शायद आख़िरी बार। हम दोनों ही गुस्से की आग में जल रहे थे। अगले कुछ पल के लिए वो वक़्त जो हमने साथ में बिताया था मेरी आँखों के आगे घूम गया। और फिर मैंने फ़र्श पर लाचार पड़ी अदिति की ओर देखा, उसकी आँखों से आँसू बह रहे थे। मैंने अपनी ऊँगलियों को भींचा और ज़ोर से एक मुक्का रणदीप के मुँह पर दे मारा। वह फ़र्श पर जा गिरा। पिस्तौल उसके हाथ से फिसलकर दूर जा गिरी। शायद उसे अन्दाज़ा नहीं था कि मैं इस तरह से वार करूँगा। वह लड़खड़ाते हुए किसी तरह से खड़ा हो गया। वह इतने ज़्यादा नशे में था कि ठीक से खड़ा भी नहीं हो पा रहा था। इससे पहले कि वह फिर से पिस्तौल उठा पाता, मैंने ज़ोर का एक और घूँसा उसके पेट में मारा। वह दर्द से कराहने लगा। गिरते-गिरते उसने मुझे ज़ोर का धक्का दिया और मैं दीवार से जा टकराया। वह पिस्तौल उठाने के लिए भागा। मैं जल्दी से खड़ा हुआ और दौड़ कर उसे पीछे से पकड़ लिया। हम दोनों ही फ़र्श पर गिर गये। रणदीप पेट के बल था और मैं उसके ऊपर। पिस्तौल उसके हाथ से बस कुछ इंच के फासले पर ही थी। हम दोनों ही पहले पिस्तौल उठाने की कोशिश में थे। जैसे ही रणदीप ने पिस्तौल उठाने के लिए हाथ बढ़ाया, मैंने उसका हाथ पकड़ लिया। उसने दूसरे हाथ से मेरे चेहरे पर वार किया। मैं एकदम से झुक कर उसके वार से

बच गया और मैंने पिस्तौल उठा ली। वो पिस्तौल छीनने के लिए मुझ पर लपका और हम दोनों में हाथापाई शुरू हो गयी। मैंने घुटने से उसके पेट में मारा और उसकी कलाई मरोड़ते हुए पीछे ले गया। मेरा एक हाथ उसकी गर्दन पर था और दूसरे हाथ में पिस्तौल। रणदीप ने एकदम से अपना हाथ घुमाया और मेरे हाथ से पिस्तौल छीन ली। उसका निशाना अब मैं था।

"हरामजादे, आज मैं तुझे नहीं छोड़ूँगा", रणदीप चिल्लाया।

रणदीप की उँगलियाँ ट्रिगर पर थीं। मैं एकदम से उस पर कूद गया। अगले ही पल, एक गोली चली और अदिति की चीख़ से पूरा हाल गूँज उठा। उस वक़्त मेरी आँखें बन्द थीं...चारों तरफ़ अँधेरा ही अँधेरा। तभी मुझे महसूस हुआ कि रणदीप की पकड़ मुझ पर ढीली होती जा रही है। पिस्तौल नीचे फ़र्श पर जा गिरी। मैंने आँखें खोलीं, तो देखा रणदीप नीचे फ़र्श पर मेरे पैरों के पास गिरा कराह रहा था। उसके पेट से ख़ून बह रहा था। मेरे हाथ भी उसके ख़ून से सने थे। मैं जड़ हुआ वहीं फ़र्श पर बैठ गया और रणदीप को तड़पता हुआ देखता रहा। उसके होंठ हिले, शायद वह कुछ कहने की कोशिश कर रहा था लेकिन कह नहीं पाया। रणदीप मर चुका था, लेकिन उसकी आँखें अभी भी खुली थीं। उन आँखों में अभी भी मेरे लिए उतनी ही नफरत थी, जितनी वो जीते जी मुझसे करता था। अदिति भागती हुई आयी और मुझसे लिपट गयी। वह बहुत डरी हुई थी। लेकिन पता नहीं क्यों मेरे दिल से सारा डर निकल चुका था। मैं आज़ाद महसूस कर रहा था। जानता था कि इसके आगे की राह आसान नहीं होगी, लेकिन सुकून इस बात का था कि अदिति और मेरा बच्चा अब सुरक्षित थे। हाँ भीतर ही भीतर दुख ज़रूर था, क्योंकि मैंने कभी सपने में भी नहीं सोचा था कि हम दोनों की दोस्ती का अन्त इस तरह से होगा।

करीब दस मिनट बाद, मैंने एक फ़ोन किया। पुलिस के आने तक, मैं वहीं अदिति को अपनी बाँहों में भरे फ़र्श पर बैठा रहा।

***

इसके साथ ही, नील चुप्प हो गया।

"आगे?" मैंने पूछा।

नील ने कहना शुरू किया–

"बस कुछ नहीं। पुलिस आयी और मुझे पकड़कर ले गयी। मुझ पर हत्या का केस चला और मुझे उम्रक़ैद की सजा सुनायी गयी। कुछ दिन के लिए ज़िन्दगी जैसे ना-उम्मीद-सी हो गयी...मैं उदास रहने लगा। लेकिन फिर, कुछ महीनों बाद, अदिति ने मेरे लिए खुशियों के दरवाज़े फिर से खोल दिये। उसने एक प्यारी-सी बच्ची को जन्म दिया। मेरे चेहरे की खोयी हुई मुस्कुराहट फिर से लौट आयी। और यही वजह है कि मैं जेल में रहकर भी ख़ुश हूँ। उसका नाम आयशा है...हमारी आयशा।

रणदीप के मम्मी-पापा ने अदिति को अपनी बहू मानने से इन्कार कर दिया और दूसरा यह शहर आयशा के लिए सुरक्षित नहीं था, इसीलिए अदिति और मैंने फ़ैसला किया कि वो आयशा को लेकर यहाँ से कहीं दूर चली जायेगी। हालाँकि रणदीप तो इस दुनिया से चला गया था, लेकिन उसका खौफ़ अभी भी हमारे दिलों में ज़िन्दा था। शहर के लोग अदिति को शक़ की निगाह से देखते थे।"

वह दिल्ली चली गयी और वहाँ एक छोटा-सा मकान ले लिया। आयशा की किलकारियों ने उस मकान को घर बना दिया। कुछ ही दिनों में अदिति को गगन की मदद से एक सॉफ्टवेयर कम्पनी में नौकरी मिल गयी। शुरुआत में तो वह हर वीकेण्ड पर आयशा को साथ लेकर मुझसे मिलने आया करती थी। वह आयशा की शरारत करते हुए बहुत से वीडियो बनाती और फिर एक-एक कर के मुझे दिखाती। चाहे वीडियो के सहारे ही सही, लेकिन मैं अपनी बच्ची का बचपन देखकर ख़ुश था। आयशा का पहला जन्मदिन भी हमने यहीं जेल में मनाया। फिर एक दिन, जब अदिति मुझसे मिलने आयी तो आयशा उसके साथ नहीं थी। मैं एकदम से घबरा गया और उससे आयशा के बारे में पूछा।

और अगले ही पल, मैंने देखा मेरी बच्ची अपने पैरों पर चल रही थी। बस, उस एक पल में ऐसा लगा जैसे मेरे जीने का मकसद पूरा हो गया। ज़िन्दगी से जो भी गिले-शिकवे थे, मानो सब दूर हो गये। नन्हे-नन्हे पैरों से चलती हुई वह मेरे पास आयी और अपनी तुतलाती जुबान से मुझे 'पापा' कहा, तो लगा कि मेरा अधूरा वजूद पूरा हो गया।

''आयशा अब छह साल की है। वह फर्स्ट क्लास में पढ़ती है। अदिति और आयशा की एक छोटी-सी दुनिया है, जिसमें वो दोनों साथ-साथ रहते हैं, साथ-साथ हँसते हैं और साथ-साथ रोते हैं। हमारे घर वाले तो कब का साथ छोड़ चुके हैं, इसलिए उनसे तो कोई उम्मीद रखना ही बेमानी है। उन्हें तो शायद ये ही नहीं पता होगा कि हम कहाँ हैं, किस हाल में हैं। लेकिन ये सब अदिति के लिए इतना भी आसान नहीं रहा। मजबूरियाँ थीं, जलालतें थीं, दिल में अतीत के रिसते हुए जख़्म थे और कन्धों पर बहुत सी ज़िम्मेदारियाँ। लेकिन वह कभी भागी नहीं। रोती रही, लेकिन फिर भी हर मुश्किल से लड़ती रहा। वो जानती थी कि आयशा के लिए उसे एक आदर्श माँ बनना है। उसकी जगह कोई और होता तो शायद कब का मौत को गले लगा लेता, लेकिन उसने जीने का फ़ैसला किया...मेरे लिए, हमारी बेटी के लिए और हमारे प्यार के लिए।''

नील ने अपने कुरते की जेब में हाथ डाला और एक छोटी-सी बच्ची का फ़ोटो निकाला। यह उसकी बेटी की तस्वीर थी—आयशा, उसके ज़िन्दा रहने की वजह।

''और गगन?'' मैंने पूछा।

''गगन शेयर ब्राकिंग की कम्पनी में एम.डी. है। आज भी एक अच्छे और सच्चे दोस्त की तरह वह हमारे साथ है। उसका एहसान शायद मैं कभी नहीं चुका पाऊँगा...इस ज़िन्दगी में तो कभी भी नहीं।''

''एक बात और, तुमने जेल से निकलने की कोशिश क्यों नहीं की? सात साल बहुत होते हैं, लेकिन तुमने एक बार भी ऊपर के कोर्ट में अपील नहीं की और न ही जमानत के लिए, मैं जान सकता हूँ ऐसा क्यूँ?''

''क्योंकि मैं जानता हूँ कि हम चाहकर भी कभी इकट्ठे नहीं रह सकते। मैं सब कुछ जानते-बूझते हुए अपनी बेटी की खुशियों का गला नहीं घोंट सकता। अदिति और आयशा चैन की इज़्ज़त भरी ज़िन्दगी जी रहे हैं। मैं नहीं चाहता कि दुनिया को पता चले कि आयशा मेरी बेटी है। मैं नहीं चाहता कि लोग उसे एक हत्यारे की बेटी कहकर बुलाए। इतने दुख और तकलीफों के बाद तो अदिति को चैन की साँस मिली है। मैं अपने स्वार्थ के लिए उनका सब कुछ बर्बाद नहीं कर सकता। अगर मेरी अदिति और

आयशा वहाँ सुखी से हैं, तो मैं ख़ुशी-ख़ुशी अपनी सारी ज़िन्दगी जेल में बिता सकता हूँ। मुझे दुनिया का कोई ऐशो-आराम नहीं चाहिए, बस मेरी अदिति और मेरी बेटी की ख़ुशी ही मेरे लिए सब कुछ है'' उसने कहा। उसके दिल के जज्बात उसकी आँखों में साफ़ दिखायी दे रहे थे।

वह सचमुच बहुत ख़ुश था। उसकी बात सुनकर मेरी आँखों में आँसू आ गये।

''वो कहते हैं न...

''तेरे साथ न होने का ग़म तो है, पर तेरे मिलने की ना-उम्मीदी नहीं...

मिलना तो हमे आख़िर है ही, इस जन्म में नहीं तो किसी और जन्म में ही सही...''

''क्योंकि हमारा रिश्ता सिर्फ़ दिलों का नहीं, रूह का है'' कहते हुए, नील ने मुस्कुरा दिया।

मेरे पास कोई सवाल नहीं बचा था। बस मन कर रहा था कि जी भर कर रो लूँ। लेकिन नील मेरे सामने बैठा मुस्कुरा रहा था, मानो कुछ हुआ ही न हो।

''कभी-कभी उदास होता हूँ तो कुछ लिख लेता हूँ। एक ऐसी ही घड़ी में कुछ लिखा था'' कहते हुए उसने अपने बिस्तर के नीचे से एक पुरानी डायरी निकाली, उसमें से एक पेज फाड़ा और उसे फोल्ड कर के मुझे पकड़ा दिया।

मैंने और कुछ नहीं कहा। कुछ कहते बन ही नहीं रहा था। लग रहा था कि अब और वहाँ रुका तो रो दूँगा।

''ठीक है नील, तुम अपना ध्यान रखना। मैं जल्द ही फिर मिलने आऊँगा'' कहते हुए मैं फटाफट उसकी बैरक से बाहर आ गया।

हाथ में अभी भी उसका दिया हुआ काग़ज़ पकड़ा था। जेल के मेन दरवाज़े को पार करते हुए उसे पढ़ने से खुद को नहीं रोक पाया।

न तमन्ना है जीने की न मरने का हौसला बचा है,
शायद मेरे नसीब ने ही ये चक्रव्यूह रचा है।
रात आती तो है पर जाती कभी नहीं,
जैसे बना लिया है उसने बसेरा मेरी ज़िन्दगी को ही।
उदासियाँ बैठी रहती हैं मेरे फूलों वाले सफ़ेद तकिये के पास,

बिस्तर का दाहिना हिस्सा आज भी पाले है तुम्हारे आने की आस।

घड़ी भी टिक-टिक नहीं करती सूइयाँ भी चुभती है कानों में,
रूह का खालीपन घसीट ले जाता है गुज़रे ज़मानों में।
बड़े से कमरे की छोटी खिड़की की चौखट भी जर्जर हो गयी है
मेरी ज़िन्दगी के जैसे,
मेज़ पर पडा खाली फ़्रेम कुछ कहना तो चाहता है पर कहे भी तो कैसे?
फटे होंठ हिलते भी तो हैं कराहें ही निकलती हैं,
शहर के हर कोने मे बस तन्हाइयाँ ही पलती हैं।
अलमारी में कपड़ों के नीचे पड़ा मुड़ा हुआ काग़ज़ थोड़ा सुकूँ पहुँचाता है,
तो कभी डायरी में रखा सूखा गुलाब आँखे भिगो जाता है।
प्यार सिर्फ़ प्यार न रह कर बन्दगी बना गया है,
और इन्तज़ार भी इन्तज़ार न रह कर ज़िन्दगी बन गया है।
हम कब मिलेंगे...हम कब मिलेंगे...या फिर शायद...कभी भी नहीं??????

अब मेरे लिए खुद को रोक पाना नामुमकिन था। मेरे अन्दर का वो गुब्बार जिसे मैं काफ़ी देर से रोके हुए था, आँसुओं का सैलाब बन कर फूट पड़ा। वहीं सड़क के किनारे, फुटपाथ पर बैठ, उस काग़ज़ के टुकडे को हाथ में लिए मैं बहुत रोया, फूट-फूट कर रोया। बिना इस बात की परवाह किये कि वहाँ से गुज़रने वाले मेरे बारे में क्या सोच रहे होंगे। शायद उनमें से कुछ ने तो मुझे पागल ही समझा होगा। मेरा मानो खुद पर कोई काबू ही नहीं था।

पूरी रात मैं नील, अदिति और उनके सच्चे प्यार के बारे में सोचता रहा।

प्यार है तो अढ़ाई अक्षर का अदना-सा शब्द लेकिन समझो तो पूरी सृष्टि को अपने आप में समेटे है।

जब से मैंने प्यार को समझना शुरू किया था, मैं यही मानता आया था

कि प्यार विश्वास और इच्छाओं का एक मिला-जुला रूप है। इच्छाएँ, जो इंसानों के एक-दूसरे के करीब आने का कारण बनती हैं। और विश्वास, वो अदृश्य लेकिन अद्भुत शक्ति जो उन इंसानों को ही नहीं, बल्कि उनकी आत्माओं को आपस में जोड़ती है। लेकिन आज मुझे प्यार की एक नयी परिभाषा समझ में आयी। एक ऐसी परिभाषा जो मेरी सोच से कहीं परे थी। एक ऐसी परिभाषा जो इस दुनिया, इस जहाँ और हमारे अस्तित्व से भी परे थी। जिसका ज़िक्र शायद दुनिया की किसी भी प्रेम-कहानी में नहीं मिलता। एक ऐसी परिभाषा जो अमर है और सच भी। जिसने मेरी सोच को हमेशा के लिए बदल कर रख दिया।

जब से मैं अपनी पत्नी सरिता के साथ रह रहा हूँ, मुझे लगता था कि प्यार वो है जब रात को वो मेरा चेहरा अपने हाथों में लेकर चूमती है। मैं सोचता था कि प्यार वो है जब मैं अपने ऑफ़िस में बैठा भी उसके बारे में सोचता हूँ, लेकिन ये भी सच है कि हमारी शादी से पहले जब हमारे घरवाले नहीं माने, तब कई बार मेरे दिल में ख़याल आया कि हार मान लूँ। लेकिन आज मुझे पता चला कि प्यार कभी हार नहीं मानता।

प्यार वो जज़्बा है जो दिल को दिल से नहीं, बल्कि रूह को रूह से जोड़ता है। ये वो एहसास है जिसमें हमें अपनी ख़ुशी से ज़्यादा अपने चाहने वाले की ख़ुशी की परवाह होती है। ये वो ताकत है जिसके भरोसे प्यार करने वाले बिना हार-जीत की परवाह किये दुनिया से लड़ जाते हैं। प्यार तो एक माँ अपने बेटे से भी करती है, एक भाई अपनी बहन से, पत्नी अपने पति से। लेकिन प्यार का सबसे पवित्र और विशुद्ध रूप क्या है? जहाँ एक-दूसरे से कोई रिश्ता न हो और न ही एक-दूसरे पर कोई अधिकार हो, लेकिन फिर भी प्यार करने वाले अपना सब कुछ एक-दूसरे पर कुर्बान कर दें। प्यार तो निस्वार्थ होता है, निश्छल होता है, निष्काम होता है। एक-दूसरे के साथ जीना प्यार नहीं है, बल्कि एक-दूसरे के लिए जीना प्यार है।

एक तरफ़ अदिति है जिसने नील की ज़िन्दगी बचाने के लिए अपनी ज़िन्दगी, अपनी खुशियाँ, अपने सपने और अपनी इज़्ज़त तक दाँव पर लगा दी। बिना किसी शिकायत के ख़ामोशी से हर दर्द सहती रही। और दूसरी तरफ़ नील—जो निर्दोष होते हुए भी अपनी पूरी ज़िन्दगी जेल की सलाख़ों के पीछे

बिताने को तैयार है, सिर्फ़ इसलिए कि उसकी बेटी आयशा और उसका प्यार अदिति इज़्ज़त की ज़िन्दगी जी पायें। उसे न तो ज़िन्दगी से कोई शिकायत है और न ही भगवान से। वो ख़ुश है क्योंकि अदिति ख़ुश है। बस यही बहुत है उसके लिए...ज़िन्दगी के लिए, ज़िन्दा रहने के लिए।

'हे भगवान! कहाँ हो तुम? क्यों इन मासूम लोगों को सजा दे रहे हो? आख़िर क़सूर क्या है इनका? एक-दूसरे के लिए बेपनाह प्यार?'

यूँ तो मैंने रोमियो-जुलियट, हीर-राँझा और सोहनी-महिवाल जैसी मशहूर प्रेम-कहानियों को भी पढ़ा है, लेकिन नील और अदिति की प्रेम कहानी जानने के बाद लगता है मानो इसके सामने वो कुछ भी नहीं। इन कहानियों में प्रेमियों ने एक-दूसरे के लिए जान दे दी थी, लेकिन यहाँ नील और अदिति हर रोज़ मरते हैं एक-दूसरे के लिए...

मैं दुआ करता हूँ कि एक ऐसा दिन आये, जब इन दोनों सच्चे इनसानों को अपने हर दर्द और हर तकलीफ़ से निज़ात मिल जाये। एक ऐसा दिन, जब अदिति जेल तो आये, लेकिन नील से मिलने नहीं बल्कि उसे अपने साथ वापस ले जाने। जब वे दोनों गर्व से सिर उठाकर पूरी दुनिया के सामने कह सकें कि "हाँ, ये हमारा बच्चा है!"

और वो दिन आयेगा, ज़रूर आयेगा। मैं जानता हूँ। हम सबका खुदा इतना पत्थर दिल नहीं हो सकता। लेकिन कब, कैसे और कहाँ...बस ये नहीं जानता। कभी न कभी ये इन्तज़ार ज़रूर ख़त्म होगा। कभी न कभी नील और अदिति ज़रूर मिल जायेंगे। कभी न कभी...

❑❑❑